作者简介

刘伟

副教授，硕士，“广州市优秀专家”，世界遗产组织国际委员会委员。生于1963年10月1日，现任广州市财贸管理干部学院旅游系副主任。先后毕业和就读于浙江大学旅游学院（学士）、西北大学旅游系（硕士）、南开大学、中山大学。已在包括《商务印书馆》在内的著名国内著名出版社出版专著、译著和教材10余部：

《旅游学》，主编；《现代饭店客房部服务与管理》，专著；《21世纪瑞海姆国际旅游度假村经营模式》，副主编；《HCM国际酒店管理模式》，总编审及副主编；《现代饭店前厅部服务与管理》，专著；《旅游饭店现代化管理》，主编；《中国旅游业要览》参编；《旅游学概论》，主编之一；《旅游学辞典》，参编；《现代饭店管理全书》，副主编；《发展中国家宏观经济学》，译著。

此外，还在包括《Tourism Mangement》（英国）在内的国内、外著名学术刊物上发表论文60余篇。

曾在中外合资酒店管理公司、酒店、中西餐馆、酒巴等担任高级管理人员。现任亚太国际系列期刊〈中外酒店〉（香港）杂志客座编委；CT酒店管理顾问群资深董事；担任国内多家酒店的管理顾问，同时，应邀赴国内各地讲学，并提供管理咨询。

现代饭店经营实务丛书

XIANDAI FANDIAN

现代饭店客房部服务与管理

刘伟 著

广东旅游出版社

图书在版编目(CIP)数据

现代饭店客房部服务与管理/刘伟著 .—广州:广东旅游出版社，2000.10
(现代饭店经营实务丛书)
ISBN 7-80653-156-4

Ⅰ.现... Ⅱ.刘... Ⅲ.①饭店-商业服务②饭店-经济管理 Ⅳ.F719.2

中国版本图书馆 CIP 数据核字(2000)第 40343 号

广东旅游出版社出版发行
(广州市中山一路 30 号之一 邮编:510600)
湛江日报印刷厂印刷
(湛江市赤坎康宁路 17 号)
850×1168 毫米 32 开 14 印张 320 千字
2006 年第 1 版第 4 次印刷
印数:16001~18500 册
定价:23.00 元

序

作为一个行业和旅游业中的一个部门，我国饭店业崛起于70年代末，此后一直蓬勃发展、凯歌行进至今，成为我国改革开放以后新兴产业群中的翘楚之一。时至今日，我国饭店业似已经历了初步成长的阶段，进入到一个新的较高级的发展时期。新时期的主要特征是：行业发展既需解决初步成长阶段末期的诸如提高服务水平、管理水平和空间布局之类的问题，也需面对产权改革、资产经营，集团化发展、职业化经理队伍建设和宏观管理优化整合等深层次新问题。

我国饭店业无论发展到任何阶段，提高服务质量和管理水平（从经理角度讲）都是永恒的主题。应该说，近20年我国饭店业在这一问题上进步甚大，但离解决这一问题还相去甚远。刘伟老师所著《现代饭店客房服务与管理》一书的出版，将对我国饭店业提高服务质量和管理水平有所助益，对饭店专业的教学和科研有所推动。

立德立言，是古代圣贤追求的境界，对当代学人，尤其是以旅游为专业的学人，不失为依然有价值的古训，但要实践这一古训，则需要恒久的努力和专一的追求。愿与同仁共勉。

以此为序。

原国家旅游局人教司司长：

2000年7月14日于北京

目　录

第一章　客房概论

第二章　客房组织机构及定员

第三章　客房部经理与客房领班

第四章　客房服务质量管理

第五章　客房卫生管理

第六章　客房设备用品管理

第七章　棉织品及洗衣房管理

第八章　客房部预算与保本点分析

第九章　客房部安全管理

第十章　客房部人力资源管理

第十一章 二十一世纪酒店客房服务与管理发展趋势

附　录

第一章
客房概论

第一节　客房部的地位作用及主要任务

一、客房部的地位与作用

首先，客房部是酒店为客人提供服务的主要部门。

酒店是以建筑物为凭借，通过为顾客提供住宿和饮食等服务而取得经营收入的旅游企业，其中客房部所提供的住宿服务是酒店服务的一个重要组成部分。由于客人在酒店的大部分时间是在客房度过的，因此，客房服务质量的高低（设施是否完善；房间是否清洁；服务是否热情、周到、快捷）在很大程度上就反映了整个酒店的服务质量。客人对酒店的投诉与表扬也大多集中在这一部门。

此外，客房部还是酒店取得营业收入的主要部门。酒店通过为客人提供住宿、饮食、邮电、娱乐（游泳池、健身房、保龄球、网球、桑拿、舞厅……）以及交通、洗衣、购物等项服务而取得经济收入。其中，客房租金收入通常占酒店营业收入的一半以上（参见图 1-1）。从世界范围来看，我国酒店业发展还比较落后，经营项目单一，缺少综合服务，再加上由于我国经济发展水平不高，人民的生活水平和消费能力有限，酒店很难依靠当地居民提高餐饮收入。在这种情况下，客房收入在营业总收入中所占比例就更高，大都超过60%，有的甚至超过80%。这一方面说明酒店营业收入不甚合理，另一方面也反映了客房部在整个酒店经营中的重要地位。

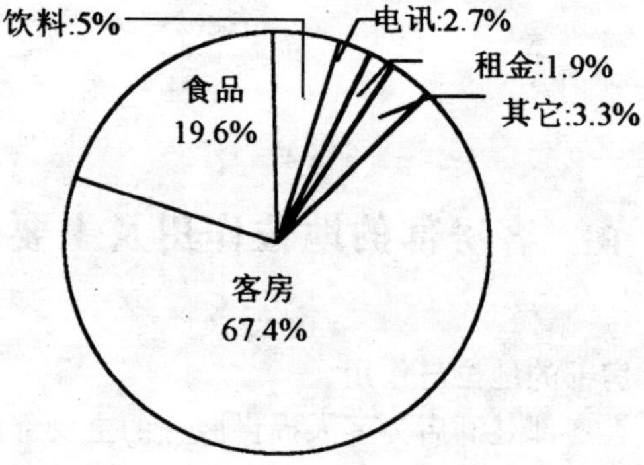

图1-1　美国酒店营业收入构成（1998）

资料来源：美国休斯顿大学希尔顿酒店管理学院院长 Alan T. Stutts博士

二、客房部的主要任务

简单地说，客房部的主要任务就是“生产”干净、整洁的客房，为客人提供热情周到的服务。具体而言，有以下几点：

（一）保持房间干净、整洁、舒适

客房是客人休息的地方，也是客人在酒店停留时间最长的场所，因此，必须经常保持干净整洁的状态。这就要求客房服务员每天检查、清扫和整理客房，为客人创造良好的住宿环境。

由于客房员工具有清洁卫生的专业知识和技能，因此，客房部除了保持客房的清洁以外，通常还要负责酒店公共场所的清洁卫生工作。

（二）提供热情、周到而有礼貌的服务

除了保持客房及酒店公共区域的清洁卫生以外，客房部还要为客人提供洗衣、缝纫、房餐（ROOM SERVICE）、接待来访客人、为客人端茶送水等热情周到的服务。在提供这些服务时，服务员必须要有礼貌、迅速、情愿、真心诚意。

（三）确保客房设施设备时刻处于良好的工作状态

为此，必须做好客房设施设备的日常保养工作，一但设施设备出现故障，应立即通知酒店工程部维修，尽快恢复其使用价值，以便提高客房出租率，同时确保客人的权益。

（四）保障酒店及客人生命和财产的安全

安全需要是客人最基本的需求之一，也是客人投宿酒店的前提条件。酒店的不安全事故大都发生在客房。因此，客房员工必须具有强烈的安全意识，平常应保管好客房钥匙，做好钥匙的交接记录。一旦发现走廊或客房有可疑的人或事，或有异样的声音，应立即向上级报告，及时处理，消除不安全隐患。

（五）负责酒店所有布草及员工制服的保管和洗涤工作。

第二节　客房类型

一、客房类型

酒店客房一般有三种类型，即：单人房（Single Room），双人房（Double Room）和套房（Suite）。此外，有些酒店还设有三人房（Triple Room）和可以灵活使用的多功能房间（Multi－function Room）。

1．单人房（Single Room）

（1）单人房，单人床（Single Room，Single Bed）

（2）单人房，大床（Single Room，Double Bed）

（3）单人房，沙发床（Single Room，Sofa Bed）。即在房内放一张沙发，白天可将房间用作会客室或办公室，晚上可将沙发拉开当床使用。

2．双人房（Double Room）

（1）双人房，大床（Double Room，Double Bed）。这种房间在一些酒店又称为“鸳鸯房”或“夫妻房”。

（2）双人房，单人床两张（Double Room，Twin Beds）。即在双人房里设两张单人床。这种房间通常被称为酒店的“标准间”（Standard Room），我国酒店的大部分客房都属于这种类型。

3．三人房（Triple Room）

这种房间在一些低档酒店较为常见。

4．套房（Suite）

（1）普通套房（Suite）：将同一楼层相邻2～3间客房串通，分别用作卧室、会客室。

（2）豪华套房（Deluxe Suite）：与普通套房相似，只是面积比普通套房大，房内设施设备较普通客房先进。

（3）立体套房（Duplex）：是一种两层楼套房，由楼上、楼下两层组成。楼上一般为卧室，楼下为会客厅。这类房间适合带小孩的家庭使用。日本新大谷饭店的皇家套间也是立体套间，内部装饰仿法国路易王朝时代的形式，富丽堂皇，十分豪华，主要供外国国家元首住宿。

（4）总统套房（Presidential Suite）：通常由5个以上房间组成。总统和夫人卧室分开，卫生间分用。卧室内分别设有帝王床（King Size）和皇后床（Queen Size）。除此而外，总统套房内还设有客厅、书房、会议室、随员室 、警卫室、餐厅、厨房等。一些中、高档旅游宾馆均设有这类“总统套房”，其主要用意在于提高酒店的档次和知名度，便于推销。这类房间除了用于接待“总统”等国内外党政要人以外，平时也对普通客人开放。

5. 多功能房间（Studio Type）

是一种可根据需要变换用途的房间。将相邻房间通过连接门转换为单人房、双人房、套房等，以满足客人的不同需要，提高客房利用率。

除过上述几种房间类型以外，很多酒店还根据客房的朝向将房间分为向内房（Inside Room）和向外房（Outside Room）两种。前者一般位于阴面，光线不好，视野不开阔；后者则处于阳面，采光良好，视野开阔，是一种较为理想的客房。划分向内房和向外房的意义在于可以使酒店对于这两种房间收取不同的房价，尤其是在旅游旺季，当客房供给比较紧张的情况下，可适当提高向外房的价格。

另外，酒店的客房还可以按其是否带浴室或淋浴来划分。

二、客房类型的表示

为了工作方便起见，酒店常用下列缩略语来表示不同的房间类型。

- SW/OB：单人房，无盆浴（Single Without Bath）
- SW/Shower：单人房，只有淋浴（Single Room With Shower）
- SWB：单人房，有盆浴（Single Room With Bath）
- DW/OB：双人房，无盆浴（Double Room Without Bath）
- DW/Shower：双人房，只有淋浴（Double Room With Shower）
- DWB：双人房，有盆浴（Double Room With Bath）。

第三节　客房设备与布置

一、客房设备

酒店客房通常分为5个功能区域：睡眠空间、盥洗空间、起居空间、书写空间和贮存空间，每个空间由不同的设施设备组成（参见图1－2）。

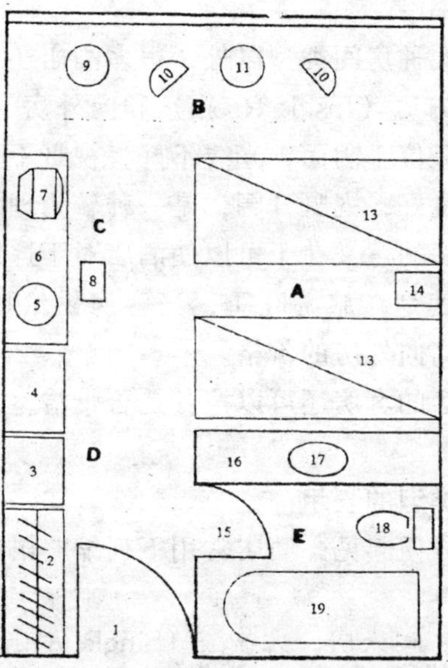

图1－2　客房设备及布局

注：1. 房门　2. 衣柜　3. 小酒吧与小冰箱　4. 行李架　5. 台灯　6. 写字台　7. 电视机　8. 软坐椅　9. 落地灯　10. 扶手椅　11. 小圆桌　12. 窗帘　13. 单人床　14. 床头柜　15. 卫生间门　16. 云石台　17. 洗脸盆　18. 马桶　19. 浴缸

（一）睡眠空间

睡眠空间是客房最基本的空间。这一空间主要有下列家具和设备：

1. 床（Bed）

床是睡眠空间也是客房最主要、最基本的设备。酒店使用的床通常为西式床，分为单人床（Twin - size Bed）、双人床（Double - size Bed）、大号双人床（Queen - size Bed）、特大号双人床（King - size Bed）、加床（Rollaway Bed）和婴儿床（Cot）等，其大小尺寸参见表1-1。

表1-1　床的种类及尺寸

类　型	长　度（m）	宽　度（m）
单人床（Twin - size Bed）	2.0	1.0～1.35
双人床（Double - size Bed）	2.0	1.4
大号双人床（皇后床）（Queen - size Bed）	2.0	1.6
特大号双人床（帝王床）（King - size Bed）	2.0	2.0
加　床（Rollaway Bed）		
婴儿床（Cot）		

由上表可见床的长度通常为2米（按照我国《旅游涉外饭店星级的划分及评定》标准，应不少于1.9米），而宽度则因床的类型的不同而不同，即使同一种类型的床，也可以有不同的宽度，比如，单人床的宽度可以从1～1.35米不等，但一般不应少于1米，酒店可根据自己的实际情况确定。通常，床越宽，越舒适，档次也就越高。另外，关于床的高度，考虑到美观、协调及便于服务员操作等因素，一般应在40～60厘米之间。

2. 床头柜（Night Table）

酒店使用的床头柜是一种多功能床头柜，通常都配有音响设备，供客人收听有关节目及欣赏音乐。此外还带有多种控制开关，如：电视机、床头灯、夜灯、走廊灯、房门外请勿打扰灯等的开关以及时钟和呼唤服务员的按钮等，这样，客人不用下床，便可以完成他所要做的许多事情，从而极大地方便了客人。但面对如此繁多的控制开关，一些客人反映在夜间识别起来比较困难，常常影响客人休息，针对这一问题，一些酒店在床头柜上放置一个可移动的，带有房内各种电器设备开关的电子触摸遥感器，这样，既方便了客人，又显示了客房的豪华程度。

除了安装有音响设备和各种控制开关以外，床头柜上通常还放有一部电话，以及便条纸和一支削好的铅笔，为客人通讯联络提供方便，有的酒店还在床头柜上放上晚安卡和常用电话号码卡。

床头柜的长度为60公分左右，宽度在40～60公分之间。床头柜的高度必须与床的高度相协调，通常为50～70公分，要求人躺在床上，眼睛能平视床头柜上的平面即可。

3. 床头灯（Wall Lamp）

可根据需要调节灯光亮度。

(二) 盥洗空间

盥洗空间指客房卫生间，主要包括下列设施：

1. 浴缸（Bath Tub）。

2. 淋浴器（Shower）。

3. 水龙头（Tab）。可调节水温，为客人提供冷、热水。

4. 淋浴帘（Shower Curtain）。悬挂在浴缸外侧，防止客人洗澡时，浴缸里的水（或淋浴）外溅。

5. 毛巾架（Towel Rack）。供放置洗脸巾和大小浴巾等使用。

6. 马桶（Toilet）。

7. 电话机（Telephone）。以便客人在使用卫生间时接听电话。通常安装在座厕后面的墙壁上。

8. 洗脸盆（Sink）。盆内安装有可调节水温的水龙头。

9. 镜子（Mirror）。供客人在卫生间梳妆打扮时使用。

10. 电源插座（Socket）。供客人在卫生间使用电动剃须刀或电吹风时使用。

(三) 起居空间

除了套房以外，标准客房的起居空间基本上都位于窗前区，供客人休息、会客、饮食时使用。

1. 茶几（Tea Table）。上面摆放有各种茶水具、烟灰缸等。

2. 坐椅（Chair）。

3. 落地灯（Standing Lamp）。

(四) 书写空间

标准房的书写空间大多安排在床的对面，主要包括：

1. 写字台（Writing Desk）。通常配有圆珠笔、信笺、信封等文具。

2. 椅子（Chair）。

3. 台灯（Desk Lamp）。一般来说，写字台的台灯如果采用普通灯泡，其功率必须超过 40W，特别是对于商务客房而言，更是如此。一些酒店为了节能，采用 25W 的灯泡，光线昏暗，客人无法正常工作。

4. 电视机（TV Set）。位于写字台台面或写字台的一端。

5. 电冰箱（Fridge）。位于写字台下面的柜子内。

6. 梳妆镜（Mirror）。在普通标准客房内，写字台还可兼做梳妆台使用，因此，此处的墙壁上往往装有一面梳妆镜。客人在此既可书写看书，也可梳妆打扮。

7. 电话（Telephone）。在一些豪华酒店，其客房的写字台上还有一部电话，以方便客人使用。

（五）贮存空间

1. 壁橱（Closet）。贮存空间的主要设备是壁橱，通常位于客房卫生间的某一侧，供客人存放衣物使用，里面配有衣架（每床不少于 2 个西服衣架、2 个裙架、2 个裤架，即双人间需配备 12 个衣架）。此外，壁橱还可供酒店存放客房备用的被子、毛毯、枕头等。壁橱内应有照明灯，以方便客人存取物品。

2. 行李架（Luggage Rack）。位于壁橱附近，通常在写字台靠近房门口的一端。

除了以上设施设备以外，客房的设施设备还包括：

1）窗帘（Window Curtain）。酒店客房的窗帘通常有两层：一层为厚窗帘，另一层为纱窗帘。厚窗帘主要起遮蔽、隔音、挡光、装饰和调温作用。就其调温功能而言，即有实际效果，又有心理因素。实践证明，冬天用厚重的暖色窗帘，可以阻止冷空气侵入，有助于保持室内温度。夏天用浅色的窗帘可以阻止热对流，减少热辐射，降低室内温度。一般来说，窗帘的保温和降温效果可达2℃。心理上的调温作用则主要是由窗帘色彩的冷暖变化而产生的。选用厚窗帘时，必须注意要经久耐用，不褪色，可以洗涤。纱窗帘的作用是在挡景的同时，使室内保持一定的光线，因此，它必须具有较高的透明度，能使光线最大程度地通过。

2）地毯（Carpet）。地毯的作用是减少噪音，美化环境。色彩丰富、弹性好的地毯可以使客房显得更加华贵。地毯的质地有很多种，如羊毛的、合成纤维的等。一般情况下，地毯的颜色应该深一些，这样能使室内色彩表现上轻下重，给人以稳定感。并使地毯更加有效地衬托人物和设施。

3）空调（Air－conditioner）。空调不仅有调温功能，而且还能通风换气，保持空气的新鲜、清洁，起到净化室内空气的作用。

4）烟感报警器（Smoke－detector）。当房内烟雾达到一定程度时，“烟感报警器”会自动报警，酒店防灾中心的指示灯自动闪亮，机器驱动下述“自动喷淋器”自动喷水灭火。

5）自动喷淋器（Auto－spray Head）。

二、客房布置

客房布置是一门艺术，客房布置的好坏，不但会影响服务效率，还会直接影响客人的心理感觉，并最终影响客人感觉中的服务质量。因此，做好房间的布置工作具有重要意义。一些大酒店甚至设有专职的室内装饰员，负责房间内部的装饰、家具的摆设，室内颜色的搭配，窗帘、壁画、灯光之间的调节等。室内装饰员要与客房管家密切配合，共同选择价廉物美、便于清洁和保护的室内用品和设备。

客房布置应注意遵循两个原则：实用、美观。

客房布置首先应注意实用，要恰到好处地选用空间，既方便客人在室内的生活起居，又方便服务员的清洁操作。此外，镜子的高度、灯光的亮度等都要适宜。在注重实用的基础上，客房的装饰布置还要强调和谐、美观，要使客房内的设施、设备、各种用品及其色彩成为一个和谐的整体。

第四节　客房设计与装修

一、客房设计的一般原则

为了保障客人及酒店的利益，客房设计应遵循以下原则：

(一) 安全性

安全性首先表现在对火灾的预防上。为此，客房设计时应考虑以下防火措施。

1. 设置火灾报警系统：烟感报警、温感报警与自动喷洒报警是当前常用的早期报警系统。其中，烟感报警对烟雾反应最为灵敏，温感报警的误报率最低，自动喷洒报警除报警外还能发挥早期防止火灾蔓延的作用。

2. 减少火荷载：火荷载是指酒店内可燃烧的建筑材料、家具、陈设、布草等的总和。客房设计时应尽量采用难燃或不燃的建筑、装修材料。

除了对火灾的预防以外，酒店客房设计时还应注意保护客人的隐私。客房是客人休息的场所，要求安静、不受干扰。有些酒店楼层走廊两侧，客房门对着门，容易引起互相干扰。因此，建筑设计时可考虑将走廊两侧客房门错开。

（二）健康性

环境直接影响人的健康。噪声公害威胁人的听觉健康；照度不足影响人的视觉健康；生活在全空调环境内，如新风不足，温湿度不当会损害人的身体健康。因此，在客房设计时，必须重视隔声、照度和空调设计，控制视觉、听觉和热感觉等环境刺激。

1. 隔音

客房噪音的来源主要有以下几个方面：

(1) 窗外：城市环境噪声。

(2) 相邻客房：如来自隔壁房间的电视机、音响设备、空调机、电话、门铃、旅客的谈话、壁橱取物、床的嘎吱、门扇开关及扯动窗帘等的声音。

(3) 客房内部：上下水管流水、马桶盖碰撞、扯动浴帘、淋浴、空调器及冰箱等。

(4) 走廊外：如客房门的开关、走廊里客人及服务员谈话、服务小车的推动、吸尘器的声响等。

(5) 其它：如空调机房、排风机房及其他公众活动用房。

对于上述可能出现的噪声，在客房设计时都应考虑加以控制。

2. 照明

室内照明的主要作用是为人提供良好的光照条件，获得最佳的视觉效果，使室内环境具有某种气氛和意境，增强室内环境的美感与舒适感。现代酒店室内照明除了提供视觉所需要的光线外，还有以下几方面的作用：组织空间，改善空间感，渲染气氛，体现特色。

(1) 客房室内照明设计的基本原则

● 舒适性：室内照明应有利于客人在客房内进行活动、阅读、会客和从事其它活动，即在生理上能保护人的视觉，在心理上能鼓舞或安定人的情绪。

● 艺术性：即有助于丰富空间的深度和层次，有利于强调空间的特色，能与空间的大小、形状、用途和性质相一致。

● 安全性：电源的线路、开关、灯具的设置都要有可靠的安全措施。

(2) 照明设计的主要内容

● 投光范围。可分为整体照明、局部照明。

● 灯具位置。应按照客人的活动范围和家具的位置来安排。

● 灯具的选择。灯具可分为吸顶灯、镶灯、吊灯、壁灯、立灯和活动灯等。每种灯具都用于特定的情况之下，灯具的选择，如造型、色彩是整体的一部分，必须与客房的色调相配，不能孤立对待。

● 照度的高低。照度是指被光照射的物体表面在单位面积上所受的光量。不同功能的室内环境有不同的照度要求。客房照度包括客房与卫生间的照度两方面，按国际照明学会标准，客房照度应为 100 勒克司。近年来，有些国家已推荐客房照度为 50～100 勒克司，以免房内过强的光刺激客人神经，影响客人休息。近年来，客房卫生间已发展成为旅客化妆的主要场所，所以卫生间的照度越来越高，为了便于旅客化妆，国际照明学会的标准是 70 勒克司，但实际使用均大于 100 勒克司，有时在人面部的照度达 200 勒克司以上。

3. 空调

空调的设计、选用和安装在保证一定的湿度和温度的前提下，应能使噪音减少到最低程度，并能提供充足的新风，不会使客人在房内感到头痛，威胁客人的健康。

（三）舒适感

客房是客人休息的场所，也是客人在酒店停留时间最长的地方，因此，客房的设计一定要使客人有方便舒适感。提高客房的舒适度可以从以下几个方面考虑。

1. 空间尺寸

一般来讲，客房的面积越大，舒适度就越高。对于一个双床间而言，国际上流行的开间为3.6～4.2米，进深为7.6～10米（参见表1－2）。

表1－2　不同国家不同等级客房双床间净面积指标（平方米）

	经济级	舒适级	豪华级
英国	10.5	18	26
日本	10～12	14～16	20～22
法国	10	14	20
罗马尼亚	10	13	20
香港	12	18～20	25
美国		20	
本书建议	＜14	14～20	＞20

酒店客房净高通常应为2.5米左右。剖面中，净高2.5米与开间3.6～4.2米所形成的比例为1.44～1.68，是接近黄金分割的矩形剖面比例，利于形成亲切、舒适的客房空间气氛。

2. 家具的摆设

客房家具摆设是否得当，是否有利于客人行走和在房内的生活起居需要，也会影响客房的舒适感。21世纪的饭店注重实用功能，客房的设计、家具的摆设一定要给客人以方便、舒适之感。美国里纳尔多国际室内装璜公司总裁里纳尔多指出："那种把电视机和传真机隐藏在大柜子里的设计是不妥当的，我们的客人并不希望讲究到要开了'门'才能看电视、发传真。"

3. 窗户的设计

客房开窗是为了采光、日照，但与观景也有直接关系。"窗即景框"，宜"嘉则收之，俗则屏之"。面对绚丽风光，窗越大越能感到环境之优美，舒适感越强，因而，有的高层酒店客房设计落地玻璃窗，使客房与环境融成一片。

窗离地不宜太高，通常不应高于0.7米，这样，客人坐在房内沙发或椅子上，就可较好地观赏到窗外景色。

窗户的大小还应考虑酒店所在地的气候条件。一般来讲，炎热地区的酒店宜大，以便使客人有视野开阔，心情舒畅的感觉。而位于寒冷地区的酒店则窗户宜小不宜大，以便客人在客房内有温暖、舒适、亲切之感，同时还可以在一定程度上为酒店节省能源。

此外，酒店客房窗户的"高宽比"以1:2为好。这样能使客人产生人们所喜爱的"宽银幕画面"的效果。符合人们的审美心理。当然，窗户的设计也不能千篇一律。为了追求奇特的艺术效果，窗户还可以设计成圆形或锯齿形等。

4. 装修风格

满足客人需求心理的客房装修风格，也能为客人提供舒适感。归纳旅游者的需求心理，可分为两大类：一类希望客房符合旅客本人的生活习惯与水平，走进客房如回到家中一样方便舒适；另一类则希望客房与旅游地一样具有鲜明的地方特色和异国情调，进入客房能够继续感受新鲜有趣的异族文化。因此，酒店在进行客房设计装修时，应充分考虑这两方面的要求。高档酒店有中餐厅与西餐厅之分，客房的装修也可考虑既有西式客房，又有具有民族特色的客房，以满足不同客人的不同心理需求。例如，建造于三十年代的上海和平饭店，有九国套间客房，表现各国民族风格；驰名于世的东京帝国饭店既有豪华的西式套间，又有表现浓郁的乡土情调的“和式”套间。

二、卫生间的设计

卫生间是客房的重要组成部分。清晨，当旅客为一天的开始做准备时，最迫切需要的空间是卫生间；傍晚，结束了一天的旅游活动或忙碌的工作，浴室则提供了消除疲劳、松弛身心的最佳场所。随着社会的进步，人们生活质量的提高，卫生间的功能开始走向多样化，已不仅是传统的满足人们生理需求的地方，而且日益成为人们化妆、健身和享受生活，追求美的场所。因此，人们对卫生间的要求也越来越高。

卫生间的设计应注意宽敞、明亮、舒适、方便、实用、安全、通风。

1. 宽敞。卫生间要有宽敞的活动空间,使客人有舒适之感,避免由于空间狭小,使客人活动不便或感觉压抑。另外,还要有足够大的化妆台，供酒店放置各种卫生用品和供客人搁置自带的化妆用品,以满足客人(尤其是女性客人)追求美的需求。

按照我国饭店的星级评定标准，卫生间的面积通常应在4~6 平方米之间，这与国际上三件套设施卫生间的面积基本一致，但对于豪华卫生间来讲，则远远不够。

2. 明亮。卫生间要明亮，以免客人有压抑之感，尤其是梳妆台及镜面位置要保证足够的照度，以便客人梳妆打扮。

3. 舒适。除了宽敞明亮的空间能够增加卫生间的舒适感以外，其它方面的因素也可能影响卫生间的舒适程度。如色彩问题。有些酒店客房与卫生间的色彩搭配欠协调，使客人在心理上产生不舒适的感觉。如某酒店客房的基调是杏黄，而卫生间的地面、墙壁、洁具采用的却是一律的淡蓝。这样的处理就不太恰当，从暖色调一下子跨到冷色调，会立即给人以冰冷的感觉，而这恰是大多数人淋浴时所忌讳的感觉。

4. 保健。随着社会的进步，人们的保健意识和保健需求越来越强烈。客房卫生间成了很多人的健身场所，因此，在设计卫生间时，就应考虑客人这方面的需求。如在卫生间内购置磅秤；选用具有保健功能的按摩浴缸等。现在，已有越来越多的高档酒店在其客房卫生间内设置冲浪式按摩浴缸，其四周都有喷头，喷射水流冲击人体肌肉，可以起到按摩作用，以消除疲劳，恢复体力。

5. 方便。卫生间内各种设施设备的配备和安装，一定要方便客人。电话、电源插座、毛巾架、香皂架、浴缸扶手架、淋浴器以及卫生纸盒等的安装位置一定要合理。要根据人身活动的规律作为卫生间设计的依据之一，如根据人身活动半径来确定诸如淋浴喷头的高度；淋浴肥皂盒、盆浴肥皂盒的高度；安全把手的位置以及以坐便器为轴心，手臂的长度为半径，确定电话分机、卫生纸盒等的位置。

此外，为了方便客人，卫生间还应选用镀层良好、平滑易干的优质镜面，使得水蒸汽容易蒸发（当然，也可以采用在镜面后安装加热导线等其它方法，使镜面上的水蒸汽能够尽快蒸发）。随着老龄化时代的到来，旅游者的年龄也趋向老化，为了满足老年客人的需要，一些酒店开始采用300～400毫米的低矮浴缸。

6. 实用。卫生间设施设备的选择和安装，要贯彻实用的原则。例如，卫生间的地面材料应用大块贴面材料，以减少拉缝。另外，由于担心感染上各种皮肤病、妇科病和肝炎等传染性疾病，尤其是“爱滋病”等各种性病，客人（尤其是我国南方客人）已很少有人使用酒店卫生间的浴缸（有的甚至自带毛巾等个人卫生用品），浴缸便失去了它的作用，因此，一些地区的新建酒店可以考虑在普通客房的卫生间内不安装浴缸，而以淋浴器代之（很多豪华酒店及套间已设立了采用玻璃或有机玻璃做箱体的独立的箱式淋浴间），这样不但节省浴缸的购置费，还可以节约劳动力和清洁保养费用。此外，还可以节省空间，可谓一举多得。

7. 安全。卫生间的设计还应考虑客人的安全需要。国际上许多酒店在卫生间设有紧急呼救钮或紧急电话，也有供客人浴晕时用的紧急开门器。卫生间的电器开关均改为低压电器开关，电动剃须刀、吹风机等插座均标明电源种类，配漏电断路器。此外，要保证卫生间内通风状况良好；浴缸的底部及卫生间地面要有防滑措施；浴缸墙面要有扶手杠。

三、色彩学在客房设计中的应用

（一）人对色彩的感觉

客房室内环境舒适与否，在一定程度上取决于视觉的满足程度。在人的视觉对空间全景形象感知的心理和生理过程中，色彩起着重要作用。

通过对色彩生理学和色彩心理学的研究，色彩主要给人造成如下感觉：

1. 温暖的感觉。即大家所熟知的冷暖色，暖色一般显得柔和，冷色显得沉着。

2. 重量的感觉。色彩的明度越大感觉越轻，反之越重。这主要是人类的联想所引起的，如棉花、泡沫、雪花的明度较大而钢铁的明度则较小。

3. 距离的感觉。又称亲疏感。高明度的色彩感觉近，低明度的色彩感觉远；暖色感觉近，冷色感觉远。

4. 软硬的感觉。一般暖色、亮色感觉软而柔和，冷色、暗色感觉硬而沉着。

5. 视觉的感觉。暖色调较冷色易引起人们的视觉疲劳，不同色彩会引起人们的兴奋和沉静，对视觉疲劳的影响也不同，其中蓝紫引起视觉疲劳最快，红色次之，绿色最慢。

正因为色彩对人的生理和心理活动具有一定的影响，在人们长期使用色彩的实践活动中，不同的色彩便具有了不同的含义，给人不同的联想，色彩成了不出声的语言。色彩的象征参见表 1－3。

表 1－3　　色彩的象征

色彩	正面象征	反面象征	联想
红	庄严、热烈、革命、热情、欢喜	恐怖、危险、焦急	血、火
黄	明朗、愉快、高贵、爱情、健康、希望	警告、郁闷、猜疑、野心、叛逆	信号、皇冠
橙	温情、活泼	疑惑、放浪	桔、柿
绿	希望、生命、青春、安全、和平	阴暗	森林、田野
蓝	清澄、深远、理智、意志、深奥	冷酷、威压、失意、寂寞、感伤	大海、天空
紫	优雅、高贵、庄严、神秘	不安、孤独、丧气	罗兰
白	光明、坦率、纯洁、尊严、朴素	叛逆、冷酷	雪
黑	庄重、绝对	恐怖、罪恶、神秘	死亡、夜晚

有经验的建筑师和室内设计师都十分重视色彩对人的物理的、生理的和心理的作用，十分重视色彩能引起人的联想和情感的效果，注意使用色彩这一杠杆营造室内气氛，调节和订正空间环境。例如在地面缺少阳光或其他阴暗的房间里采用暖色，可增添亲切温暖的感觉；在阳光充足的房间或炎热地区，则宜多采用冷色，降低室温感；在酒店大堂、电梯间和其他一些逗留时间短暂的公共场所，适当使用高明度、高彩度色，可以获得光彩夺目、热烈兴奋的气氛；在酒店客房、写字楼等房间，采用各种调和灰色可以获得安全、柔和、宁静的气氛；在空间低矮的房间，采用具有轻远感的色彩来冲淡压抑感，反之则采用具有收缩感的色彩避免使人感到空旷；在同一个房间中，从天花板、墙面到地面，色彩往往是从上到下，明亮渐轻、暗、重，以丰富色彩层次，扩展视觉空间，加强空间稳定感。

（二）色彩的和谐原理

在色彩的相互联系中，协调和对比是最根本的联系，如何恰如其分地处理好色彩的协调和对比的关系，是室内色彩环境和气氛创造中的一个核心课题。色彩的协调意味着色彩三要素——色相、明度和彩度之间的接近，从而给人以统一感。而过分的统一又会流于平淡、单调、沉闷、软弱。色彩的对比意味着色调、明度和彩度之疏远，过多的对比使人感到刺激、跳跃、不安、眼花缭乱。问题不在于采用何种色调，而在于如何配色，即如何掌握好协调和对比的分寸。

简单地说，和谐的色彩就是相配的颜色。一般说来，和谐的色彩具有共同的基本成分，这些色彩共同使用时，由于这种共同的成分而产生和谐的效果。例如一间客房，一切陈设以杏黄色为主色调，家具为赭色，地毯为深杏黄色，墙纸是杏黄色，床罩和窗帘均为杏黄色和棕色之相间的图案花，整个房间就会产生一种宁静柔和、温暖和谐的气氛。掌握色调和谐最可靠的原则，就是遵照从自然界找到的色调规律。因此，深色适用于地板、中间色适用于墙壁，而较淡色适用于天花板。这是一个很好的通则，而且很切合实际。

第二章
客房组织机构及定员

第一节　客房部组织机构及岗位职责

一、客房部组织机构设置的原则

（一）从实际出发

客房部机构设置应该从饭店的规模、档次、设施设备、管理思想及服务项目等饭店的实际出发，而不能生搬硬套。

（二）精简原则

防止机构臃肿，人浮于事的现象，尤其要注意要“因事设人”，而不能“因人设事”，“因人设岗”。但另一方面也要注意“机构精简”并不意味着机构的过分简单化，出现职能空缺的现象。

（三）分工明确

应明确各岗位人员的职责和任务，明确上下级隶属关系及信息传达的渠道和途径。

二、客房部组织机构图

饭店规模大小不同、性质不同、特点不同及管理者的管理意图不同,客房部组织机构也会有所不同。这表现在以下三个方面。

1. 大饭店管理层次多,而小饭店层次少。如大饭店可能有客房部经理—主管—领班—服务员四个层次,而小饭店可能只有经理—领班—服务员三个层次。不过,21世纪饭店管理的发展趋势是组织机构的扁平化,包括客房部在内的饭店各部门将尽可能地减少管理层次,以提高沟通和管理效率,降低管理费用。

2. 大饭店组织机构内容多,而小饭店内容少。如很多大饭店客房部可能设有洗衣房、花房等,而小饭店则没有。

3. 考虑到酒店前厅部与客房部的联系甚为密切,大多数饭店都将其前厅部和客房部合二为一,称为“客务部”或“房务部”(Rooms Division)。也有的饭店考虑到前厅部的销售功能,将前厅部划归酒店的公关销售部,而将客房部设置为独立的部门。

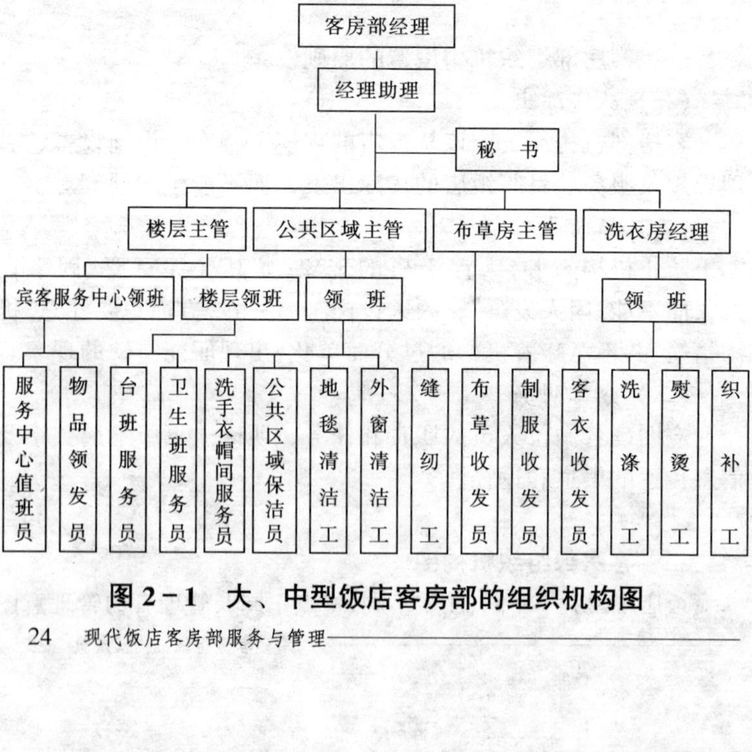

图2-1　大、中型饭店客房部的组织机构图

大、中型饭店客房部的组织机构可参照图 2－1 进行设置。小型饭店可对其进行适当地压缩、合并，去掉主管（或领班）之中间管理层。

三、客房部各班组的职能

（一）宾客服务中心（Guest Service Center）

中、外合资酒店及由外方管理的酒店通常都设有宾客服务中心。宾客服务中心既是客房部的信息中心，又是对客服务中心，负责统一调度对客服务工作，掌握和控制客房状况，同时负责失物招领，发放客房用品，管理楼层钥匙，并与其它部门进行联络、协调等。

（二）客房楼面（Floor）

客房楼面由各种类型的客房组成，是客人休息的场所。每一层楼都设有供服务员使用的工作间。楼面人员负责全部客房及楼层走廊的清洁卫生，同时还负责客房内用品的替换、设备的简易维修和保养，并为住客和来访客人提供必要的服务。

我国的大部分酒店，特别是国有酒店，一般都设有楼层服务台，配备专职的台班服务员，对客人提供面对面的服务，同时加强对楼层的安全管理。不过，设有宾客服务中心的酒店可不设楼层服务台。

（三）公共区域（Public Area）

负责酒店各部门办公室、餐厅（不包括厨房）、公共洗手间、衣帽间、大堂、电梯厅、各通道、楼梯、花园和门窗等公共区域的清洁卫生工作。

（四）制服与布草房（Linen Room）

负责酒店所有工作人员的制服，以及餐厅和客房所有布草的收发、分类和保管。对有损坏的制服和布草及时进行修补，并储备足够的制服和布草以供周转使用。

（五）洗衣房（Laundry Room）

负责收洗客衣，洗涤员工制服和对客服务的所有布草、布件。

洗衣房的归属，在不同的酒店有不同的管理模式。大部分酒店都归客房部管理，但有的大酒店，洗衣房则独立成为一个部门，而且对外服务。而小酒店则可不设洗衣房，酒店的洗涤业务委托社会上的洗衣公司负责。

四、客房部各主要岗位的职责

（一）宾客服务中心员工的岗位职责

1. 接听电话，随时回答客人的提问，满足客人的要求。
2. 管理钥匙、BP机收发。
3. 负责各组的签到。
4. 协助客人借还接线板、吹风机。
5. 随时接收、登记与包装遗留物品，并每月清点上报客房经理。
6. 管理各种表格。
7. 向工程部提出维修请求，及时送交报修单。
8. 记录酒水使用情况，发放每日报纸。
9. 分派鲜花、报洗地毯。
10. 做好开门情况的记录。
11. 接听电话，完成上级交给的各项任务。
12. 负责服务中心的清洁工作。
13. 接待客人并尽可能满足客人的要求。
14. 做好各种交接及一切工作记录。

（二）早班楼层服务员的岗位职责

1．整理工作间、服务车。

2．开楼层例会，记录所交代的事项。

3．查客衣、统计房态。

4．清洁客房卫生。

5．记录棉织品使用情况。

6．报告客房内维修项目。

7．清洁、保养清洁工具、设备。

8．做计划卫生。

9．随时清除客房内地毯、墙纸污迹。

10．负责所管客房及客人的安全。

11．NNS、NB、SO、DND 房记录。

12．检查客房“MINI—BAR”酒水。

13．清洁楼层公共区域卫生。

（三）中班楼层服务员的岗位职责

主要负责楼层、客房的清洁及开床服务。

1．根据中班程序标准，清洁楼层公共区域的卫生。

2．做定期计划卫生。

3．收楼层垃圾。

4．维护楼层的清洁。

5．准时参加晚例会，领取物品，记录有关事项。

6．开床服务。

7．检查白班报修房间。

8．VIP 房间按 VIP 标准开床。

9．记录 DND，NNS 房间。

10．做走客房。

11．整理服务车，为早班做准备。

12. 维护楼层公共区域、角间及职工电梯厅的卫生。

13. 检查楼层安全。

14. 收取楼层的餐具，通知服务中心。

15. 为客人提供其它服务。

16. 检查客房内的迷你吧。

17. 负责报告楼层维修项目。

（四）工服收发员及缝纫工的岗位职责

向酒店员工提供干净、整齐的工服。

1. 严格按照工作程序和标准发放、更换和保管工服（更换制服须征得经理同意）。

2. 确保所有工服在洗衣房取回后，整齐地依次摆放在衣架上。

3. 确保离店的员工离职前如数交回工服，并做好记录。

4. 做好缝纫机的保养工作，保证机器正常使用。

5. 及时并高质量地修补工服、缝纫、钉扣子。

6. 保证工服房的清洁，搞好环境卫生。

7. 服从并完成上级分派的其它工作任务。

（五）布草收发员的岗位职责

负责回收、发放并检查各部门使用的布巾。

1. 向布草房领班报告从各部门送回的布巾中严重损坏或沾污的情况。

2. 检查从洗衣房送回的干净布巾，把需要重新洗涤或熨烫的布巾捡出，向布草房领班报告上述情况。

3. 保持布草的整洁卫生。

4. 完成主管和领班分配的其它工作。

以上是客房部各主要岗位的职责。客房其它岗位的职责见以后各有关章节。

第二节　客房定员

一、客房定员

客房定员就是在确立客房组织架构的前提下，确定各部门、各岗位工作人员的数量。

客房定员是客房部建立组织机构的重要内容，同时也是影响客房部工作效率、服务质量以及管理费用的重要环节。客房定员不科学，势必导致两个结果：一是机构臃肿，人浮于事，工作效率低，人力资源成本增大；二是职能空缺，员工工作量超负荷，工作压力过大，积极性下降，服务质量下降。因此，客房定员必须科学、合理。

二、客房定员的方法

客房部的人员配备通常以班次划分、岗位设置来分区域进行。

首先，根据客房部的工作范围将各职能区域分开。（参见本章第一节客房部之组织机构图）。

其次，确定本工作区域所有岗位或工种设置。

再其次，明确各工作岗位的班次划分。

最后，根据工作量和工作定额，计算该班次所需要的人数。计算公式是：

$$岗位定员=\frac{工作量}{工作定额}\div 有效开工率$$

其中，

$$有效开工率=\frac{员工一年中实际可工作天数}{365}\times 100\%$$

$$=\frac{365-\text{周末}-\text{固定假日}-\text{年假日}-\text{病事假}}{365}\times 100\%$$

按照组织机构图将以上工作逐一完成之后，就可求出客房部各岗位、各班次所需要的人数。然后将其加总，就可得出整个客房部所需要的人员配备额，即客房定员总数。

【案例】

某酒店有960间客房（均折成标准房计），分布在3～23楼（其中，3～10楼主要接待内宾，故要求每层配备早、晚班值台服务员各1名）。客房清扫服务员的定额为：早班15间，中班60间。领班的工作定额为：早班80间，中班160间。假定酒店年均开房率为80%，员工每天工作8小时，实行每周5天工作制，且每年除可享受法定节、假日10天（“五一”3天；国庆节3天；元旦1天；春节3天）以外，还可享受年假5天。另外，估计每位员工一年中可能有6天病事假。试问，该酒店客房楼层服务员和领班的定员总数应为多少？

解：根据题意可知

$$\begin{aligned}\text{员工年实际工作天数}&=365-\text{周末}-\text{固定假日}-\text{年假日}-\text{病事假}\\&=365-365\div 7\times 2-10-5-6\\&=240\text{天}\end{aligned}$$

$$\text{因此，有效开工率}=\frac{240}{365}\times 100\%\approx 66\%$$

（一）服务员人数

$$\begin{aligned}\text{1. 早班清扫服务员}&=\frac{\text{工作量}}{\text{工作定额}}\div\text{有效开工率}\\&=\frac{960\times 80\%}{15}\div 0.66\\&=78\text{（人）}\end{aligned}$$

2. 中班清扫服务员 $= \frac{\text{工作量}}{\text{工作定额}} \div$ 有效开工率

$= \frac{960 \times 80\%}{60} \div 0.66$

$= 19$（人）

3. 值台服务员 $= 3$（人）$\times 8$（层）$\div$ 有效开工率

$= 3 \times 8 \div 0.66$

$= 36$（人）

所需服务员总数：$78 + 19 + 36 = 133$（人）

（二）领班人数

1. 早班领班 $= \frac{\text{工作量}}{\text{工作定额}} \div$ 有效开工率

$= \frac{960 \times 80\%}{80} \div 0.66$

$= 15$（人）

2. 中班领班 $= \frac{\text{工作量}}{\text{工作定额}} \div$ 有效开工率

$= \frac{960 \times 80\%}{160} \div 0.66$

$= 7$（人）

需领班总数：$15 + 7 = 22$（人）

因此，该酒店客房部共需楼层服务员（含台班）133 人，领班 22 人。

需要说明的是，本例中计算“有效开工率”的各项假设条件是比较符合中国国情及国内酒店的实际情况，因而，所计算的有效开工率值，即“0.66”具有广泛的参考价值，各酒店在定员时，可以直接使用这一参数。

三、采用灵活的客房定员方法

需要指出的是，上述定员方法仅供客房管理人员参考，实际定员时，还应考虑各酒店楼层的结构、劳动力市场的供求状况等客观情况。如果劳动力供给状况良好，那么在制定编制时，不妨稍紧一些，以免造成人力资源的浪费以及在开房率较低时造成窝工而影响工作气氛，因为在旺季时，可以征招一些季节性的临时工来缓解一下矛盾。反之，则要将编制做得充分些，以免影响正常的接待服务工作，造成服务质量的下降。

另外，为了提高工作效率，降低人工费用，酒店客房部可考虑取消中班卫生班次。客房中班卫生班的工作主要是为客人开夜床，做客房小整理，在设有楼层服务台的酒店，可由值台服务员代替中班卫生班负责这项工作；在设有宾客服务中心的酒店，则可由服务中心专职服务员为客人提供这项服务。

第三章
客房部经理与客房领班

本章主要讲述客房部经理及客房领班的职责与素质要求，关于客房管理人员的管理艺术，参见第十章“客房部人力资源管理”之相关内容。

第一节　客房部经理

一、客房部经理的岗位职责

客房部经理（Executive Housekeeper）全权负责客房部的运行与管理，负责计划、组织、指挥及控制所有房务事宜，督导下属管理人员的日常工作，确保为住店客人提供热情、周到、舒适、方便、卫生、快捷、安全的客房服务。其主要职责及工作内容如下：

1. 监督、指导、协调全部房务活动，为住客提供具有规范化、程序化、制度化的优质服务。

2. 配合并监督客房销售控制工作，保证客房最大出租率。

3. 负责客房的清洁、维修、保养。

4. 保证客房和公共区域达到卫生标准，确保服务优质、设备完好。

5. 管理好客房消耗品，制定房务预算，控制房务支出，并做好客房成本核算与成本控制等工作。

6. 提出年度客房各类物品的预算，并提出购置清单，包括物品名称、牌号、单价、厂家及需用日期。

7. 制定人员编制、员工培训计划，合理分配及调度人力。

8. 检查员工的礼节礼貌、仪表仪容、劳动态度和工作效率。

9. 与前厅部做好协调，控制好房态，提高客房利用率和对客的服务质量。

10. 与工程部做好协调，做好客房设施设备的维修、保养和管理工作。

11. 检查楼层的消防、安全工作，并与保安部紧密协作，确保客人的人身及财产安全。

12. 拟定、上报客房部年度工作计划、季度工作安排。

13. 建立管家部工作的完整档案体系。

14. 任免、培训、考核、奖惩客房部主管及领班。

15. 按时参加店务会，传达落实会议决议、决定，及时向总经理和店务会汇报。主持每周客房部例会、每月部门业务会议。

16. 处理投诉，发展同住店客人的友好关系。

17. 检查贵宾客房，使之达到酒店要求的标准。

二、客房部经理的素质要求

客房部经理是酒店最忙碌、最重要的部门经理之一，他负责所有酒店客房及公共区域之清洁卫生工作。作为一名客房部经理，除必须具有灵敏的头脑，反应快，有强烈的自信心、幽默感及良好的人际关系外，还要有组织领导才能和管理才能，有优秀的个人品质，有清洁、会计、设计、室内外装饰以及布料等专业知识。

具体而言，一名合格的客房部经理应具备以下素质：

1. 有一定的客房服务和管理工作经验。

2. 具有强烈的事业心，高度的责任感，认真积极的工作态度和雷厉风行的工作作风。

3. 精力充沛，身体健康。客房部工作繁杂，作为客房部经理，常常需要加班加点，必须能够胜任超时、超负荷工作的要求，因此，必须具有健康的体魄。

4. 有较好的业务素质和较宽的知识面。包括旅游业基本知识和客房部专业知识（如布草、地面材料、家具、清洁剂和清扫工具等方面的知识）。此外，还要懂得心理学、管理学等专业知识。

5. 有优秀的个人品质，为人正直，能公平合理地处理各种关系和矛盾。

6. 有良好的人际关系能力和组织协调能力。能协调好本部门各区域、各班组之间的关系以及本部门与酒店其它部门之间的关系。

7. 有语言、文字能力。客房部经理要有说服人的本领，要象一位有说服力的推销商那样，能够向自己的下属员工及同事清晰地说明自己的意图，力陈非此不可。此外，还要有写作能力，能够撰写房务管理的有关文件和工作报告。

8. 有基本的电脑知识和电脑操作能力。未来酒店及房务管理将实现计算机化。酒店内部管理将实现网络化。各种客房管理表格的制作将通过电脑来完成，内部的沟通也将通过电脑来实现，因此，未来客房管理人员必须掌握一定的电脑知识和操作技能（如打字、上网、制作表格等），以适应未来客房管理的高科技化。

9. 有一定的外语水平。旅游饭店是涉外企业，为了更好地为外国旅游者提供服务，客房部管理人员必须具有一定的外语水平，能够用简单的英语与外宾交流。

10. 在仪表仪容、言谈举止等方面，有良好的个人修养。客房部经理的个人修养是员工的表帅，它不仅反映客房管理人员的个人素质，也代表着酒店的形象和档次。

11. 有管理意识和创新精神。服务人员要有服务意识，同样，管理人员要有管理意识，这是他做好管理工作的前提条件。除此而外，客房部经理还要不墨守成规，有创新精神。

12. 掌握管理艺术。

三、如何当好客房部经理

当好客房部经理应该注意以下几点：

1. 有自信心。坚信自己能够胜任客房部经理之责，有能力将客房部各项工作管理得井井有条，出色地完成各项管理任务。

2. 工作要有主动性。客房部经理要能够把客房部的一切工作安排得井井有条，对于可能发生的不良事件要防患于未然，而不是到处“修修补补”，整天四处“灭火”，让这些事件牵着鼻子走，忙得团团转。

3. 力争有效地利用人力资源，节约劳动力成本。特别是在工资费用比较高的国家和地区，有效地利用人力资源具有更重要的意义。

4. 为例行工作创立程序和标准，制定部门岗位责任制。这是提高客房部服务质量和工作效率，使管理工作走向正轨的基础工作。

5. 善于激励员工。客房部经理的管理意图是通过客房部员工贯彻落实的，因此，要搞好客房部的工作，提高服务质量，必须激励员工的士气，这是实现客房管理目标的手段，也是客房部经理日常工作内容之一。为此，客房部经理必须具有心理学方面的专业知识，能够以最大的耐心、幽默的语言，配合以行之有效的管理制度，激发员工的工作热情，调动员工的工作积极性。

6. 让员工参与管理。客房部经理要就客房服务和管理中存在的问题经常与员工进行沟通，交换意见，达成共识，进而采取措施，这也是激励员工，实现管理目标的重要手段。为此，客房部经理要鼓励员工发挥想象力，让他们经常给自己提出这样一个问题：做这件事还有没有别的更好的办法？不仅服务员应该经常提出这个问题，负责监督、指导服务员的各级客房管理人员也应如此。而一旦员工提出切实可行的合理化建议后，客房部经理要积极地予以采纳，并对提出合理化建议的员工提出表扬。

7. 重视感情投资。一个好的管理人员并不是整天板着面孔，动不动就挥舞训斥的皮鞭，处罚的铁棒对待下属的人。在严格管理的同时，还必须平易近人，重视感情投资，这样才能取得下属对他合作的诚意。从某种意义上说，感情投资是严格管理的基础。

8. 经常与员工进行沟通。客房部经理要利用各种机会与员工进行沟通，比如邀上一位或几位员工一起就餐。管理人员花在员工身上的这种时间并不很多，但他却能得到员工的忠诚和工作态度的改善作为回报。

9. 给员工提供培训与发展的机会。员工不只是会干活的机器，员工在完成本职工作的同时，还希望在业务上得到发展，事业上取得进步，作为客房部经理应该充分理解和尊重员工的这一需求，为员工提供培训与发展的机会。同时，客房部经理还可以利用员工的这一需求，作为激励员工的手段。

10. 与其它部门的经理多进行沟通，努力与其它部门搞好协调与合作。客房部对客服务质量的好坏，在很大程度上取决于酒店其它部门（如前厅部、工程部等）的合作及与其它部门的信息沟通，部门之间缺乏信息沟通，势必在工作中造成矛盾和冲突，并最终影响服务质量。因此，客房部经理除了在各种正式会议上与其它部门经理进行沟通外，平时也应与其它部门的同事多沟通，做好部门间的协调工作。

一位美国酒店客房部经理的管理方法

海丽是美国希尔顿饭店公司西方分部的一位客房经理，她是法国人，富有魅力，性格奔放，干劲十足，并力图博得她所在部门以及饭店其他人士的赞扬。她所管辖的客房部会使人想起军队的情形。但她也因通情达理而赢得下属人员的尊敬。她希望下属对她坦率忠实，有错敢于承认，她对他们的过错则不予以惩罚。她认为既然他们承认并认识到了自己的过失，吸取了教训，那么，他们是会吃一堑长一智的。

海丽通常采取书面交流的办法使她的部门正常运转。所有她要了解的情况，她的助手都作详细的记录。她的助手是权威的，有权处理各种问题，只有解雇员工这一件事，必须等到海丽与该员工谈话之后，才能执行。

例如，假如某位服务员同海丽属下某个楼面主管发生了纠纷，海丽往往会调这位女服务员到另一楼面去工作，看看在那里会不会再发生类似的个人纠纷，海丽经常说："我掌管这个客房部，就好像这家饭店就是我的。”她本人以身作则，很少同她的上级闹别扭，她以行动表明她毫无保留地将她的才能贡献出来都是为了让饭店得到最好的声誉和最大的利益。

第二节 楼层领班

楼层领班是客房部最基层的管理者，是确保客房服务质量和卫生质量的关键人物。有人说，“领班是在夹缝里做人”，这话一点也不为过，他们上要对部门经理、主管负责，下要在普通员工中以身作则，所以，工作对于他们而言，来不得半点松懈和怠慢。为了要领导基层员工，他们必须有过硬的业务技能。每天清晨，他们总是早早地来到所管辖的楼层，给服务员开会，布置一天的工作事务。除了对员工进行督导、培训以外，领班每天还要负责检查六、七十间客房，每间客房的检查项目多达100多项，即使思想集中，目光敏锐，手脚并用，也难免有遗漏和疏忽之处，而一旦主管以上的领导发现客房卫生有差错，总是批评领班，领班却是绝少听到赞扬声的。正如一位客房部经理所说的：“我要求客房领班检查、检查、再检查，对细枝小节问题要敏感，每天我不批评他们就等于表扬他们。”

由此可见，要当好一个领班并不是一件容易的事，他必须要能够承受工作上、体力上和心理上的多重压力，不仅要掌握过硬的业务技能，还要有一定的管理艺术。

一、楼层领班的岗位职责

楼层领班（Floor Supervisor）是客房部最基层的管理人员，其主要职责是检查指导服务员的工作，确保出租给客人的每一个房间都是干净、卫生的合格“产品”。

1. 检查服务员的仪容仪表、行为规范及出勤情况。

2. 合理安排工作任务，分配每人负责整理和清扫的客房。

3. 分发员工表格、钥匙、BP 机，并通知 VIP 及有特殊要求的房间。

4. 检查督导服务员按程序标准操作。

5. 保管楼层总钥匙。

6. 按照清洁标准检查客房卫生。

7. 检查楼层公共区、角间、防火通道的卫生。

8. 随时检查、督导员工清除地毯、墙纸的污迹。

9. 检查计划卫生执行情况。

10. 确保每日对 VIP 房的检查。

11. 报告房间状态。

12. 检查报修、维修情况。

13. 记录 DND、NNS、SO、NB 房间。

14. 控制客用品、清洁品的发放、领取，严格控制酸性清洁剂。

15. 负责楼层各类物品、床单、巾类的控制。

16. 记录物品丢失、损坏，向上级报告。

17. 督导新员工以及在岗员工的培训。

18. 督导员工对服务车、清洁工具、设备的清洁与保养。

19. 负责安全检查。

20. 贯彻、执行客房部的规章制度。

21. 调查客人的投诉，并提出改进措施。

22. 处理客人的委托代办事项。

23. 定期向上级提出合理化建议。

24. 按照部门的临时性指令安排工作。

25. 负责月盘点。

二、楼层领班的素质要求

客房领班必须有客房服务经验，熟悉客房业务，有较高的业务技能，并有一定的管理水平。

1. 能吃苦耐劳，工作认真负责。

2. 熟悉客房业务，有一定的工作经验和较高的操作技能。领班的服务技能要高人一筹。如果领班不是全能的多面手，就无法带动全班员工工作。

3. 有一定的英语水平。

4. 有督导下属的能力。

5. 具有本岗位较强的专业知识，如清洁知识、布草知识等。

6. 有良好的人际关系能力。

7. 有良好的个人品质，办事公平合理。

三、如何当好楼层领班

（一）做好客房的检查工作

“查房”是楼层领班最主要的工作任务和职责之一，是检验客房产品是否合格的工作步骤，是控制客房产品质量关的最后环节，直接影响对客人的服务质量。因此，做好客房检查工作具有极其重要的意义。

客房检查的主要内容有三项，即：清洁卫生状况；用品配备状况；设施使用状况。其中卫生标准包括：一是天花板、墙角无蜘蛛网；二是地板、地毯无杂物、痰迹；三是灯具光亮无尘；四是房间整洁无六害；五是布草干净无破烂；六是卫生间无积垢、无臭味；七是金属器皿无锈迹；八是毛毯、棉被无异

味；九是家具整洁无残缺；十是茶具无茶迹、水珠。（参见表5－11）

（二）抓好班内的小培训

客房服务员所需要的服务技能不可能在岗前培训中全部解决，因此，领班必须抓好岗位培训，包括利用交接班时间搞各种服务姿态、敬语和小技能的培训等，这是确保客房服务质量的重要环节。每次培训要有签字记录，这样，服务员就不能以"不会"作为借口了。

（三）建立客房用品核算管理制度

这项制度的目的在于控制物耗。客房部团队与散客、内宾与外宾、常住与暂住等不同类型客人的物耗是不一样的，领班必须对其进行统计，摸索规律，在可靠的原始数据基础上，计算出各类客人的物耗比，从而使考核指标有可行性，在保证客人满意的前提下，使楼面库存用品不浪费也不积压，减少客房用品的支出，降低流动资金的占用。

（四）讲究工作方法和管理艺术

本部分内容，参见第十章第七节：客房部管理人员的管理艺术。

（五）处理好与上级、下级和平级之间的关系

领班除了要认真履行自己的职责，做好自己的本职工作以外，还要具备起码的人际沟通的能力与经验，即：处理好与你的上级、平级和下级三个方面的关系，这是做好督导工作的前提条件。

- 如何对待上级

作为一个微观管理型的，以具体操作性事务为日常业务内容的企业，酒店就像一只航行中的轮船，下级船员对上级船员一定要服从，全船服从船长。做一个好部下，服从还不够，还

要善于为上级补台。所谓服从，就是在工作中即使你的看法与上级不一致时，也应该充分地尊重上级，坚决执行上级命令。当然事后你可以向上级说明你的看法。所谓补台，就是当上级的命令出现部分错误或者偏差时，你应该在积极维护上级威信的基础上，在执行上级命令的过程中积极地、主动地想办法把事情向好的方向扭转，既不本位主义，又不明哲保身，更不幸灾乐祸。你应该相信你的上级心里一定会有数的，他会在心里感激你。“补台”确实是一个督导层干部应具备的基本品格。此外作为一个督导层干部，还应该敢于和善于向上级提出不同的意见。一个完全听命于上级，没有自己思想的人，也不是一个好的管理人员，但是向上级提出意见要出于真诚和善意，做到有主见但不固执，多揽事而不争功，行权不越权，到位不越位，在现实中上级反对下级的意见时一般可当即提出，下级则不同，美国副总统戈尔写过一篇文章，叫《怎样当副手》，讲的就是这个道理——下级要在维护上级权威和面子的前提下，讲求方法，注意场合地向上级提出自己的不同意见，因为总统的权威和面子是国家的权威和面子，同样，饭店总经理的权威和面子也是企业的权威和面子，一个部门，一个管区莫不如此。

除了服从与补台外，在与上级的关系上，还要注意以下几个方面

1）忠诚。这是下级对上级应有的态度和品质。臣对君，下对上，事之以忠，这是做人的起码准则。

2）感激。你的提拔任用，你得到的报酬待遇，虽然是酒店人事部门确定的，是你自己努力工作换来的，但与你的上级对你的了解和信任也是分不开的，所以，下级对上级，个人对酒店应当心存感激，这个心存感激的原则是被日本松下公司明

文写进企业信条中去的。

3）尊重。上、下级相处要懂礼，不要以为自己资格老、本事大、有功劳、与上级关系亲，就礼崩乐坏。尤其在众人面前不能过于随便亲昵，要让上级感觉到尊重，让上级受尊重也是给你的部下的一个示范。

4）体谅。在同级和部下中，带头体谅上级的立场，维护上级的威信。维护上级的威信实际上也是维护包括你本人在内的整个指挥体系的威信，对你自己并非无利。

5）处下。勿抢上级的功劳和风头。凡是总结性的话，归纳性的话，决定性的话，定调子的话，一般留给上级去说。避开“功高盖主”之嫌，保持谦逊的美德和宽阔的胸怀。要甘于将自己的功劳掩盖在上级的光环和集体的荣誉之中。

6）默契。了解上级的个性，因人而异地协调与上级的工作关系。不注意研究上级工作习惯的人很容易碰壁。

7）本分。少出难题，少沾是非，避免自己形成“是非人物”和“问题人物”的形象，不要让上级总是安抚你或者总为你操心善后。

8）勤恳。努力工作，为上级分劳分忧。这是最重要、最根本的，是一个下级必须做好的。没有这一条，上面 7 条统统没有价值。

所要说明的是，实践以上 8 条的前提是诚意正心，如果流于阿谀拍马，见风使舵的油滑行径，长久下来，绝不会有善果。

● 如何对待平级

对待平级的原则是：退一步办事，矮半格说话。一些酒店的部门和班组之间很对立，谁也不服气，谁也不肯吃半点亏，互相告状，互相整人，搞坏了气氛，影响了工作。出现这种现象时，平级之间“退一步办事、矮半格说话”就更有必要。退一步、矮半格、肯吃亏、不计较，这样做不是耍权术，只要心正意诚，就是有修养。在中国的企业里，对很多具体事情的处理其实常常不是以是非为取舍的，特别是平级之间，正确的做法不一定得到他人的支持。你能不能得到支持有时竟取决于你和他人之间是否建立了互相支持的关系，取决于你以前怎么对待他人。这是一个令人非常无奈的现象，任何领导为你撑腰也只能管一时一事。所以，如果你办事像火一样炽热猛烈，处人就要像水一样柔软透明。自古以来，中国道家用的哲学就十分崇水，崇水就是讲究“贵柔、无为、不争、处下、守雌”这样一些原则，这是领导的艺术，也是人际关系的艺术。水是依靠其柔性随形而变形却又无处不能渗透的。常言道“以众小败者为大胜者也，以众小胜者为大败者也”、“以四海为量者不在于一滴一毫，以天下为任者不在于一分一寸”。我们有些平级干部之间，一点小事不肯相让，斤斤计较，显得一点修养也没有。在具体事情上他可能胜了，没吃亏，但在大局上，在个人品位和档次上，在领导和群众心目中的形象上，他肯定输了，吃了大亏。

在任何企业里工作，讲到平级间的关系，有一个很好的处理方法，就是内方外圆。方，是指原则和规则，横平竖直，有棱有角，不可随意改变。圆，是指处理方法，特别是在与不同意见相抵触时，要懂得灵活圆通。中国人很崇拜圆通。在佛教中老百姓最信仰、最感亲切的佛其实不是释迦牟尼教主，而是观世音菩萨。观音的法号就是圆通。圆通不是圆滑，圆通是守原则而讲技巧，用一些方法，来润滑工作中的人际关系，不把局面搞僵。圆滑则是丧失原则，心术不正，玩弄权术技巧来欺骗他人，保护自己，推卸责任。圆滑和圆通完全是两个境界。

对平级的尊重还表现在不随意插手人家分工的事务。人家需要你帮助时一定去帮，不需要时不必多加口舌，妄论是非，即所谓“不在其位，不谋其政”。孔老夫子讲的这个原则有人认为太无责任感，其实是当官的基本修养，随意以自己的观点和主张去插手插嘴他人负责的事务，只会把事情搞乱，既打乱了指挥系统的正常运行，也伤害到平级间的相互关系。当然发现平级的工作有重大失误，则应该通过规定的途径报告，紧急时也可当即设法阻止，那是另一回事。

● 如何对待下属

目前，客房督导人员在如何对待下属，行使自己的管理职权方面存在的问题更多，主要是不会管理和不敢管理的问题。具体表现在要么把自己混同于一般老百姓，主动放弃饭店给予的管理权，不愿意承担应负的责任；要么只求上级满意，不向下级寒暄，除了发号施令而从不为下级做点什么。平时对下级信任放手不够，下级需要他做主负责或拿出办法时，又不能挺身而出，如此当然难乎众望。

客房领班对待下属员工要注意以下几点：

1）敢于管理。客房领班要敢于运用自己的行政职权，这是对各级管理人员的最基本要求。

2）做好表帅。当好表帅是对领班的要求，也是一种有效的管理手段。有一家酒店的一个部门在搞员工评议管理人员活动中有一个提问——你印象最深的是哪一位经理，为什么印象最深？令很多管理者惊讶的是，员工喜爱某位经理的原因都是极为细小的。如有的员工答：“我最深的印象是刘经理，因为那天下大雪，他只穿一件西服就带我们出去扫雪，一直到扫完。”当然，领班做表帅不仅于此，在言、行、举、止，以及工作、生活的各个方面都可以为员工做表帅。

3）和蔼待人。“如果历史对一个人的评价主要是看他的功过，那么现实对一个人的评价则主要看他的为人”①。在基层单位里，管理人员的身先士卒与和蔼待人是给员工良好印象的起点。有时，看似很小的一件事，却会给员工留下很好的印象，正如一位员工所言：“我印象最深的是杨经理，那天我抱着一摞床单在走廊里碰见他，我心里有点慌，但杨经理冲我微笑，还为我开门。”

4）多为下属服务。督导层管理人员与下级的关系应当形同唇齿，是唇亡齿寒的依赖关系，我们每一个人在工作中都是既要对上，又要对下，最佳境界应当像一株茂盛的植物，既向上开花，又向下扎根，因此在这点上我们提倡上级多为下级服务的精神。“服务也是一种领导”，已经成为世界上成功企业管理者的通用理论。

此外，中国式的管理哲学不同于美国和日本。美国人管理上讲“是非”性，很多事拿去做专业评估，“是”就是“是”，“非”就是“非”。日本人注重一致性，协调一致了再办，不一致时缓办。而中国人讲究太极，即阴阳互变，互相融人，你中有我，我中有你。很多事要弹性处置，不搞极端，一切依实际情况权衡变通，圆满高于是非。中国人的人际关系是“互交式”的，也叫“互动式”，即“你敬我一尺，我回报你一丈”，讲究的是回报，是互相的感应，这是中国人的人性、民族性，不容忽视。中国人际关系上的互动式特点，客观上也要求我们每一个管理干部都具备这样一种意识——多为下级做点事，在工作中多给予下级以支持与鼓励更是必不可少的。这也是客房领班“非行政性权威”的一个重要来源。

① 倡海岩《饭店督导层的关系学》，《中外饭店》，1999.4

5）对员工“存感谢之心”

督导人员或本部门、本班组所取得的成绩或完成的工作，是与员工的努力和合作分不开的，因而，督导人员对下属应有感激之情、存感激之心。没有这种心态和素养，是很难成为成功的管理者的。

有“经营之神”雅称的松下幸之助认为：管理人员应有“倒茶”慰劳部下的心理。在管理实践中，督导人员不要强调：“我是管理人员，我很了不起，所以要听我命令”，反而要说：“这件工作我一个人做不下来，我不具备这种知识与技术，而各位都是专家，所以要靠大家的努力才能完成这件工作。”由衷的感谢，最为感人，最令人难忘。

四、领班忌讳

实践证明，以下几种领班是不受员工欢迎的。

1. 亲疏有别类。即对下属员工亲疏有别，因为这是不公平的。

2. 不注意聆听类。如果一位领班毫不听从员工对工作的见解，员工将会非常失望，慢慢地就会没有兴趣与领班谈论任何工作情况，积极性受挫。

3. 听喜不听忧类。只喜欢听好消息，而不愿听坏消息，当员工将坏消息报告领班时，即大发雷霆或指责员工。

4. 爱讽刺挖苦类。对员工喜欢讽刺挖苦，这样会使员工的自尊心受损，容易引起对立情绪。

5. 犹豫不决类。很多员工说他们最讨厌的是每次向领班请示，领班都拿不定主意。

6. 自以为是类。听不进员工的意见。其实，员工提出的实际操作上的意见往往是十分宝贵的，有建设性的。

7. 时间管理不当类。处理事情没有条理，没有轻重缓急。

8. 难觅踪影类。员工工作上遇到困难时，总是找不到领班。

9. 缺乏尊重类。忽视员工的情感，不喜欢用客气的语气指挥员工，对员工缺乏尊重。

此外，在管理活动中，独断专行、粗言秽语、喜怒无常的领班也是不受欢迎的，因而，也是所有领班应该忌讳的。

附：一位客房领班谈——

怎样当好客房部领班①

有人说，领班是“三明治中的夹心”，上要对主管负责，下要管理服务员，弄不好就是猪八戒照镜子——里外不是人。我认为只要依照以下诸条去做，便绝非难事。

一、“下马威”法

“新官上任三把火”是一定要烧的，且要烧得轰轰烈烈。所以，我从卫生班开始抓起：该严的地方就一定要严。比方查卫生该达到什么标准就必须达到，不然就不放责任者回去。有一位小姐想和我闹，结果，我一直让她干到下午6点，完全达标了才让她下班（下班时间是5点）。从此，她在我面前服服帖帖。另外，我还坚持一视同仁的原则，时间一长大家自然服我了。

二、威信管理法

为提高我的威信，我就努力做好以下两件事：

1. 工作中服务员能做的，我自己必须能做，且做得更好，比如铺床等技能。服务员做得不好或不能做的工作，我要求自

① 邵德春“酒店领班的管人技巧”（题目为编者所加），《饭店世界》，1999.2

己也能做得好。再如，我努力做好处理客人投诉等需要较高业务水平的工作。

2. 培训服务员。一是对新服务员的培训，内容有业务知识和操作技能。另外就是淡季培训。对有争议的问题，还让大家讨论，共同找出一个最好的答案，如此便能解决很多实际问题，对自己也是一种提高。

三、按意愿分配不同的工种

服务员上班的动机各式各样。有人是为了赚钱（如外地打工妹）。有人家景好，只是混混日子。对前者我多派房间（计件工资制）。对后者则安排些较轻松的工作，基本符合了他们个人的意愿，所以各自的工作积极性就被激发起来了。

四、不吝啬表扬，创造良好的工作氛围

服务员渴望被尊重，我就尽量让下属的这种要求得到满足。那么如何才能满足呢？我认为鼓励和赞扬比什么都有效，一旦碰到称心的事，我就从内心赞扬，毫不吝啬地说出赞扬的话。

我对服务员经常表扬，他们的心自然会开朗起来，慢慢地就会创造出一个良好的工作氛围。

五、“偏心”激励

何谓“偏心”激励？“偏心”激励是指我先通过技能比武和观察平时工作表现等方法找出一位工作出色的服务员作榜样，在平时工作中处处对他偏心照顾，以激励其他服务员达标的一种管理方法。作榜样的服务员有时是一个人，有时是几个人，也可能每个服务员都能成为被“偏心”的对象，只要他有一技之长。比如，通过平时的观察，我发现卫生班A小姐表现很好，体现在：床铺得挺括，卫生搞得干净，工作主动，可贵的是天天如此，有时人员不够，要她加班也很爽快。这样，我自然对她另眼相看；她若提出要求，只要是合理的、能够满足的，我都满足她。有次一位资历更深的B小姐来质问我：为什么同一要求，照顾A却不照顾她？我回答B小姐："因为目前你的表现还不如她好。比如你卫生搞得没有她干净等，不信你去看看她搞的房间！"B小姐听后未吭声。第二天查卫生时，我发现B小姐搞的房间比以前干净了很多，我当时就表扬了她。从此B小姐的表现也越来越好了。

六、对服务员犯错时采用不同的批评法

1. 个别谈话法

有时会出现争吵，等冷静下来后，我便主动找服务员们个别谈话。先静听服务员的申诉，然后站在他的立场考虑表示理解，但也请他站在我的立场考虑问题，求得他的谅解。其实不管什么事，只要双方坐下来，将心里话都说出来，问题就迎刃而解了。有一位干了十多年的老服务员和我发生矛盾，我找她谈话后，她对我心服口服。

2. "开玩笑"式批评

对表现一向较好的服务员，偶然犯错时，我以用开玩笑的方式提醒他，在一笑之间解决问题。有次一位小姐由于一时大意致使两个房间里的地巾忘了补放，在查到第二次时，我笑着说："小姐，你好像不喜欢地巾，是吗？"从此以后她搞的房间再也没有少放过物品，且常将此事说给人家听，说我很幽默，在组里工作很愉快。

3. 通过第三者批评法

有时，个别资格较老的员工犯了错却不来认错，为避免与他正面冲突，我便在跟他关系较好的员工面前狠狠地批评他，并说："到某某时还不来认错，就让他走着瞧。"我敢保证，这位员工肯定会在此时间前主动来认错。

4. 表演法

巡查时发现值台服务员在无客人时趴在服务台上，形象不佳，又较普遍，我便在值台例会时，将他们的形象表演出来，让大家在笑声中接受批评。

此外，先表扬后批评法、当众表扬批评法等，也颇行之有效。

七、参与式管理

对有些有争议的决定让服务员讨论，听取意见，让他们参与管理。一旦有些建议被采纳，提出建议的服务员势必积极响应，带头遵守。我店新楼改建以后进了一批新式床，床架特别重。我在检查时发现有些服务员偷懒，铺床时没有把床拖离床片就直接铺上床单。就这件事，我让卫生班服务员讨论：到底是床拖离床片铺好呢，还是直接铺好？有两个老服务员提出：还是直接铺好，因为不但省力，而且照样可以将床铺得挺括，其他做新楼房间的人都赞成，于是我就此事向部门经理请示，结果，经理同意了他们的做法（因床太重有人拖不动）。于是提建议这两人的床就铺得特别挺括，有其他人不懂时，还主动指教。

第四章
客房服务质量管理

第一节　客房服务员准则

一、客房员工的素质要求

1. 身体健康，没有腰部疾病。

客房部的工作大都属于体力活，因此，员工必须具有健康的体魄，无论是站立值台服务还是弯腰搞卫生，都要求服务员不能有腰部疾病。

2. 不怕脏，不怕累，能吃苦耐劳。

客房部的工作主要是清洁卫生工作，包括客房卫生、公共卫生以及洗衣房客衣、布草的洗涤等，因此，要求在客房部工作的员工必须具有不怕脏，不怕累，能吃苦耐劳的精神。

3. 有较强的卫生意识和服务意识。

如前所述，客房部的工作主要是搞清洁卫生，要做好这项工作，服务员必须具有强烈的卫生意识和服务意识。否则，就不可能做好客房部的工作。

4. 有良好的职业道德和思想品质。

因工作需要，客房部服务员，特别是楼层服务员每天都要进出客房，因而，有机会接触客人的行李物品，特别是贵重物品和钱物等，因此，客房部服务员必须具有良好的职业道德和思想品质，以免发生利用工作之便偷盗客人钱物等事件。

5. 掌握基本的设施设备维修保养知识。

酒店客房内有很多设施设备，如各种灯具、空调、电视、音响、窗帘、地毯、写字台等，这些设施设备的维修通常由酒店的工程人员负责，但对其保养则由客房部负责，客房服务员要利用每天进房搞卫生的机会，做好对这些设施设备的保养工作。另外，一些小项目的“维修”，诸如换灯泡、插电源插座、换保险丝等，也应该由客房部负责，因此，客房部服务员必须有基本的设施设备的维修常识。

6. 有一定的外语水平。能够用英语接待客人，为客人提供服务。

有人认为，酒店的前台员工需要学英语，餐厅员工需要学英语，而客房员工不必要学英语。其实不然，客房部的员工有时也需要面对面为客人提供服务，因此，作为涉外星级饭店的客房服务员，也必须有一定的外语水平，能够用英语为客人提供服务，否则，不仅会影响服务质量，还可能闹出很多笑话。

【案例】一天晚上，住在某酒店的一位美国老太太觉得房间内温度太低，有些冷，就叫来客房服务员，希望能给她加一条“Blanket”（毛毯）。

“OK，OK!”服务员连声说。

过了一会儿，这位服务员拿了一瓶法国“白兰地”（Brandy）进房来。客人一见，哭笑不得，只好说：

“OK，‘白兰地’能解决我一时的温暖问题，可不能解决我一晚上的温暖问题啊!”

……

二、仪表仪容与礼貌礼节

(一) 仪表仪容

服务员的仪表仪容不仅体现员工的个人素质，而且反映酒店员工的精神面貌，体现酒店的服务水准，是对客服务质量的组成部分之一。客房部员工在从后台进入服务区域之前，应先检查仪容仪表。具体要求如下：

1. 上岗必须穿酒店规定的制服以及鞋袜，男员工穿黑色袜子，女员工穿肉色丝袜。

2. 服装必须熨烫平整，钮扣齐全，干净整洁，证章端正地佩戴在左胸处。皮鞋保持清洁光亮。

3. 面容清洁，男服务员每天修面，不留胡须，女服务员化淡妆，口红、眼影、指甲油、香水的使用一定要适量，不可浓妆艳抹。

4. 发型美观大方，经常梳理，男服务员发脚侧不过耳，后不过领，女服务员长发需用黑色发结束起，不得加其它头饰。

5. 头发要常洗、整齐，保持清洁，不得有头屑。提倡上班前加少许头油。

6. 不可戴戒指、项链、耳饰、手镯、手链等饰物（结婚戒指除外）。

7. 手部保持清洁，经常修剪指甲，女服务员不允许涂指甲油。

8. 经常洗澡，身上无异味，并保持皮肤健康。

(二) 礼貌礼节

1. 称呼礼节

称呼客人时应恰当使用称呼礼节，如：“先生”、“太太”、

“女士”、“小姐”等词语，并问候客人。

2. 接待礼节

1）遇到客人时，要热情、主动地问候客人。如：

How do you do? 您好！

Good morning. 早上好！

Good afternoon. 下午好！

Good evening. 晚安！

Long time no see, how are you? 多日不见，您好吗？

2）平等待客，不得歧视客人。无论是外国人还是国内客人，是白人还是黑人，是港澳台同胞还是海外华人，都要一视同仁，不得有任何歧视。

3）送别客人时，要与客人道“再见”，并说“欢迎您再次光临”。

3. 应答礼节

与客人交谈要注意使用礼貌用语。常用的短语和句子有：

You are welcome 别客气，不必谢。

Sorry, I beg your pardon. 对不起，请您再说一遍。

It doesn't matter. 没关系。

It's my duty. 这是我应该做的。

All right. 好的。

Thank you very much. 非常感谢！

（三）言谈规范

1. 与客人谈话时必须站立，与客人保持一步半距离（0.8～1米左右）。

2. 等客人把话讲完再做应答，不得随意打断客人的谈话。

3. 三人以上对话，应用相互都懂的语言。

4. 不开过分的玩笑。

5. 与客人谈话时目光应注视对方（Keep an eye contact），表情自然，保持微笑。注意不得左顾右盼，也不得将头低下或玩弄手指，或捏揣衣服。

6. 精神集中，全神贯注，留心客人吩咐。

7. 与客人谈话时要准确、简洁、清楚、表达明白。说话时要注意按轻重缓急，讲求顺序，不要喋喋不休。

8. 与客人谈话的声音以两个人能够听清楚为限，语调平稳、轻柔，速度适中。

9. 谈话时不能做出伸懒腰、打哈欠、玩东西等动作，不唾沫四溅。

10. 谈话时不要涉及对方不愿谈及的内容和隐私。

11. 回答客人问题时不得直说“不知道”，应以积极的态度帮助客人，或婉转地回答问题。

12. 如遇客人心情不佳，言语过激，也不要面露不悦的神色，要以“客人永远是对的”的准则对待客人。

13. 不要与同事在客人面前说家乡话，扎堆聊天。

14. 不要与同事议论客人的短处或讥笑客人不慎的事情（如跌倒、打碎物件等）。应主动帮助客人。

15. 不得偷听客人的谈话。如遇有事需找谈话中的客人时，应先说声“对不起”（Excuse me），征得客人同意后再同客人谈话。

16. 接听电话时，应先报清楚自己的岗位和姓名，然后客气地询问对方“我能为您做些什么。”

17. 离开面对的客人，一律讲“请稍候”，回来后继续为客人服务时，要说：“对不起，让您久等。”不得一言不发就开始服务。

（四）举止规范

1. 举止要端庄稳重，落落大方，表情自然诚恳，和蔼可亲。

2. 精神振奋，情绪饱满。

3. 双手不得插腰、插入衣裤或随意乱放，不得敲桌子或玩弄其它物品。

4. 站立时应肩平、头正、两眼平视前方、挺胸、收腹。

5. 在服务区域内，身体不得东倒西歪，前倾后靠，不得伸懒腰、驼背、耸肩。

6. 行走要轻而稳，上体正直，抬头，眼平视，两臂自然地前后摆动，肩部放松。切忌晃肩摇头，上体左右摇摆。

7. 员工的手势要求规范适度。在向客人指示方向时，要将手臂自然前伸（上身稍前倾，以示尊重），手指并拢掌心向上，指向目标，切忌用手指或笔杆指点。谈话时手势不宜过多，幅度不宜过大。另外，在使用手势时还要尊重各国不同的习惯。

8. 在客人面前，任何时候不得有以下行为：打喷嚏、打哈欠、伸懒腰、挖耳鼻、剔牙、打饱嗝、挖眼屎、搓泥垢、修指甲、吸烟、吹口哨、哼歌曲等，这是极不礼貌的举止，必须杜绝。

9. 在客人面前不得经常看手表。

10. 为客人服务时，不得流露出厌烦、冷淡、愤怒、僵硬的表情，不得扭捏作态、吐舌、做鬼脸。

11. 在服务、工作、打电话和与客人交谈时，如有客人走近，应立即示意，以表示已注意到他（她）的到来。不得无所表示，等客人先开口。

12. 不要轻易接受客人赠送的礼物。如确实不收可能失礼时，应表示谢意，并按有关规定处理。

三、客房服务员常见不良举止

客房服务员在工作中，要注意克服以下常见不良举止：

(一) 站立时

1. 无精打采，倚靠门窗家具，或单腿站立；

2. 单手或双手插在衣兜或裤兜内；

3. 双臂抱于胸前或交叉于身后；

4. 脚在地上划来划去，大腿小腿晃来晃去；

5. 与客人的距离过近、过远，或站在客人不易看到的地方。

(二) 行走时

1. 走得过慢、过快或猛跑；

2. 摆臂过大，或双臂僵直；

3. 抱臂行走；

4. 低头或昂首行走。

(三) 说话时

1. 使用客人不懂的语言与客人说话；

2. 说话声音过大；

3. 跟客人说话时，两眼不注视对方，或者面部转向别处；

4. 在客用区域内与同事聊天；

5. 与客人谈论自己的私事；

6. 与客人或同事争吵。

四、客房服务员注意事项

除应具备以上素质，注意礼貌礼节和言谈举止规范以外，客房服务员在工作中还应注意以下事项：

1. 上、下班及工作时，只能乘员工专用电梯，不得乘客用电梯。

2. 注意服务的礼貌、礼节，遇客要微笑致意。客房服务员要意识到服务的礼貌、礼节是客房服务质量的重要组成部分，为客人提供礼貌的服务属于自己的本职工作，而非分外之事。

3. 接服务台电话时，先通报“Housekeeping, Can I help you?”（这里是客房服务，可以帮您吗?）。与客人通话时，要注意措词、语气。如有要事，应适当记录，并复述一遍。

4. 因工作需要进入客房时，必须先敲门，得到许可后方可进入。一般要敲三次，每次连敲三下，每两次之间间隔约3秒钟。敲门时，还应通报自己是客房服务员“Housekeeping”，如果三次以后仍没有回答，方可用钥匙轻轻地打开房门。

5. 退出房间时，要站在门边向客人微笑点头致意，出房后轻轻把门关上。

6. 尊重客人的隐私权（Privacy）。与客人私生活有关的事情（包括客人的姓名），不得向外人透露，尤其是不能泄露男、女演员，财、政界要人等易于成为评论对象的客人的秘密。另外，不得随意打听客人的年龄、职务、工资等私事，也不要轻易询问宾客所带物品，如服装及金银饰品的价格、产地等，以免引起误会。

7. 不能让客人签名，向客人要照片。酒店经常会接待一些国内外名人，客房服务员不得借机请客人签名，更不能向客人索要照片。

8. 要与客人保持应有的距离，不可过分随便。不得与客人开过分的玩笑，打逗，不要表示过分亲热，严格掌握好分寸，尤其是对于常住客人，绝不能因为熟悉而过分亲热、随便。

9. 在客房内，即使客人让坐也不能坐下。

10. 应保持楼层的绝对安静。不可在楼层或其它工作场所大声喧哗，聚众开玩笑，哼歌曲。应客人招呼时不要高声回答，如距离较远，可点头或打手势示意领会意思；如逢宾客开会、座谈、会见时须接听电话，应到客人身边轻声呼叫或请其出场，伸手指示电话所在处。

11. 在岗位工作时，不准吃口香糖，也不允许因工作劳累而靠墙休息。

12. 不许在饭店和客房内与亲友会面交谈。

13. 注意保管好客房钥匙。客房钥匙要随身携带，切勿随处摆放，领取或交钥匙时，要作好交接记录。

14. 不能随便接受客人的礼品。假如收到客人礼品，而又无法拒绝，必须附有客人留言来证明是客人送的，客人礼品留言要有他的姓名和房间号码，没有上述证明，服务员不准将礼品带出饭店。

15. 掌握说“不”的艺术。在客房服务工作中，很多情况下，需要对客人说“NO”，但客房服务员不能简单地对客人说“NO”，生硬地将客人回绝，而应根据实际情况，用委婉的语言进行表达，必要时，要向客人解释，取得客人的谅解。

16. 在工作中不能失态。要有涵养，有耐心，善于控制自己，决不能随客人情绪的波动而波动，不能与客人争吵。

关于客房服务员在清扫客房时的注意事项，参见第五章第三节之相关内容。

五、需要向客房管理人员报告的事项

遇有下列情况，服务员应向客房经理报告：

● 客人生病且较为严重时。

● 发现住宿旅客客房内有凶器或麻醉剂之类的物品时。

● 只登记一人住宿的房间住了两个人时。

● 住宿中的旅客没有行李或行李极少时。

● 将宠物带入客房时。

● 外来客人进出过多的客房。

● 无意中损坏了客人的物品时。

● 发现房内设备、家具、物品、墙壁等有缺损或出故障时。

● 发现了旅客有遗忘物品时。

● 在走廊或其他地方发现可疑的人或物（如行李）时。

● 客人的抱怨、称赞等。

第二节 客房服务的组织模式

客房对客服务的组织模式有两种：一是“楼层服务台模式”，二是“宾客服务中心”模式。

我国传统饭店对客服务都采用楼层服务台模式，而且，目前我国大多数国有酒店基本上也都采用这一服务模式，这也是很多地方公安部门对酒店的要求。但国外酒店以及国内中外合资（合作）酒店基本上都采取宾客服务中心的模式。

本节将对这两种模式分别做一介绍和分析。

一、楼层服务台模式

（一）楼层服务台的职能

设置楼层服务台的目的主要是为了保障客房楼层的安全及

方便客人，为客人提供便利的服务。与此相适应，楼层服务台的职能主要有以下三点，即：服务中心，联络中心，安全中心。

1. 楼层服务台是为本楼层客人提供服务的基地

1）迎送客人。楼层服务台负责欢迎新客的到来，向客人介绍客房设施设备及酒店服务项目；欢送离店客人，并为客人安排行李员协助运送行李。如广州白天鹅宾馆要求楼层服务员听到电梯铃响，要马上站出，在电梯口迎接客人，并向客人报楼层。白云宾馆要求服务员看到客人提行李出来准备退房或离开楼层时，要主动为客人按电梯等。

2）应客人要求，随时进房为客人服务。如回答客人问询；为客人送茶、送水；收取客人待洗衣物等。

3）处理客人的委托代办事项、电话留言及其它有关事宜，并为客人提供叫醒服务。

2. 楼层服务台是客房部与酒店其他部门的联络中心

因工作需要，楼层服务台经常要与酒店其他部门发生联系，这些部门主要有：

1）总服务台。一般情况下，客人办理住宿、离店手续时，要与总服务台互通情况。当客人办理住宿登记手续时，总台要通知楼层服务台做好接待准备。当客人迁出时，楼层服务台要进行查房，看看客房物品有无丢失、损坏；是否有客人的遗留物品；同时查看房内小酒吧酒水的使用情况，并将这些信息电话通知总服务台，总台接到这些信息后，方可为客人办理结帐离店手续。另外，楼层服务员要立即通知客房清扫员，尽快将离店客人的房间打扫干净，并及时通知总台以备再次出租该房。有些饭店客房的楼层服务台设有房间指示器。直接与总服务台相连，显示客房是否已经清扫的状况。此外，客人住宿时间、住宿条件、住宿人数等的变动以及行李的进出，会客等情况都要与总服务台取得联系。

2）工程维修部。当客房设施发生损坏或出现故障，如马桶不灵，电灯不亮，空调失控，电视图像不清，墙皮脱落、窗帘拉不上等问题时，可由楼层服务台通知工程部进行维修，使“O、O、O”房（出现故障的房间）尽快恢复正常，及时出租。

3）洗衣房。客房使用的布草以及待洗烫的客衣等都要送到洗衣房，这些物品在洗衣房与楼层服务台之间都要做好交接记录。

4）餐饮部。客人需要饮食服务时，有时会与楼层服务台联系，这时楼层服务台应及时通知餐饮部门，协助餐饮部门做好饮食服务工作，特别是房内用餐服务。

3. 楼层服务台是本楼层的安全中心

安全工作是酒店管理工作的一项重要内容。酒店不安全事件大都出现在客房楼层。在楼层设立服务台有助于消除不安全因素。楼层服务台应妥善保管客房钥匙（无论是服务钥匙，还是客人的钥匙）。值台服务员还要随时掌握客人的动态，记住客人的姓名、特征和房号。密切注意楼层动静，做好来访客人的接待和登记工作。发现走廊里有可疑的人要上前盘问，及时消除不安全因素。此外，服务员还应提高警惕，注意消除楼层客房的火灾隐患。

（二）值台服务员的职责

与楼层服务台的职能相联系，楼层服务台服务员的职责如下：

1. 迎送宾客。

2. 建立、保管和掌握住在本楼层客人的资料和有关信息。

如客人的到达日期、时间，预定离开时间以及客人的姓名、国籍、宗教信仰、特别服务要求以及房号等。

3. 做好来访客人的接待和登记工作。出于各种原因，有些客人可能不愿意登记，这时，要向客人做好耐心的解释工作。如客人嫌麻烦，可请客人留下证件，由服务员代客人填写。

4. 应客人的要求，随时为客人提供服务。

5. 接受并处理客人的各种委托代办事项。楼层服务员代客办事要做好记录，做到“一清”（费用、金额、收费要清楚）；“二准”（收交洗衣房号、件数要记准；叫醒房号、时间要记准）；“三及时”（代办事项要及时，送传真、信件要及时，有问题反映汇报要及时）。

6. 做好客人待洗衣物的收、发工作和交接记录。

7. 协助餐饮部，为客人提供良好、高效率的餐饮服务。

8. 密切注意楼层及客房动静，确保楼层安全。

9. 做好本楼层房间状况（有无客人居住、是否已清扫等）的登记工作，并将客房状况按时通报总服务台。

10. 传送客人电话、留言。

11. 替客人保管客房钥匙。国内有些酒店的楼层服务台还负责保管客房钥匙，服务员凭客人的“开房卡”（或“欢迎卡”或“住宿登记表”其中的一联）为客人开房，并要求客人离店或外出时，将客房钥匙交回楼层服务台，回到酒店后，再从楼层服务台领取，这对客人来说，是很不方便的。实际上，也很少有客人按照这种要求不断地“交回”和“领取”钥匙。这是一种落后的、招待所式的管理方式，因而不值得提倡。

12. 定时清扫楼层服务台。

13. 保持仓库清洁，做好其中布草类的分类。

（三）设置楼层服务台的利与弊

如前所述，我国传统的旅馆、饭店一般都设有楼层服务台。设置楼层服务台的好处在于：

1. 能为客人提供更加热情、周到的服务。

楼层服务台是为本楼层客人提供服务的基地，能够随时解决客人的各种不便。例如提供问讯服务，接待来访的客人等，在这方面，它起着总服务台难以替代的作用。

2. 有利于增加饭店为客人提供服务的“人情味”。

这在注重人情味的东方国家更具现实意义，对于增加客人（主要是东方客人）的满足度，能够起到积极的作用。

3. 能够减少客人投诉。

楼层服务台的设立，增加了服务项目，同时也增加了饭店与客人之间进行沟通、交流和接触的机会。在服务员和客人之间建起了一座友谊的桥梁，相互理解的枢纽，服务员一张善意的笑脸，一句问候往往会使客人对饭店服务的不满情绪减少到最低程度。

4. 能够有效地保障楼层安全。

楼层服务台一般位于楼层中间较为显眼的地方，服务台24小时昼夜有人值班，可以随时观察楼层动静，注意来往行人，因而在一定程度上保障楼层及客人的安全。

但是，楼层服务台的设置也有其不利的一面，主要表现在：

● 占用空间，减少客房营业面积

饭店每层楼都设置服务台，势必要减少客房营业面积，这在“每一块土地都要挖金”的饭店，势必要带来相当大的经济损失。

● 增加开支

设置楼层服务台必然要安排值台人员，从而会增加人事开支，这笔开支在一些劳动力稀缺的发达国家是相当可观的。

● 楼层服务台的设置往往会影响楼层安静

楼层客房是客人休息的场所，要求绝对安静，但楼层服务台的设置往往会破坏这种气氛，尤其是在一些管理不善的饭店更是如此，服务台的打电话声、嘻笑声、吵闹声等不绝于耳，影响了客人的休息，同时，也给客人留下很坏的印象。

● 使客人有受监视的感觉

特别是西方客人对此很不习惯，感觉受到监视，是对客人隐私权的侵犯。

正是由于上述原因，欧美等西方国家以及日本等国家的大部分饭店都不设置楼层服务台，而用宾客服务中心取而代之。

二、宾客服务中心模式

“宾客服务中心”（Guest Service Center）是客房部对客服务的另一种模式，也是世界上大部分国家和地区的酒店所采用的服务模式，它将客房部各楼层的对客服务工作集中在一起，从而大大提高了酒店对客服务的效率，节约了客房部人力资源的成本和费用，克服了楼层服务台的诸多弊端，同时也提高了酒店客人特别是外国客人的满意度。

由于宾客服务中心的设置可以大大提高工作效率，节约客房部的人力资源成本，这一点已为越来越多的酒店管理者所认识到，近年来，许多内资饭店也开始仿效合资饭店这一作法，在楼层开始逐步取消服务台，代之以宾客服务中心，应该说，这是酒店管理的发展趋势。

但是，取消楼层服务台，设立宾客服务中心需要具备一定的条件，否则，将以失败而告终。这些条件是：

1. 不违反酒店所在城市或地区的有关法规。

2. 饭店属于以接待外国人为主的中高档饭店。

由于消费水平、消费素质和文化背景的不同，国内客人往往对于服务台的依赖性比较强。他们不习惯于楼层没有服务台的饭店，因此，以接待内宾为主的这类饭店一般不宜取消楼层服务台。一些饭店不顾自己的实际情况，不顾国内客人的消费习惯和消费素质低这一特点，盲目取消楼层服务台，结果使得一些客人因找不到门牌号码，没有开水而在楼层大喊大叫，还有些客人因缺乏房内设施设备起码的使用常识，而使这些设施设备遭受严重损坏，这些都是应该吸取的教训。

3. 饭店必须具有完善的保安措施。

楼层服务台的一项重要职能就是保安作用。因此，要取消楼层服务台，就要求饭店必须具有完善的保安措施。例如，在楼层安装电视监视仪等，用以监视楼层动静。另外，还应加强保安人员对客房楼层的巡视等。

4. 楼层建筑结构比较简单。

有些饭店建筑结构复杂，楼层走廊“四通八达”，如果没有行李员或楼层服务员带路，客人很难找到自己房号的房门，结果可能出现外国客人在楼层“迷路”，国内客人在楼层大喊大叫的现象。这时就不宜取消楼层服务台。

在实际工作中，如果酒店因条件不成熟，暂时还不能完全取消楼层服务台，可以考虑采取一些变通的手段。比如，可将传统的占相当大空间的大服务台，改变为一种小型的（或称“袖珍型”的）不设坐椅的服务台，供客房服务员做完卫生后或空闲时为客人提供站立服务。或将酒店客房划分为两个部分，一部分专门接待外宾，而另一部分则专门接待内宾，在接待外宾的楼层取消楼层服务台，而在接待内宾的楼层则继续保留服务台。

第三节　宾客服务中心的管理

一、宾客服务中心的职能

除了对客服务这一功能以外，宾客服务中心还可以发挥其它职能。

客房中心的主要职能如下：

1. 信息处理。凡有关客房部工作的信息几乎都要经过客房中心的初步处理，以保证有关问题能及时得以解决或分拣、传递。

2. 对客服务。由宾客服务中心统一接收服务信息，并通过电话机、BP 机等现代化手段，向客房服务员发出服务指令。即使客房中心不能直接为客人提供有关服务，也可以通过调节手段来达到这一目标。

3. 员工出勤控制。所有客房部员工的上、下班都要到此签名，这不仅方便了考核和工作安排，而且还有利于加强员工的集体意识。

4. 钥匙管理。客房部所使用的工作钥匙都集中于此签发和签收。

5. 失物处理。整个饭店的失物和储存都由客房中心负责，这大大方便了失物招领工作的统一管理，提高了工作的效率。

6. 档案保管。客房中心保存着客房部所有的档案资料，并必须做及时的补充和更新整理，这对于保持有关档案资料的完整性和连续性具有十分重要的意义。

为了及时了解和处理客房服务和管理中随时出现的各种问题，掌握宾客和员工的动态，客房管理人员，特别是主管，应将自己的办公室设在宾客服务中心内。一些客房主管将自己隔绝起来，根本不管每天发生什么事情，也不知道宾客中、员工中每小时发生的各种各样的问题，不利于管理工作。

二、宾客服务中心的运转

宾客服务中心 24 小时为客人提供服务。可设一名领班或主管负责日常事务。服务中心每天三班倒，根据酒店规模的大小和客房数量的多少，每班可设 2 位或 2 位以上接听电话及处理相应问题的服务员，另外，当然也要设相应的专职对客服务人员。

服务中心的理想位置是处于员工更衣室和员工电梯之间的同一平面上，其内部设计因条件而异。一般而言，它应具有同时接听两个以上电话的能力。最好有小型交换机的功能，以保证信息的畅通。在对内联络方面，要求有快速、灵便的传呼手段，因而，很多大中型酒店都建立有独立的 BP 机呼叫系统。有些酒店为方便正在楼层工作的领班和服务员，还设计了楼层走廊灯光信号系统与之配套，这对于楼层客房数较多的饭店来说较为理想。

三、宾客服务中心的文档管理

文档管理是宾客服务中心的工作内容之一。

文档管理的原则

1. 专人负责

文档管理工作要有专人负责。可以由宾客服务中心主管负责，也可以交由服务中心文员负责。

2. 有章可循

客房部经理或服务中心主管应明文规定文档管理制度，包括：

(1) 明确哪些文件、表格应该存档；

(2) 存放的顺序(字母、日期等,或先按日期,后按字母…)；

(3) 存放的时间；

(4) 销毁时的批准程序与方法。

3. 归类存放

按照文档的特性，可分为以下三种类别：

● 待处理类：指尚未处理、正等待处理的文件、表格。

● 临时类：指短期内需要经过处理，然后再经过整理、归类的文件、表格。

● 永久存放类：指需要长期保存，供查阅用的文件、表格。

对于不同类型的文档，应采用不同的方法，存放于不同的地方。

(1) 待处理类：对于待处理类文档，首先应按轻重缓急，将文件、表格分成急办、日常事务两类，然后分别放在文件篮、文件架中。

(2) 临时类：应分门别类地整理好，然后存放在档案柜的专用抽屉内。

(3) 永久存放类：可存放在贴有标签的活页夹内，也可存放在专用的柜子内。还可以打成包，在包外标明名称，存放在专门的房间内。另外，对于某些重要资料，应存放在特别安全的地方，以防火灾或其它人为原因所造成的损失。

如果文档较多，则应在文档归类存放前，制作索引，以方便查找。

四、设置宾客服务中心后可能出现的若干问题及其处理方法

取消楼层服务台，改而设置宾客服务中心后，可能会出现一些问题，客房管理人员应采取相应的措施予以补救。

1．送还客衣问题

一般情况下，洗干净的客衣必须马上送还给客人。但服务员送还客衣时，常常发现房间的“请勿打扰”灯亮着。在酒店设有服务台时，服务员能及时确认该房是否已取消“请勿打扰”，而及时将客人衣物送还。设立服务中心后就可能存在客人已取消“请勿打扰”，但不能及时收到客衣的问题。这时，可采取打电话通知客人或将书面通知送入房内的做法。其它类似情况，也可采取同样的办法。

2．客人忘记带钥匙

由于楼层上取消了值台服务，如客人忘记把钥匙带在身上或钥匙在同房间同伴身上（每房间只有一把钥匙），要想进房就比较困难。针对这一情况，可采取：每楼层保留一个服务台（不配备服务员），服务台上放置一部电话和一块精美的告示牌，写明“客房服务请拨 14 或 15（客房中心电话），谢谢！”。这样，客人可用电话与客房中心联系，客房中心即可通知客房服务员在三分钟之内到达楼层为客人开门。

3．在接待客人的高峰期或客人可能需要的服务次数较多时

有时，楼层接待的客人可能比较多，或客人可能需要服务的次数比较多时，可临时安排服务员在楼层值台一段时间。以会议代表为例，他们所需要的服务比较集中，可在客人散会之时，由会议室的服务小姐通知客房中心，再由客房中心通知服务员去会议代表所住楼层，进行半小时左右的值台服务，以满

足会议客人的各种需求。

第四节　客房服务项目及其服务规程

如前所述，酒店对客服务工作有两种模式：一是楼层服务台模式；二是宾客服务中心模式。其中宾客服务中心模式是国际惯用的服务模式，我国酒店传统上都采用楼层服务台模式，但近年来，越来越多的国内酒店也开始采用宾客服务中心模式，这一方面是在向国际惯例靠拢，力争与国际接轨，另一方面，也是各家酒店在日益激烈的竞争中，力求通过压缩人员编制来降低人力资源费用所致。

考虑到客房服务和管理的这一发展趋势，本书主要研究采用宾客服务中心模式的酒店的经营和管理问题。

采用宾客服务中心模式的酒店，楼层不必有专门的迎宾服务。楼层对客服务主要集中在两个环节：一是客人住店期间的服务；二是客人离店时的服务。

一、客人住店期间的服务项目及服务规范

(一) 送水服务（如房间内有电热水壶，则可免此项服务）

1. 早班服务员每天早晨送开水进房（商务客人在房间停留时间长，最好早、晚各送一次）。

2. 住客如有来访客人，应适时为客人送茶，并注意增加供水量。

3. 如客人电话要求送茶水，应问明客人要哪一种茶：红茶、花茶还是绿茶。

4. 离开房间时，应询问客人是否还需要帮助，如无，礼

貌地向客人告退，离开房间时，轻轻地把门关上。

（二）客房小酒吧（Mini-bar）

为了方便客人，大部分酒店都在客房内安放了冰箱（一些高档酒店还在客房内设有小型吧台）向客人提供酒水、饮料和一些简单的食品。

为了加强对这些食品和饮料的管理，饭店应设计一份记有冰箱内（或吧台）食品、饮料的种类、数量和价格的清单，并要求客人将自己每天饮（食）用的食品、饮料如数填写（如表4-1所示）。酒单一式三联，第一、二联交结帐处作为发票和记帐凭证，第三联作补充酒水食品的凭证。

客房服务员每天早晨对其进行盘点，把客人实际饮用的数目通知前台收款（Cashier）处，随后，对冰箱中所缺饮料予以补充。

提供客房小酒吧服务时，客房服务员应注意以下事项：

1. 如发现客人使用过小酒吧时，应核对客人新填的酒水耗用单。

2. 如客人填写有误，应注明检查时间，待客人回房时，主动向客人说明并更正；如客人没填写，应代客补填并签名和注明时间。

3. 如客人结帐后使用了小酒吧，应礼貌地向客人收取现金，并将酒单的第一联作为发票交给客人，收取的现金连同酒单的第二联记帐凭证及时交给结帐处。

4. 领取和补充小酒吧的酒水和食品时，要检查酒水的质量和饮料、食品的有效保质期。

有些高级饭店对客房内的冰箱采用计算机管理，当客人从冰箱里取出一瓶饮料后，冰箱内的开关信号将指示机器驱动，结果将使总服务台收款处该客人帐单上的帐目自动增加。但这种装置也有缺点，譬如，客人取出一瓶啤酒后，发现商标不中意，便放回原处，但这时计算机已经记下了这瓶啤酒的帐。

表 4-1　　　　　客房迷你吧酒单

ROOM
MINI BAR VOUCHER

Stock	Item	Price per item	Drinks Consumed	Total
1	Chivas Regal	22.00		
1	Grenfiddich	25.00		
1	Grant's	15.00		
1	Seagram V.O.	15.00		
1	Four Roses	15.00		
1	Martell V.S.O.P.	19.00		
1	Martell V.S.	15.00		
1	Greenall's Dry Gin	14.00		
1	Stolichnays Vodka	14.00		
1	Ronrico Rum	14.00		
1	Olmeca Tequila	25.00		
1	Irish Mist	22.00		
2	Loeuwenbreau	9.00		
2	Carlsberg	9.00		
2	Sapporo	9.00		
2	Tsing Tao	6.00		
2	Coca Cola	6.00		
2	7 Up	6.00		
1	Evian (50ml)	15.00		
2	Mineral Water	3.00		
1	Tonic Water	6.00		
1	Soda Water	6.00		

（三）房餐服务（Room Service）

房餐服务在欧美国家旅馆业中称为“Room Service”，它是指应客人的要求将客人所点之餐、饮送至客房的一种餐饮服务。常见的房内用餐有早餐、便饭、病号饭和夜餐等项目，其中以早餐最为常见。

提供房餐服务时，酒店要设计专门的房餐服务餐牌，摆放在床头柜或写字台上，上面标明房餐服务电话号码。另外，提供房餐服务，通常要收取20%～30%的服务费。

房餐服务的方式有好几种。在一些大饭店里，这项服务是由餐饮部负责的，餐饮部设有房餐服务组，由专职人员负责提供房餐服务。在另外一些饭店，房内用餐则是由餐厅服务员送到楼层，再由楼层服务员送进客房，采用这种服务方式的饭店，要求客房服务员必须熟悉菜单，并掌握一定的餐厅服务技能。

房内用餐可以用托盘提供，也可以用餐车送上，这要视所送餐食饮料的多少而定，如用餐车送餐，要小心谨慎，以免因地毯不平或松动而翻车。另外，送餐时，必须要使用保温、保暖、保凉和保持清洁卫生的用具。

提供房餐服务时，要注意及时将客人用过的餐具和剩物撤出（一般在一小时后，征得客人同意后撤出），以免影响房内卫生和丢失餐具，收东西时，要注意清点餐具并检查有无破损，同时还要注意随手更换烟灰缸、玻璃杯，擦净桌上的脏物，以保持房内清洁。

最后，用餐完毕，不要忘记请客人在帐单上签名。

另外，为客人提供房餐服务，还应注意方法的多样性。例如，香港某酒店客房送餐菜单中，有一个深受客人欢迎的特色项目是“令客人自己创新”的内容，它可昼夜让客人随意设计挑选他们喜爱的餐食（包括调味汁、制作方法等）。对许多住客来说，“自己创新”是仅次于在自己家中做饭的美事，结果，这项业务占将近所有该酒店客房送餐服务订单的百分之四十。

（四）洗衣服务（Laundry Service）

旅游者离家在外，生活很不方便，再加上每天的旅游和商务活动安排都很紧，而自己的衣服又得勤换洗，自己动手洗衣服费时又费力，因此，饭店一般都向客人提供洗衣服务，且大都设有自己的洗衣房。

饭店向客人提供的洗衣服务，从洗涤方式上讲，有三种类型：即干洗（Dry－cleaning）、水洗（Laundry Service）和烫洗（Pressing）。其中，干洗的一般是一些高档衣料以及毛织品、化学纤维衣物、绸缎真丝等。从洗涤速度上，可以分为“普通服务”（Regular Service）和“快洗服务”（Express Service）两种，每种服务都要在规定的时间内完成，普通服务一般在早上九点以前收取衣服，当天送回，快洗服务则要求收到客衣后3～4小时内洗完送回，由于快洗服务会为洗衣房的工作带来不便，因此，一般要加收一倍的服务费。

无论是干洗、水洗还是烫熨，也不管要求普通服务还是快洗服务，都要求客人预先填好洗衣登记表（见表4－2）。

表 4－2 **洗衣清单**

Laundry 湿洗 Dry Cleaning 干洗 Pressing 熨衣

For services please touch 3(洗衣请按内线 3)			
Room No. 房号	Name 姓名	Signature 姓名	
	Date 日期	Time 时间	AM/PM 上午/下午
Special Instructions 特别指示			

□Same Day Service:
Collectecd by 11:00
Delivered on Same Day

□Express Service:(4 hours)
Latest collection by 14:00
Delivered on the Same Day.
50% surcharge.

□Pressing Service(I hour):
Pressing is available
from 7:00 to 18:00

□Overnight Pressing
Returned by 8:00

□普通服务:
上午 11 时前收取的
衣物即日可送回

□加快服务(4 个小时)
下午 2 点钟前收取的最后的衣物,
即日可送回,50%附加费。

□熨衣服务:
早上 7 时至晚上 6 时
收衣 1 小时内送回。

□隔夜熨衣于早晨 8 点钟归还。

Guest Count 贵客点数	Hotel Count 酒店点数	Laundry Items 湿洗项目	Price RMB 价目 Laundry 湿洗	Shirts Return 恤衫交回	□On Hanger 挂起 □Starch 浆 □Folded 摺叠
		Normal Shirt 普通恤衫	26		
		Blouse 女装恤衫	26		
		Sport/T－Shirt 运动衣/T 恤	20	Plus 15% Surcharge 加 15%服务费	
		Jacket 外套	38		

Guest Count 贵客点数	Hotel Count 酒店点数	Laundry Items 湿洗项目	Price RMB 价目 Laundry 湿洗	Amount 金额
		Dress 连身裙	43	
		Skirt 短裙	26	
		Pants/Jeans 西裤/牛仔	32	
		Shorts 短裤	20	
		Pyjamas(2pcs) 睡衣裤(二件/套)	26	
		Night Gown 睡袍	26	
		Undershirt 内衣	12	
		Underpants 内裤	12	
		Socks/Stockings(Pair) 短/长袜(对)	8	
		Handkerchief 手帕	8	

Guest Count 贵客点数	Hotel Count 酒店点数	Dry Cleaning/Pressing Items 干洗/熨衣	Price RMB 价目	
			Dry Cleaning 干洗	Pressing 熨衣
		Suit(2pieces) 西装(二件/套)	78	42
		Jacket/coat 外套	48	26
		Slacks/pants 西裤	32	16
		Shirt/Blouse 恤衫	32	16
		Skirt 短裙	32	16
		Skirt(Full peated) 有摺短裙	62	36
		Dress 连衣裙	68	36
		Dress(Evening)/Tuxedo 晚礼服	85	45
		Vest 背心	20	10
		Sweater 毛线衣/羊毛衫	38	16
		Tie/scarf 领带/领巾	16	10
		Overcoat/Long coat 大衣	88	36

Remarks:

1. Should the list be omitted or not itemized, the Hotel count will be taken as correct.
2. All Laundry/Valet/Dry Cleaning, is accepted by the Hotel at the owner's risk. While the utmost care will be exercised by the Hotel, the liability of the Hotel is limited to TEN times the value of the Laundry/Valet/Dry Cleaning charges. The Hotel shall not be responsible for any further loss or damage howsoever arising.
3. Shirts will be folded and blouses will be on hanger unless otherwise requested.

说明：

1. 如客人未填写衣物数量，将以本饭店所计数量为准。
2. 本饭店在正确的洗涤操作下若造成衣物的任何损坏，最高赔偿额不超过衣物洗熨单价的10倍。衣物上的装饰品和衣兜里的物品损坏或遗失，饭店概不负责。
3. 送衣时，除有特殊要求，男装衬衫将以折叠方式送回，女装衬衫将挂架送回。

这张表可置于写字台上或与洗衣袋一起放在壁橱里，客人有洗衣要求时，要在上面注明自己的姓名、房号、日期、所需洗涤各类服装的件数，并标明要求提供普通服务还是快洗服务。服务员进房收取衣服时，要仔细核对表中所填需洗涤衣服的数目是否与客人放进洗衣袋的衣物相符，同时检查一下口袋内有无物件、钮扣，有无脱落、严重污损、褪色、布质软弱不堪洗涤等情况，发现问题应向客人指明，并在登记表上注明。

为了避免一些不必要的麻烦，饭店方面还应在印制的洗衣登记表上注明在洗涤过程中出现某些情况时的处理方法，如关于洗涤时客衣缩水或褪色的责任问题以及如出现洗坏或丢失情况时的赔偿问题（按国际惯例，赔偿费一般不超过该件洗衣费的 10 倍)。

鉴于很多客人待洗衣服的价值远远超过洗涤费的 10 倍，如衣服损坏或丢失，按洗涤费的 10 倍进行赔偿远远不能补偿客人的损失，酒店可考虑推出“保价洗涤收费方式”，即按客人对其所送洗衣物保价额的一定比例收取洗涤费。

【案例】

洗衣单引起的思考

香港　闵惠斯

最近，在某酒店投宿，早餐时，因西装袖口沾上了油污，想送酒店洗衣房洗涤，但仔细看过洗衣单的“说明”后，却打消了原来想洗衣的念头。

洗衣单说明栏注：“……如有任何于洗熨过程中损坏或失去钮扣或饰物，本酒店概不负责。

这条说明分为两个部分，一是“损坏”，二是“失去”。先说“损坏”，据我所知，由于科技的发展，钮扣制作的材料呈多种多样，日新月异的趋势，酒店洗涤人员不是某学科的专家，不可能全部识别它的材料是否能水洗以及是否耐高温，是否会引起其他的化学变化等。所以，在培训中，许多酒店洗涤人员就会被告知：除了多掌握专业知识外，遇到没把握的情况时，采用先剪下来再洗的方法，就不应该存在“损坏”的问题，更不应该损坏后“本酒店概不负责”。至于“失去”钮扣，其实说白了这个“失去”就是“遗失”，酒店等于在说，我丢失了你的钮扣是不赔的！

这家酒店平时的信誉情况我不太清楚，假设我真的“中头彩”，“损坏或失去”钮扣，洗衣契约中已白纸黑字明明白白，找酒店是白搭，接下来就为补齐钮扣而奔波忙碌去吧。

再看洗衣单说明栏注二：“任何衣物的丢失损坏，其赔偿将不超过洗熨费的10倍”。

该酒店西装洗涤的收费是每套12元。本人西装极其普通，商店买来也要900元，也就是说，如果酒店丢失了我的衣服，赔偿上限是120元，拿到120元应额手称庆，但反过来问一问，120元能补偿西装的损失吗？更不要说有些国外客人几千美金的高档西装了。

丢失客人的衣服，赔偿不超过洗衣费的10倍，这一点国外比较流行，我们酒店写上这一条应该说也是符合国际惯例，问题是国外洗衣收费也贵，洗衣费与赔偿费的差距也没有国内这样大。

洗衣单上这些说明，从表面上看，酒店维护了自己的利益，但客人的利益没有受到充分的保护，于是，我因此而打消了洗衣的念头，是否会有许多人有我这样的心理呢？客人如遇到以上诸“说明”中的一项，虽然只有自认倒霉，但他又会对酒店产生什么样的印象呢？

有些饭店现在推出保价洗涤，也即客人可以开出自己衣服的价值，洗衣价也按比例相应上升，这样，客人、酒店利益两不误，各家酒店不妨一试。

洗烫干净平整的客衣送回时，应根据洗衣单存根联仔细核对清楚，比如衣物的件数、房号、客人姓名等。随后，将客衣送至客房，请客人查收，待客人点检清楚后再离房，并向客人道别。最后，在存根联上注明送衣日期、时间，并签上姓名。

（五）托婴服务（Babysitting）

住店客人外出旅游时，带小孩有时会感到很不方便，为了解决这个问题，很多饭店都为住店客人提供托婴服务，客人外出或有商务应酬时，可以把小孩交托给客房部，由客房部委派专人照管（或由客房女工兼管），并收取适量服务费。

照看婴儿（或小孩）时要注意按客人的要求进行，不要随便给小孩吃东西，尤其要注意小孩的安全。

（六）擦鞋及其它服务

高级酒店一般都为客人提供擦鞋、钉钮扣和缝补等服务。以此为客人提供方便，并提高服务质量。

客人需要擦鞋服务时，会将鞋放在壁橱内的鞋筐内（或打电话到宾客服务中心），服务员做房时，应将鞋筐里的鞋子收集起来，并在擦鞋服务单上写清房号。擦完后，要按房号将鞋子连同鞋筐放回客人房门口或壁橱内。

另外，遇雨雪天气，客人外出归来，鞋子上易沾有泥泞，此时，服务员应主动要求帮客人擦鞋，这样做不仅会使客人满意，又可以避免弄脏酒店和房内地毯。

二、客人离店时的服务规程

客人离店时的服务规程包括以下三个方面：

（一）客人离开楼层前的准备工作

1. 确切了解客人离店的日期、时间以及乘坐的交通工具。

2. 检查客人有无委托代办事项？有无办妥？该送总台的帐款单是否已结清，以免错漏。

3. 如有清早离店的客人，要问清是否要准备早餐？是否需要叫醒？

4. 如客人要求代叫行李员搬送行李，应问清何时搬送以及行李件数，并立即通知前厅行李组做好准备。

（二）客人离开楼层时的送别工作

1. 客人出房时，应向客人微笑道别，并提醒客人是否有遗忘物品。

2. 为客人按电梯铃，电梯到达楼面，应用手挡住电梯活动门，请客人先进入电梯并协助行李员将行李送入电梯内放好。

3. 当电梯门即将关闭时，要面向客人，微笑鞠躬告别，欢迎客人再次光临并祝旅途愉快。

（三）客人离开楼层后的检查工作

1. 客人离开楼层后，应迅速入房仔细检查。

2. 如发现客人离房前使用过小酒吧酒水，应立即告知结帐处，并将酒水单送前台。

3. 同时检查房间物品有无丢失，设施设备有无损坏，如有应立即报告大堂副理，以便及时妥善处理。

4. 如发现客人有遗留物品，应立即追送，如来不及，应按有关程序处理。

5. 作好离店客人情况记录，送客房部存档备查。

第五节　客人类型和服务方法

酒店的客人来自世界各地和社会各个阶层，由于他们的身份地位、宗教信仰、文化修养、兴趣爱好、生活习惯、社会背景等各不相同，因而，对酒店的服务有不同的要求。了解他们的需求特点，采取针对性的服务，是客房管理者和服务人员搞好对客服务的前提。

一、按旅游目的划分

（一）观光旅游型

特点：这类客人以游览为主要目的，对自然风光、名胜古迹最感兴趣，最大的要求就是住好、吃好、玩好。喜欢购买旅游纪念品，喜欢照相，委托服务较多。

服务方法：应根据其进出店时间，注意做好早晚服务工作。如早上叫醒服务要准时，提前送水，早上离店后按时整理好房间；晚上进店前备足开水和冷开水，调节好室温。接受客人委托服务如洗熨衣服、擦皮鞋、冲洗胶卷等要主动热情、保证质量、及时周到，努力为客人创造一个良好的居住环境，使他们能有充足的精力、愉悦的心情完成他们的旅行活动，从而对饭店留下美好的印象。要主动介绍自然风光，名胜古迹，风味餐馆和本地区、本城市及酒店的工艺美术品、土特产品和旅游纪念品等，便于客人购买。

（二）商务散客

据统计，全世界所有饭店客源中，商务旅游者占了 53%，其支出至少占全球旅游观光消费的 2/3 强。因此，了解商务客人在商务旅游中的需要和偏好，对饭店经营者至关重要。随着我国国民经济的迅速发展，国内商务散客逐渐成为饭店业的重要客源之一。

特点：喜欢住在熟悉的饭店和曾住过的房间。对饭店的设施设备要求很高，如完备的商务中心，先进的通讯设备，喜欢高档、单人客房，同时希望房间的布置有特色而非千篇一律。消费水平较高，对服务要求高，希望饭店提供快速、高效的个性化服务。这类客人有公务在身，注重仪表仪容，常常要早出晚归；有的住户则在客房办公，住店时间一般较长。这类客人的文件较多，且要求严格保密；来访客人较多；他们最怕打扰，工作时要求安静。他们有钱，对生活上要求较高，晚上需要娱乐活动，常利用公务之余外出游览参观，委托服务多。

服务方法：对于商务客人的房间来讲，设备设施应充分考虑办公条件，如宽大的办公桌、舒适的座椅、明亮的灯光（写字台台灯最好为60W）、充足的种类齐全的文具用品和个人卫生用品（最好有发胶、摩丝类用品），先进的通讯设备（如Internet接口）、传真机、调制解调器。尽量向他们推销高档客房，要为他们提供优质的洗衣服务和美容美发服务，洗烫衣服、擦皮鞋等服务速度要快。服务员不要乱翻乱动他们放在房内的文件，否则会引起抱怨。有客人来访，必须事先征得其同意。敌对国家或商业竞争对手，不要给他们分在同一层楼。茶水供应要及时。不要轻意进房打扰他们。有舞会或其他夜间娱乐活动不要忘记告诉他们。

目前，国内商务客人相当一部分为企业、公司的营销人员和老总们。他们对饭店客房档次的要求因职别的不同而不同，要能为他们解决各种交通工具的订票业务。住店期间，一般访客比较多，希望饭店能提供热情、周到、适时的访客服务。

（三）疗养旅游型

特点：这类客人多借旅游之机看病或疗养、休假，部分客人患有某种慢性病，住店时间长，喜欢安静，活动有规律，对药物、矿泉和优美僻静的自然风光感兴趣，一般都希望起居方便，能够得到热情周到的照顾。

服务方法：尽量安排僻静的房间给他们，服务员要勤下客房，询问他们有什么要帮忙，及时供应饮食。客人休息时不要打扰他们，保持楼道、客房安静。

（四）蜜月旅游型

特点：要求住“蜜月房”（大床间）；房间干净、卫生，僻静，不受干扰；对当地风景名胜及旅游纪念品感兴趣。

服务方法：尽量为他们安排“蜜月房”，客房整理一定要做到整齐、美观、怡静。必要时，按照客人的要求和风俗习惯，布置好“洞房”，房间布置要气氛热烈、美观、大方，举行婚礼时要送结婚纪念品，组织客人和服务员表示祝贺。

（五）会议旅游型

特点：人数较多，住店时间长，客人活动集中，有规律，会场使用多，时间抓得紧，客房服务任务重，要求严格。这类客人身份地位较高，有专长，多属高级知识分子或政府官员，生活上要求高级享受，爱买旅游纪念品，会议间隙或晚上要求有娱乐活动。

服务方法：会议期间，要分派有关人员和客房班组专门负责，讲清任务、要求、方法等，妥善安排好会议室或会场出租。有时一天同时召开若干小组讨论会，会出现会议室周转不开的情况，酒店客房要充分挖掘潜力，利用客房或公共场所临时布置代替。要根据人数和需要，安排好茶水，放好桌椅，布置好主席台，做好通讯和扩音机设备工作，清扫整理好会议室。两次会议间隙，要做好清扫工作，保持会议室清洁整齐。客房布置打扫要及时，保证茶水供应和房间整洁，室内信封、信纸、墨水等要保证供应，便于客人会议期间使用。客人用过的会议文件和抄件要严格保密，不得随便乱翻乱动。遇有在会议室或客房签订合同,服务员要事先布置好,主动增添桌椅。夜晚有娱乐活动不要忘记告诉他们,以便调节客人生活。平时多介绍名胜古迹、旅游纪念品(包括工艺美术品、文物复制品)和其他高档商品。

另外，会议结束，众多客人几乎在同一时间回到房间，此时，服务要求较多，因此设房务中心的饭店最好能提供短时的楼层值台服务，对回到楼层的客人以示欢迎，同时回答客人的问询，并应客人的要求，为客人提供各项服务。

（六）休闲度假客人

休闲度假客人一般住店时间相对较长，消费水平较高，比较喜欢房间布置有家居氛围，服务要求比较多，洗衣、客房送餐、小酒吧、委托代办、托婴服务等均会出现。喜欢有丰富多彩的娱乐项目，喜欢同服务员打交道，希望得到热情随和而非呆板、规矩的服务。另外，度假饭店多为开放式建筑布局，客人来度假都很放松，希望饭店在为宾客提供一个轻松自由的休闲环境的同时，能保证客人的人身财产安全，因而要求客房服务和管理工作外松内紧，防止不法分子混入饭店给客人造成伤害。

二、按宾客身份划分

（一）体育代表团

随着各种国内、国际体育赛事的频繁举行，运动员也成为饭店经常接待的客源之一。体育代表团是客源类型中比较特殊的一种，这种特殊性主要是由他们所从事的职业造成的。运动员入住一般人数较多，行动非常统一，他们在参加比赛前一般要聚集在一起进行战术讨论，观看比赛录像，因此需要有宽敞的、配备录像设备的会议室。另外，紧张的比赛会使他们特别需要一个安静、舒适的休息环境，这就需要服务人员在工作中坚持“三轻”，减少进入客房的次数，打扫房间要及时；同时还应配合饭店保安人员保护他们免受记者、球迷及“追星族”的骚扰。

（二）新闻记者

由于职业关系，新闻记者的生活节奏比较快，因此要求服务讲究效率，并且对服务比较挑剔。他们把房间既当卧室又当办公室。各种稿件、传真机、复印件比较多，东西摆放比较杂乱，希望房间里有完备的通讯设施，齐全的办公用品，准时得到当天的报纸等。考虑到这类客人一般都比较敏感，服务方面要特别留意。

（三）政府官员

政府官员入住，服务及接待标准要求很高，重视礼仪，店外活动比较多，店内活动较少，服务要求一般由随行人员传达给饭店，且经常会出现一些即时需要，要求饭店尽快作出反应，安排妥当。住店期间不希望服务人员过多进入房间。对安全要求极高，任何安全隐患都应绝对避免。要求有高质量的个性化服务。

（四）外国专家

特点：这类客人一般受国内学术机构邀请来华作学术报告或有其它科研任务，有的则与国内厂家、企业有合作项目而长期住在酒店。他们多属高级知识分子，接触上层人士多，工作废寝忘食，对图书馆及有关科研机构和科技报刊杂志感兴趣，平时话不多，但风趣幽默，一般住店时间较长，对礼仪要求严格，讲究身份地位，住房条件甚高。

服务方法：尽量安排高级僻静的客房给他们，最好带有会客室，平时不要打扰他们，尽量保持安静，用餐时要注意提醒他们。写字台和书房一般较乱，书籍很多，但整理房间时未经客人要求不要随便动。科技杂志和寄来的图书资料要及时送入客房。平时可告诉他们有关图书馆、外文书店或新华书店的地理方位和路线，便于他们购买书籍。他们要外出活动时注意叫醒。有客人来访要事先通知，做好茶水、毛巾供应。

（五）长住客人

一般来说居住时间超过一个月的客人都称之为长住客人。他们大多为一些国内和国外商社客户。这些公司在饭店长期包租一些客房来建立办事机构，派有常驻人员，有些甚至提出特别的设施摆设和安装要求，希望一切都舒适方便。长住客人不仅将客房作为住宿场所，而且作为接待客人、办公、商务洽谈的场所，期望得到清洁、舒适、安静、安全以及热情周到的服务，希望有“家”一样的感觉。

为长住客人服务，应注意以下几点：

1. 细心观察客人的生活习惯，熟知他们的房间、姓名、性格、爱好等；

2. 做好来访客人的接待工作，要像对待住店客人一样热情有礼。如来访客人多时，要主动送上座椅，并主动询问被访的住客还需要提供什么服务，同时迅速提供。要记住：尊重来访客人，就是尊重住店客人；

3. 在服务细节上多下功夫，如节日送鲜花水果，生日送蛋糕；

4. 服务人员要相对稳定，以便客人熟悉，产生亲切感。

如员工有替换和新员工上岗，也要做好交接和培训，不使客人感到陌生；

5. 对长住客的服务要主动、热情，为他们创造良好的工作和生活条件；

6. 客房管理人员要经常征询意见，发现问题，及时解决。

三、按年龄划分

（一）青年旅游型

特点：这类客人多为日本、香港和其它国家的大中学生，一般以修学和增长见识为目的，暑假期间来的最多，往往三五人结伴而来。他们精力旺盛，白天多外出活动，晚上也有喜欢出去走走看看，手里钱不多，对饮食和住宿条件要求不高，一般要求参观游览的地方较多，客房为他们服务的速度要快。

服务方法：分房以中下等为主，要注意叫醒服务。另外，服务员要有多方面知识，能够正确回答他们的各种问题。

（二）老年旅游型

特点：此类客人一般动作迟缓，行动不便，手里有钱，要求舒适，服务要求热情、周到、亲切，爱买纪念品带回去送给儿孙，对历史古迹最感兴趣，要求环境安静。

服务方法：客房楼层要保持绝对安静，住店期间要热情迎送、帮拿行李，上下楼时服务员要多搀扶，多介绍著名历史古迹和美酒佳肴。

四、按国别划分

（一）外国客人

文化修养较高，注意礼貌礼节，彬彬有礼；多有晚睡晚起习惯，比较随意；对客房卫生及设施非常敏感，尤以年长一些的女宾为突出；消费水准高，服务要求也较多，如洗衣服务、擦鞋、房内送餐服务等，房内小酒吧消耗量较大，美国客人还特别喜欢喝冰水；习惯电话服务，希望服务要求能尽快满足；重视个人隐私，不希望看到有楼层服务台（有受到监视的感觉）。另外，希望保持楼层绝对安静。因此，为客人服务时要特别注意尊重客人的隐私，注意服务时的各种礼貌用语，同时，在服务过程中要注意做到“三轻”。还要注意服务的效率问题，客房部还应注意为客人供应冰水（外宾楼层可设制冰机）。

(二) 国内客人

以因公出差的占绝大多数（含政府官员和企业高级管理人员、营销人员），此外，还有旅游团队客人。

大部分国内客人对楼层服务台的依赖性较强，不善于使用房内的服务指南通过电话要求酒店提供服务，希望有楼层值台服务员，并希望服务员随叫随到。特别是因公出差的国内客人，常需会客服务，因此，对于国内客人住宿的房间，要注意多观察，随时准备为客人提供服务。

此外，国内客人大都有午睡习惯，因此在这段时间，不要进房打扰客人。

以上只是对饭店常见的客源类型及其基本需求作一简单分析，随着饭店业的发展，客人的需求会呈现更复杂化、多样化的趋势，需要我们从业人员不断地总结经验，真正站在客人立场上准确把握客人需求，为客人提供更完美的服务。

第六节　提高客房服务质量的途径

一、客房服务质量的基本要求

（一）真诚

是否真诚，反映服务员的服务态度问题。客房的最佳服务，首先要突出“真诚”二字，要实行感情服务，避免单纯的任务服务。客房服务员为客人提供的服务必须是发自内心的，热情、主动、周到、耐心、处处为客人着想，也就是“暖”字服务。饭店有许多服务质量差的现象发生，究其原因，都是由于服务人员的态度不好造成的，服务态度不好，主要是缺乏真诚和热忱，表现在实际工作中，就是对待客人没有微笑，不使用敬语，甚至与客人争辩。这里有一个心理因素，认为客人是人，自己也是人，我为什么要服侍他，将人与人之间的关系和社会角色之间的关系混在一起。客房部的每一个员工都要调整好自己的心理角度，把饭店的客人当成自己请来的朋友一样，以主人的身份来接待客人，替客人着想，这是提供优质服务的保证。

（二）讲效率

效率服务就是快速而准确的服务。在客房对客服务中的很多投诉都是由于缺乏效率而引起的。因此，国际上著名的酒店集团都对客房各项服务有明确的时间限制。例如，希尔顿饭店集团对客房服务员的要求是：在 25 分钟内整理好一间符合饭店卫生标准的客房。

（三）礼貌待客

客房服务中的礼貌礼节，是客房服务质量的重要组成部分，也是客人对客房服务人员的基本要求之一。

礼节、礼貌是两个不同的概念。礼节是向他人表示敬意的某种仪式；礼貌是待人谦虚、恭敬的态度。礼节礼貌就是饭店员工通过一定的语言、行为和程式向客人表示欢迎、尊敬、感谢和道歉。

礼貌待客表现在外表上，就是客房服务员要讲究仪容仪表，注意发型服饰的端庄、大方、整洁，挂牌服务，给客人一种乐意为其服务的形象；在语言上，要文明、清晰，讲究语言艺术，注意语气语调，服务中始终以从内心发出的微笑相迎；在举止姿态上，要文明、主动、彬彬有礼，坐、立、行和操作均有正确的姿式。

（四）"微笑服务"

微笑服务是客房员工为客人提供真诚服务的具体体现，是服务工作所要求的基本礼貌礼节，是优质服务的基本要求。微笑不仅是热情友好的表示，真诚欢迎的象征，而且是旅游者的感情需要，能给旅游者带来宾至如归的亲切感和安全感。

二、提高客房服务质量的途径

（一）培养员工的服务意识

员工的服务意识是员工应具备的基本素质之一，也是提高服务质量的基本保证。很多情况下，客房部服务质量上不去，服务员遭到客人的投诉，并不是因为服务员的服务技能或操作技能不熟练，而是因为缺乏作为服务员所必需的服务意识，不懂得"服务"的真正含义和服务工作对服务人员的要求，这正是我国很多酒店员工所欠缺的。客房部很多工作是有规律性的，客房管理人员可以将这些有规律性的东西制定为服务程序和操作规范来保证服务质量，但也有很多问题或事件是随机的，正确处理这些问题，要求服务员必须具有服务意识，必须掌握服务工作的精髓。

客房服务员的服务意识主要表现在以下几个方面：

1. 能够正确理解客人和员工的关系，树立“客人就是皇帝”，“客人总是对的”的思想。并能在实际工作中积极地贯彻这一理念，将其作为指导自己实际工作，处理与宾客关系的基本准则。

2. 把为客人提供热情、礼貌的服务，当做自己工作的一部分和自己应尽的职责，而非分外之事。服务工作必须热情礼貌，否则，就是半成品，而不是完整的服务产品。有些客房服务员错误地认为，自己的工作是清扫和整理客房，而不是为客人提供服务，所以见到客人不理不睬，缺乏基本的礼貌礼节，这是缺乏服务意识的表现。

3. 积极主动地为客人提供服务。客房服务员对客人的服务要积极、主动，想客人之所想，急客人之所急，甚至想客人之未想。客人想到的早已想到，客人还没有考虑到的，服务人员也替他考虑到。

【案例】

去年，我去内蒙古出差，住在海拉尔的贝尔饭店。午休时，服务员小伊看我开着房门便进来问候：“您今天太累了吧，岁数大了还要多注意休息。”一回头，她看到我放在电视机上的冠心病药山海丹，马上说：“您该吃药了吧？”我说：“不忙。”她说：“我把水给您凉上吧！”我说：“不用，一会儿自己来。”就在这个时候，我看到服务员转过身去，手拿两个茶杯，把其中一个倒上半杯开水，用两只手轻轻给我折，水从左手杯倒到右手杯，再从右手杯折到左手杯。我看着看着，视线不禁模糊了。心想：我有两个女儿，我吃了五年药，孩子们从来都没给我折过水，但服务员小伊却做到了，真比自己的女儿还亲哪！我眼里充满了泪水……后来，我暗暗地下定决心，无论走到什么地方，都要把贝尔饭店的深情厚意介绍给大家。①

(二) 强化训练，掌握服务技能

客房服务员的服务技能和操作技能是提高客房服务质量和工作效率的重要保障，也是客房服务员必备的条件。客房管理者应通过加强训练，组织服务技能竞赛等手段，提高客房服务员的服务技能。

(三) 增强员工的应变能力

客人在酒店住宿期间，在客房呆的时间最长，服务员在对客服务过程中，随时可能会遇到一些意想不到的问题，很多问题是客房部服务规范上找不到的，能否正确处理这些问题，使客人满意，是影响客房服务质量重要因素之一。正确处理这些问题，不仅要求服务员有服务意识，还要求服务员必须有较强的应变能力。

(四) 为客人提供"微笑服务"

一位日本客人曾经说过："论长相，中国的服务小姐比我们日本姑娘漂亮得多。论微笑，我们每位日本姑娘都比你们的小姐笑得好。"此话不假，正如一位酒店管理专家对我国酒店的评价："多数员工的面部表情是'冷冰冰、木呆呆、阴沉沉'。平时员工之间的交谈笑意盎然，一见到客人就立即板起面孔。"这几乎已经成为中国酒店服务的"特色"！

要使客房员工为客人提供微笑服务，必须使员工认识到：

● 微笑服务是客房服务质量的重要组成部分，是客人对酒店服务的基本要求。

---

① 韩万国"感情服务应是中国酒店之魂"，《饭店世界》，1996.4

● 为客人提供微笑服务是对酒店员工的基本要求。

● 笑脸常开会使您的服务生辉。

● 是否为客人提供微笑服务，反映一个人的礼貌礼节和整体素质。

(五) 为客人提供个性化服务

规范化服务是保证客房服务质量的基本要求，但规范化服务只能满足客人的共性需求，而不能满足每位客人的特殊服务需求，因此，规范化服务只能维持客房部最基本的服务质量，要使客房服务质量上一个台阶，必须为客人提供个性化服务。

【案例】

那是1992年的一件事。客房部员工史良在给一位香港客人做房。当她打开毛毯，发现客人枕过的两个枕头中间有一道折痕。细心的小史在想：为什么两个枕头同时都出现一道折印呢？她分析了半天，认为只有一种可能：客人嫌枕头矮，把两个摞在一起同时对折使用的结果。当她确认自己的判断以后，便把想法告诉了领班和主管，经领导批准，小史给客人多加了两个枕头。

晚上，客人回到房间，发现床前多了两个枕头，顿觉奇怪：我没跟任何人讲过，他们怎么知道我嫌枕头矮呢！他要探个究竟。第二天，客人没有外出，专等服务员做房。当他见到小史，劈头便问："你为什么把我的两个枕头换成四个枕头!"史良吓坏了，连连说道："对不起，先生，实在对不起。如果您不喜欢，我马上撤掉，您看好吗?"客人看到服务员的紧张情绪，马上笑了："不是，小姐，我是说，你怎么知道我嫌枕头矮?"小史如释重负，就把她思考的前前后后一一道了出来。当小史说完全过程，他再也抑制不住自己的激动，抢前几步，紧紧握住史良的手说："小姐，您在用'心'为客人服务！"……

这一案例足以说明，个性化服务对于提高客人的满意程度，具有极其重要的意义。要为客人提供个性化服务，客房服务员必须在日常服务中，注意观察客人的需求特点，还应加强与前厅部的联系，建立并充分利用客史档案（内容包括客人的姓名、性别、年龄、出生日期、婚姻状况以及通讯地址、电话号码、公司名称、头衔等基本资料；客人旅行的目的、爱好、生活习惯；宗教信仰和禁忌；住店期间要求的额外服务等）。

（六）称呼客人姓名

称呼客人姓名也是为客人提供个性化服务的一个重要方面。在国外，有一句谚语："A guest's name is music to his ears"（客人听到别人称呼他的姓名就如同听到音乐一般美妙）。对客人以姓氏相称，是对客人的一种尊重，是承认客人的与众不同，表明酒店对客人的一种特殊关照。凡是服务质量好，受到客人称赞，给客人留下深刻印象的酒店，无一不对每位住店客人以姓名相称。如连续10多年被评为世界第一的泰国曼谷东方酒店，其引以为荣的主要服务特色之一就是能够对每一位预定客人和住店客人做到以姓氏相称，增加亲切感和客人对酒店的认同感和归属感。我国大连的香格里拉大饭店也要求其员工对每一位住店客人以姓氏相称。当客人办理完入住登记手续后，总台人员会迅速将客人的资料传递到有关接待部门，如行李服务处、客房楼层、宾客服务中心、电话总机等，以便这些部门的员工在为客人提供服务时，能够对客人以姓名相称，增强人情味和个性化色彩，拉近酒店与客人之间的距离，增加亲切感。如当客人打电话到宾客服务中心时，对方会说：

"您好，宾客服务中心。可以为您效劳吗？"

"……"

"您是1704房的刘先生吗？我们马上派人去您的房间,好吗？"

……

同样是为了增强个性化色彩和与客人之间的亲切感，客房部还可要求当天为客人提供客房服务的服务员将其姓名以某种方式告知本楼层客人，使客人真正感到宾至如归。

欢迎回家！

尊敬的宾客，希望我为您整理的房间能使您在入住期间感到如在家般的舒适。为使您入住期间更加方便、愉快，欢迎您请随时拨打房间电话3－饭店宾客服务中心，告诉我您对房间服务和清洁方面的个人要求。

再次感谢您选择入住大连香格里拉大饭店！

最美好的祝愿来自于您今天的房间服务员__________

Welcome Home!

While you are here as our guest, I have taken great pride in preparing your room. It is my wish that you feel as comfortable here as you do in your own home. Please let me know if there is anything I can do to make your stay more enjoyable.

I can be reached through our Guest Service Center at extension 3.

Thank you for choosing the Shangri－La Hotel, Dalian.

Your room Attendant __________

大连香格里拉大饭店
Shangri-La hotel
DALIAN, CHINA

中国大连市人民路66号　邮政编码:116001　电话:(86－411)252 500　传真:(86－411)252 5050

66 Renmin Road, 116001 Dalian, China　Tel:(86－411)252 500　Fax:(86－411)252 5050

(七) 为日常服务确立时间标准

服务质量是与一定的服务效率相联系的，服务效率是衡量服务质量的重要标准之一，客人所需要的服务，必须在最短的时间内为客人提供，尤其是商务客人，惜时如金，时间观念极强。因此，为了提高服务质量，客房部必须为各项日常服务确立时间标准，并以此作为对服务员进行监督、考核的标准。

以下客房服务项目及其时间标准可供参考（参见表 4－3）。

表 4－3　　客房服务项目及其时间标准

服务内容	标准时间（分钟）
补充客房用品（如茶叶、开水、信纸等）	2～3
取冰粒	4
特别用品	5（如变压器等） 15（如 VCD 机等）
客房送餐服务	10
加床（含婴儿床）	8
请速打扫房（赶房）	30
领取客人遗留物品	15

【案例】

金海湾大酒店客房服务“六快”

五星级的汕头金海湾大酒店与 ISO9004－2 国际标准——《服务指南》接轨，通过强化服务的时间观念来提高服务质量，推出了充分体现服务效率的“十二快”服务，其中，涉及客房服务的有：

1. 接听电话快：铃响两声内接听电话。

2. 客房传呼快：2分钟。楼层服务员配BP机，凡向客房服务中心提出的任何要求，服务员必须在2分钟内送到客房，如送开水、茶叶等。有些在2分钟内提供不了的服务，服务员也必须在2分钟内到达客房向客人打招呼，然后尽快解决。

3. 客房报修快：5分钟内处理好小问题。如更换灯泡、保险丝、垫圈以及设施设备运转中的各种操作性问题等。这就要求酒店设有24小时分班值岗的"万能工"，粗通水、暖、电、木、钳等各个工种。对于重大问题，一时不能解决的，也要安慰客人，并给予明确的回复。

4. 客房送餐快：10分钟。酒店规定，员工电梯必须首先保证送餐服务，即使有员工想去低于送餐的楼层，也必须让送餐完毕后再返下。

5. 回答问询快：立即。为此，酒店就客人常常问到的问题，对员工进行全员培训。

6. 投诉处理快：10分钟。小问题，10分钟内圆满解决；大问题，一是先安慰客人，稳住客人，10分钟内给予回复。

（八）搞好与酒店其它部门的合作与协调

要提高客房服务质量，还应做好与酒店其它部门的合作与协调，特别是前厅部、工程部、餐饮部、保安部等部门。客房部与这些部门的联系密切，客房部的对客服务工作必须得到上述部门的理解和支持。同样，客房部也必须理解和支持上述部门的工作，同时，加强与这些部门的信息沟通。

（九）征求客人对服务质量的意见，作为提高客房服务质量的切入点

客人是服务产品的消费者，对服务产品的质量最有发言权，最能发现客房服务中的薄弱环节，因此，征求客人意见是改善客房服务质量的重要途径。

征求客人意见，可通过以下两种途径进行：

1. 设置客人意见表

为了及时征求客人意见，让客人有机会对客房服务质量发表意见，客房部和酒店可在客房放置意见表。事实上，几乎每家酒店都在客房内设置有“客人意见表”（参见表4-4），但对客人意见表的管理却大都存在问题，管理人员不够重视，服务员只对客人的表扬意见感兴趣（可以据此领取奖金，获得上级管理者的表扬和认可），而对批评意见则置之不理，或随手扔掉。使客人意见表流于形式。

对客人意见表的管理应注意以下几点：

（1）客人意见表的设计应简单易填；

（2）统一编号、月底收集汇总，禁止乱撕乱扔，并以此作为考核服务员工作好坏的重要依据；

（3）由于客人意见涉及客房服务员的工作质量，因此，具有一定的保密性质，为了防止客房服务员对不利于自己的意见进行“截流”，可将客人意见表设计成自带胶水、可由客人自行密封的折叠式信封状表格。不少酒店已将其设计成折叠式信封状表格，但是，表格并不自带胶水，酒店也不在客房内为客人提供浆糊或胶水，使得客人意见表失去了保密作用。

当然，为了提高客人意见表的回收率，酒店也可以请求客人直接将意见表交给大堂副理或客房管理人员。但这样做会给客人带来不便，一般客人不到万不得已，也不会这么做，而一旦到了“万不得已”，客人必须反映意见时，也不会采取填写“客人意见表”的方式，而会直接找客房管理人员或大堂副理口头投诉。

表 4-4　　　　客人意见表

1　接待 RECEPTION

	满意 Good	一般 Average	不满意 Poor
■大堂副理 Duty Manager	☐	☐	☐
■接待处 Receptionists	☐	☐	☐
■行李员 Bellboys	☐	☐	☐
■询问处 Information	☐	☐	☐
■电话员 Operator	☐	☐	☐
■结帐处 Cashier	☐	☐	☐

意见 Comments:________________________________

____

2　客户服务 GUEST ROOM

	满意 Good	一般 Average	不满意 Poor
■洁净 Clean	☐	☐	☐
■设施 Facilities	☐	☐	☐
■服务 Servics	☐	☐	☐
■洗衣 Laundry	☐	☐	☐

意见 Comments:________________________________

____

3　餐厅 RESTAURANTS

	满意 Good	一般 Average	不满意 Poor
■一楼餐厅 1st Floor	☐	☐	☐
■二楼餐厅 2st Floor	☐	☐	☐
■西餐咖啡厅 Coffee Shop	☐	☐	☐

意见 Comments:________________________________

____

4 康乐 RECREATION FACILITIES

	满意 Good	一般 Average	不满意 Poor
■游泳池 Swimming Pool	□	□	□
■卡拉 OK Karaoke	□	□	□
■桑拿健身 Sauna & Fitness	□	□	□
■桌球室 Snooker Room	□	□	□
■三楼餐厅 Ball Room	□	□	□

意见 Comments: ______________________________

____

5 阁下订房是通过

Did you make your reservations request through

■直接向酒店办理 Directly with the Hotel	□
■旅行社办理 Travel Agent	□
■单位介绍 Company Referral	□
■参加会议 Conference Attendance	□
■其他途径 Others	□

6 阁下为何选择本酒店

Why did you choose our hotel?

■以前住过 Previous Experience	□
■酒店声誉 Reputation	□
■他人推荐 Personal Recommendation	□
■广告 Advertisement	□
■其他原因 Others	□

7 对酒店总体评价 GENERAL COMMENTS

	满意 Good	一般 Average	不满意 Poor
■卫生清洁 Clealiness	□	□	□
■服务态度 Service	□	□	□
■维修保养 Maintenance	□	□	□
■收费标准 Charges	□	□	□
■总体评价 General Comment	□	□	□

8 阁下对酒店的其他意见和建议

Further remarks or suggestions：

____

____

____

____

姓名 Name：　　　　　　______________________

房号 Room No.：　　　　______________________

入住日期 Date of Visit：______________________

通信地址：Address：　　______________________

____

____

2. 拜访客人

客房部经理定期或不定期地拜访住店客人，可以及时发现客房服务中存在的问题，了解客人的需求，便于进一步制定和修改有关清洁保养的标准和计划。同时，这种拜访也会增进与客人的感情交流，是客房部改善宾客关系，提高客人满意度的重要途径。

（十）在客房设置表扬卡

为了弘扬正气，激励员工为客人提供更加优质的超值服务（a service that is truly above and beyond the guest's expectation），可在客房放置一张针对服务员的“表扬卡”（Customer Delight Card），对于收到表扬卡的客房员工，管理方面应以某种特殊的方式给予表扬或奖励，成为其它员工学习的榜样。（参见表4-5）

表 4－5　　　　　　　　表扬卡

大连香格里拉大饭店
Shangri-La hotel
DALIAN, CHINA

尊敬的客人

您好！

感谢您下榻于大连香格里拉大饭店，我们很想知悉在您逗留本饭店期间，是否得到了超前服务，如果您能抽出时间填写此表扬卡，以帮助我们认可及鼓励为您提供超前服务、令您喜出望外的员工，我们将不胜感激，这对于被您提名表扬的员工有着极其重要的意义，谢谢！

您得到的超前服务是______________________________

____

____

____

为您提供该服务的员工是__________提供该服务的日期是__________

您的名字是______________房间号或联系电话______________

为您方便起见，您只需将此卡交给您下榻饭店的任何员工即可，

他们会非常乐意为您将卡片投入指定的信箱。

第七节　客房部与酒店其它部门的协调

一日，服务员小王正在打扫A房间，这时，行李员领着一位客人来到楼层，对小王说："你先打扫B房间吧，这位客人现在要住了。"其实，当时楼层有好几间已打扫好的空房，而总台却把这间没打扫的房间出租了。小王只好停下手头工作，到B房间打扫。B房间是客人刚离店的走客房，房内很

乱、很脏，行李员走后，客人的行李放进B房，而客人没地方去，只好坐在房里看着服务员收拾零乱的床和一堆堆垃圾……

由此可见，客房部要生产出高质量的服务产品，必须得到酒店其他部门的合作与支持。做好客房部与酒店其他部门的沟通与协调工作是提高客房部服务质量的重要保证。

一、与前厅部的沟通与协调

客房部与前厅部的联系最为密切，很多酒店的前厅部与客房部是合二为一的（Rooms Division）。正因如此，这两个部门之间的信息沟通也就最频繁，内容也最多。

1．前厅部应将客人的入住信息及时、准确地通知客房部。以便客房服务员随时掌握房态，并对入住的客人能够做到“七知三了解”（知客人到店时间、人数、国籍、身份、接待单位、客人要求和收费办法；了解客人的宗教信仰和风俗习惯、生活特点和活动日程安排，以及离店日期等），从而为客人提供针对性服务。

2．前厅部应将客人的换房、离店等信息及时通知客房部，而客房服务员则应在客人离店时，及时检查房间，看看有无客人的遗留物品，客房内的设备、用品有无丢失和损坏现象，并将检查结果立即通知前台。

3．客房部应将客房的实际使用状况通知总台，以便核对和控制房态。楼层领班应每日按时填写房态表，说明楼层每间客房的使用状态，并交由客房部宾客服务中心汇总，然后交总台。总台接待员拿到这张表后，要用它核对电脑上所显示的房态。核对的内容主要有两项：即客房状态及各房间住客人数。

如果电脑上的资料与房态表上的信息不相符，则有可能是总台服务员工作疏忽所致，但也有可能在客房管理中存在着问题。例如电脑上显示某一房间为住客房，而房态表上却标明是“CO”房，即走客房间；电脑上显示的空房，而房态表中却标为占用房；电脑上显示为一人占用，而房态表中却注明二人使用……针对这些异常情况，必须立即调查处理。

对于下列几种状况的客房，客房部在查房时，应注意掌握并通知前台。

● 外宿房（Sleep out）。如果客人住店期间，在外过夜，前台接待员应在电脑（或房卡架）上对该房做外宿未归标记，同时，将此信息通知大堂副理及客房部，大堂副理会双锁客人的房间（双锁前，客房部应派人清扫客房），并作记录，客人返回时，大堂值班经理再为客人开启房门。

● 携少量行李的住客房（Occupied with Light Luggage）。为了防止发生逃帐等意外情况，客房部应将此种客房状况通知总台。

● 请勿打扰房（DND）。如客房的请勿打扰灯亮着，或门把手上挂有“请勿打扰”牌，服务人员则不能进房为客人提供服务。请勿打扰房通常属于住客房，但也有可能是走客房或空房，所以，有必要对此种客房状况加以关注，到了酒店规定的时间，总台或客房部应打电话与住客联系，以弄清情况，进房打扫或检查。

● 双锁房（Double Locked）。有时，住客为了不受干扰，在房内把门双锁，服务人员用普通钥匙无法开启房门。对双锁房也要加强观察，因为有可能在双锁房内发生了刑事案件或其它不测事件。

需要说明的是，房间状况是随着时间的变化而不断变化的，因此，房态表是一张动态的表格，为了取得客房状况的最新资料，领班应每天多次查房（以2～3次为宜）。并将每次查房的确切时间填入表格。

4. 客房部应在最短的时间将走客房清洁完毕，并通过电话或电脑尽快向前台报告房态，以便提高酒店客房利用率。

5. 根据前厅部提供的客情预报，安排客房的维修和定期清洁计划，并做好人员的安排。

二、与工程部的沟通与协调

（一）客房部与工程部沟通与协调的主要内容

1. 客房部负责客房设施设备的日常保养工作，而工程部则主要负责客房设备的维修事宜。

2. 客房部要及时向维修部提供客房设备的维修信息，并为维修人员进入客房进行工作提供一切方便。

3. 向工程部提供客情预报，以便工程部对客房进行大修理。

4. 安排及时封闭房间以便进行保养修理。

5. 工程部维修时，做好各项配合工作。如维修后，房间的清洁等。

（二）沟通的主要手段

客房与工程维修部的沟通主要采取填写“维修通知单”（见表4－6）的方式，这样做能够提高工作效率，易于落实责任，同时也便于考核。

表 4－6　　　　维修通知单

<table>
<tr><td rowspan="2">安　排
Ordered</td><td>Phone 电话</td><td></td><td rowspan="2">日　期
Date</td><td rowspan="2" colspan="2">部　门
Department</td></tr>
<tr><td>Written 书面</td><td></td></tr>
<tr><td>收　到
Rec. Eng</td><td colspan="2">日　期
Date</td><td>时　间
Time</td><td colspan="2">文　书
Clerk</td></tr>
<tr><td>批　准
Approved</td><td colspan="2">总经理
GM</td><td>成交商
Con. tr</td><td colspan="2">工程师
Eng.</td></tr>
<tr><td>负　责
Incharge</td><td colspan="2">工程师
Eng.</td><td>组　长
Supervisor</td><td colspan="2">小　组
Crew</td></tr>
<tr><td colspan="6">Work Place/Eq No：工作地点/设备编号</td></tr>
<tr><td colspan="5">Work Description：工作说明</td><td>例行维修
Routine</td></tr>
<tr><td colspan="5"></td><td>紧　急
Urgent</td></tr>
<tr><td colspan="5"></td><td>停　止
Shutdown</td></tr>
<tr><td colspan="5"></td><td>预防性维修
P. R. Maint</td></tr>
<tr><td colspan="5"></td><td>房内有客
Guest in room</td></tr>
<tr><td colspan="6">联系人：</td></tr>
<tr><td colspan="6">联系电话：</td></tr>
<tr><td colspan="6">Charge to account：负责计算（财务部）</td></tr>
<tr><td colspan="3">工作完成
Work completed</td><td>日　期
Date</td><td>时　间
Time</td><td>执行人
Done by</td></tr>
<tr><td colspan="3">工作开始
Work started</td><td>日　期
Date</td><td>时　间
Time</td><td>执行人
Done by</td></tr>
<tr><td colspan="3">工作检查
Work checked</td><td>组　长
Supervisor</td><td>所用时间
Time used</td><td>发单日期
Date posted</td></tr>
<tr><td colspan="3">工作接收
Work received</td><td>日　期
Date</td><td>时　间
Time</td><td>接收人
Received by</td></tr>
<tr><td colspan="6">在背面列出所有使用的零件及材料
List all spare parts materials used on reverse side</td></tr>
</table>

“维修通知单”是酒店工程部与其他部门在业务上进行沟通的主要手段。如上表所示，维修单一般包括日期、部门、维修地点、维修项目、报修时间及完成时间等内容。工程部接到维修通知单以后应立即派人查修，并在尽可能短的时间内完成维修任务。

维修通知单一般为一式三联，就客房部而言，第一联留给客房管家，第二联送交工程部，第三联交给修理技工。小修应立刻进行，花时间的修理则要封房几小时，甚至几天，修理工作结束后，要通知客房管家检查验收，并在维修单上签字，如有必要，应立即派人重新打扫客房。

三、与餐饮部的沟通与协调

1．客房部负责所有餐厅的地面清洁（厨房除外）、餐巾清洗、员工制服更换清洗及式样设计。如果客房公卫负责打扫餐厅，则一定会与餐厅服务员发生关系，餐厅人员可能会抱怨客房部员工工作干得不理想，这时客房管理人员就必须与餐饮部管理人员进行协调，解决问题，处理好部门间的相互关系。

2．协助客房餐饮服务组，收集房间内饮食餐具及餐车。

3．客房部每日清点房间“迷你吧”（Mini－bar）的酒水数量，由饮食部食品仓库提供酒水。

4．为VIP提供的水果篮和蛋糕等，由饮食部负责送上楼层。

四、与采购部的沟通与协调

客房部客房内的一切生活用品和清洁用品，都是由采购部负责采购的。因此，采购部和客房部之间要相互经常传递信息，务求以最低的价格购入最适合的物品。为此，客房部应提出采购计划，明确采购物品的规格、质量、数量，经核准后，由采购部负责办理。

五、与财会部的沟通与协调

财会部负责客房部有关帐单及存货（如家具、用具、酒水、低值易耗品）的核对，并负责客房部员工薪金的核算与发放工作。客房部在制定房务预算时，也应得到财会部的协助与认可。

六、与洗衣部的沟通与协调

任何布草（床上用品、巾类）、员工制服和住客的衣物，均由洗衣部负责洗涤。在大部分酒店里，客人的洗衣由洗衣部员工上楼层收集和送回，楼层服务员应主动协助做好此类工作。在一些中小型酒店里，洗衣部是由客房部管理的。

七、与人力资源部的沟通与协调

客房部应协调人力资源部做好客房部员工的招聘、使用与培训工作，只有这样，才能确保和提高客房服务质量。为此，客房部应：

1. 向人力资源部提供人才的需求信息（包括需求数量和要求等）；
2. 向人力资源部提出员工的培训需求（包括培训内容和要求等）；
3. 积极支持和落实人力资源部的各项培训计划。

八、与保安部的沟通与协调

1. 协助并提供资料，以防止闲杂人员混入酒店。

2. 保安人员要监督员工的行为。如规定员工上下班打卡，要求走员工通道等，另外，客房员工应主动打开提包接受保安员检查等。

3. 协助保安部帮助住客找回失物。如住客在退房时或入住期间发现遗失物品，客房部应协助保安调查，若丢失的物品数量、价值大，必须向当地公安部门报案。

4. 保安部还须对走火通道的安全、员工工作地点的安全及客人的安全负责。

5. 请保安部对客房员工进行培训，讲授客房消防及安全保卫知识。

6. 客房管理人员要与保安部负责人定期碰面，研究加强客房保安工作的措施。

九、与公关销售部的沟通与协调

客房的销售工作人人有责，尤其是客房部员工，更是如此。因此，客房部必须协助公共销售部做好客房的各项销售工作，包括带客人参观客房等。但与此同时，公关销售部也应主动与客房部做好沟通，否则，会影响客房部的工作，甚至影响对客人的服务质量。

举例来说，有一家酒店的公关小姐带着旅行社订房人员参观客房，她只从总台领了房间钥匙便带客入房，而没有向客房部打招呼，总台服务员也没有将这一情况通知客房部，结果，这间客房被参观的人弄得一团糟，对此，客房部自然一无所知，所以也不会去重新整理，而总台电脑仍然显示这间客房是已经整理好的“Ready”房，第二天又将这间客房出租给新来的客人，结果，这位客人入室后，发现此状，大为恼火。

总之，为了做好对客人的各项服务工作，客房部与其他部门进行沟通与协调是非常重要的，而要做好协调工作，客房部与其他部门员工之间的互谅互让则是十分重要的。为此，客房部员工应该多了解其他部门的工作，在工作中，多理解对方，多支持对方。要明白客房部与其他部门之间是合作的关系，而非竞争关系。

第八节　客房服务与管理中的常见问题与对策

在客房服务和管理中，常常会碰到一些“特殊问题”，灵活、正确地处理这些“特殊”的常见问题，不仅是提高客房服务质量的一个重要方面，而且也是提高管理效率和管理水平的重要途径。

一、客房服务中的常见问题与对策

1. 客人不在时，来访者要求进入客人房间

为了客人的安全，当客人不在房间时，不应让来访者进入客房，更不能让其将旅客的行李携出，此时应耐心地向来访者做好解释工作。但如果住客离开前有留言，允许某访客进入其房间时例外。不过，此时应问清来访者的姓名、单位，查验其证件，确认该客人就是住客指定的来访者，同时，请其在会客记录上登记。

此外，无论是否允许来访者进入客房，都应做好对访客的接待工作，因为从某种意义上讲，“访客＝住客”，得罪了访客

就等于得罪了住客，而且在很多情况下，该住客就是由访客介绍来的，或是由访客负责接待，费用也是由访客支付的。

2. 来访者查询住房客人

应先与住客电话联系，征得住客的同意后，再告诉访客："客人在 xx 房间等候。"

3. 遇有醉酒客人，要加以妥善处理

一般来说要注意两点：一是细心照料，二是注意安全。发现有醉酒客人，要首先扶其进客房，并视醉客的情绪进行适当的劝导，令其安静，必要时，要在床前摆放垃圾桶，以便呕吐。有的醉酒客人会大吵大闹，甚至破坏家具，这时，服务员应通知保安人员将其制服，安排其回房休息，同时要注意保持警惕，观察房内动静，以免家具被破坏或因吸烟而引起火灾。

另外，客房服务员如在楼层走廊遇见醉酒客人，切忌单独扶其进入房间，甚至为其解衣休息，以免醉客醒后发生不必要的误会。例如客人投诉钱包被窃，服务员将很难解释。

4. 住店客人要求延住

如住店客人要求延住，应敬请客人与总台接待处联系，办理有关手续。如当天酒店已订满，可耐心向客人解释酒店困难，求得客人的谅解。如果客人执意不肯离开，则宁可让即将到店的客人住到别的酒店，也不能赶走已住店客人。

5. 客人离店时，带走客房物品

有些客人或是为了留作纪念，或是想贪小便宜，常常会带走毛巾、烟灰缸、茶杯、书籍等客房用品，这时应礼貌地告诉客人："这些物品是非纪念品，如果您需要，可以帮您在客房部联系购买。"或巧妙地告诉客人："房间里的 xx 东西不见了，麻烦您在客房找一下，是否忘记放在什么地方了。"这时切忌草率地要求客人打开箱子检查，以免使客人感到尴尬，下不了台，或伤了客人的自尊心。

【案例】

追回浴巾[1]

客人退房时，将客房内的用品带走的事时有发生，福建省西湖大酒店大堂陈经理运用了心理学基本原理，成功地解决了浴巾追讨问题。

一、让客人觉得你是信任他的。即明知是这位客人拿走了浴巾，也要表现出信任他的态度。陈经理对客人说："×先生，对不起，在您的房间里少了一条浴巾，我们的服务员找不到，请您帮我们回忆一下放在哪儿了。"这其中的"我们的服务员找不到……"没有责备客人，而是把错留给了酒店；"请您帮我们回忆一下……"又给了客人以信任。

二、善于"拐个弯"。客人回答说："没见到"，于是陈经理就拐个弯说："那么请您回忆一下，是否您的亲戚在这儿洗澡时，不小心把浴巾一块带走了？如果是这样的话，您替他付费也行。"这时，客人开始盘算这条浴巾是否值得付费。

三、给客人台阶下。客人经过思考回答："亲戚也没拿。"陈经理又恳切地说："那么麻烦您进房间帮我们查找一下好吗?"并在客人真的进房"查找"时，服务员立即退出，这样就给客人一个台阶。接着客人从旅行包中取出浴巾，放在沙发背后，出了房门后，反而批评服务员："你们是怎么搞的嘛?浴巾就在沙发背后也看不见!"

四、给客人留面子。陈经理的责任在于追回浴巾，而不是评价客人素质。他热情地与客人握手道别，并欢迎他再来。

---

① 李芳"追回浴巾",《饭店世界》, 1998.3

6. 服务员擅自将客人的行李搬出房间

很多情况下，客人结完帐后，行李仍然暂时留在房间；有时，预计离店的客人接近或已过了中午 12 点时，仍然不见回酒店结帐，这时，客房服务员容易犯的一个错误是：在客人不在客房的情况下，擅自将客人的行李搬出房间，结果，常常引起客人的强烈不满和投诉。

且看下列案例：

结帐“退房”以后

一位住店客人某日中午要乘火车回乡，提早于上午 10 点到总台办了退房手续。他认为中午 12 时以前，客房的使用权仍旧是他的，因此把整理好的行李放在客房内，没有和楼层服务员打招呼，便外出购物去了。

近中午，客人返回酒店准备取行李，谁知客房门开着，他发现已有新客人入住，而自己的行李已不知去向，便到楼层服务员处询问，才得知行李已被放到总台。

“你怎么能开房门让新客人进去呢？行李丢了谁负责？”他质问楼层服务员。

“你既然已办理退房手续，为什么不和我联系？”服务员申辩道：“新客人是经过我和总台联系后才进去的，我好意把你的行李寄存到总台，有什么不对！”……

其实，上述案例中所出现的问题，责任完全在酒店一方，属于酒店内部协调和管理问题。首先，客人结帐时，只需到总台办理结帐手续，楼层服务员没有权力要求客人在办理结帐手续时通知她。诚然，客人迁出时，楼层服务员要查房，但应由总台员工通知服务员，而不应要求客人通知楼层服务员，显然，这家酒店的总台员工并没有将客人的离店信息通知楼层服务员。其次，客人结帐时，总台员工应要求客人交回房间钥匙，这样，客人便不会轻易将行李留在客房内，即使需要将行李暂时留下，也会首先征得酒店同意，因而也就不会出现案例中令人尴尬的场面。此外，事件发生后，楼层服务员应主动向客人耐心解释，并请求客人的原谅，而不应与客人争吵或申辩，这是服务员的态度问题和修养问题。

为了防止出现上述情况，客房部除了加强与总台的沟通与协调以外，还应随时掌握预计离店客人的动向，必要时，与预计离店客人提前沟通，了解其离店的确切时间和特殊的服务要求。

二、客房管理中的若干问题与对策

(一)“骚扰电话”的防范与处置

近几年来，酒店半夜的骚扰电话一直困扰着经营管理者，其恶劣的影响一是造成宾客休息不好而大范围投诉；二是败坏社会风气和酒店名声；三是由此而可能引发酒店治安和违法犯罪案件的增多。虽经政府有关部门多次扫荡打击，但此势头有增无减，且有从南向北，从大城市向中小城市，从高星级宾馆向中小型酒店蔓延的趋向。

对于这种现象，绝大多数客人深恶痛绝：半夜里急促的铃声，惊醒客人，被强制性地剥夺了睡眠的权利，倘若被吵醒后辗转不能入睡，其恼火程度可想而知。如果酒店经营者对此不闻不问、放任自流，甚至有一种求之不得的想法，那么酒店的品位将会降低，酒店在社会上的形象将会受到严重损害，酒店的治安形势也会越来越严峻。因此，加强对客房骚扰电话的防范，是当代酒店客房管理面临的一项新任务。

纵观骚扰电话，其进入客房的途径无非有外线转接和内线自拨两种。外线转接一般较容易发现和控制，其影响面也较小；内线自拨则危害较大，骚扰者往往按楼层一个客房一个客房地拨过去，倘无成交，大有决不罢休之势。防范的重点也是此类电话，对此类电话的防范可采取以下措施：

1．拒绝为骚扰者办理入住登记手续

内线骚扰电话一般来说应是按正常登记手续办理入住客房者所为，针对这种情况，前台接待人员应以客满等为由，拒绝接待此类“客人”，拒绝为她们办理入住登记手续。

骚扰者通常具有以下特点：

- 大多为年轻女性；
- 穿着入时，比较暴露；
- 经常出入酒店；
- 在酒店住宿时间较长。

前台接待人员可据此发现疑点，一旦确认她们的身份，则可拒绝为其办理入住登记手续。

2．劝其离店

骚扰者一旦入住酒店，常常会露出一些蛛丝马迹，一旦暴露其身份，可委婉地劝其离店。

以下两种方法可以帮助酒店管理者确认其身份：

1）楼层服务员在日常服务过程中，应注意从其日常生活规律中发现疑点。骚扰者通常具有与众不同的生活规律和特征，楼层服务员应善于从日常服务中发现疑点。

2）由总机接线员进行防范。当接线员接到防范此类电话的指令后，重点在晚上十时后至凌晨，随时监视（或专人监视）总机电脑屏，如果出现某房作为主叫连续向其他客房拨号时，及时通知值班经理，排除旅游团队和会议房后，查阅此房入住人员资料，即可基本确认。此外，如果值班经理在值班经理房自己接到此类电话或客人接到电话后当即投诉，则值班经理也可通知总机找出主叫方。

发现骚扰者以后，酒店应先对其进行电话警告，告知不得骚扰酒店宾客的休息，给骚扰者一个其活动在酒店保安部门的控制下的明确信息，当骚扰者发现已无机可乘时，便会自动离去。

针对骚扰电话，还有一些酒店在电话线上安装开关，让宾客决定睡眠之前是否关掉电话，这种做法虽然也可以有效地防止此类电话对客人的骚扰，但会对客人带来麻烦，还可能对宾客的商务活动带来不便，因为谁也没有一觉醒来打开电话开关的习惯。此外，这种做法也不能消除因骚扰电话而造成的客人对酒店的不良印象，因此，并非上策。

（二）客人不是服务员

客人不是服务员，不能让客人代行服务员的职责。

国内很多酒店设有楼层服务台，客人在前台办理完住宿登记手续后，要手持前台接待员开出的“住宿登记表”的一联，到所住楼层后，交给楼层服务员，楼层服务员据此才可为客人开房。客人离店时，楼层服务员要先检查客房，然后，给客人开“退房单”，客人拿着这张“退房单”才能在前台办理结帐离店手续。这种做法是很不合理，也是不科学的。因为：

1. 客人不是服务员，不能让客人代行服务员的职责。无论是“开房单”还是“退房单”，都属于酒店内部管理的单据，它的传递应该由酒店服务员或行李员进行，而不应该由客人代行其职。客房管理者应该把客人当真正的“客人”对待，时刻记住，客人就是客人，客人在总台开房后，就有权直接进入“自己的”房间。客人不是传递酒店管理信息的服务员！

2. 当着客人的面查房，是对客人的不尊重。楼层服务员在开“退房单”之前，必须先检查客房，这不仅会耽搁客人的宝贵时间，而且当着客人的面查房，是对客人的不信任、不尊重，会引起客人的不满。

3. 这种结帐方式是缺乏效率的。效率是体现服务质量的标志，也是服务质量的重要内容。要求客人每次结帐，都得先到楼层服务台“报告”，等服务台出据“退房单”后，再去总服务台办理结帐手续，是一种缺乏效率的服务方式，因而，会影响服务质量。

正确的做法应该是为客人提供“一次性”结帐服务：即客人直接到总服务台结帐，而不必等楼层服务台查完房并出具“退房单”后，再去总台结帐。当然，查房是必要的，但不应当着客人的面进行，而应在确认客人离店（通过观察或询问等方式），并已离开楼层后（或在接到总台客人离店的电话通知后）进行，并将检查结果电话通知总台结帐处。这样，既不会使客人感到尴尬，也会缩短结帐时间，提高服务效率。

（三）客人不是“审查”的对象

有些酒店设置有楼层服务台，并要求服务员将客人外出、进入房间的时间登记在簿子上，以便万一客房发生失窃事件时，能够提供时间证明。但是，很多服务员根本不认识客人，不知道他（她）是否住在本楼层？在哪个房间？（更不用说记住客人的姓名了）结果，服务员看见每一位外出或回来的客人，都会问他是哪间房的。殊不知，这是不尊重客人的表现，甚至会使客人感到受到“审查”，因而，常常引起客人的不满和反感。因此，服务员必须记住客人的姓名，至少应该记住客人的相貌特征和所住房间。

（四）叫醒服务的“双保险”问题

叫醒服务是酒店为客人提供的基本服务项目之一。传统酒店的叫醒服务都是由酒店客房部为客人提供的。由客房服务员逐个在需要提供叫醒服务的房间敲门叫醒。随着酒店设施设备的不断更新，越来越多的酒店开始使用电脑自动叫醒，由总机接线员将客人需要叫醒服务的时间和房间号输入电脑，届时，电脑将提供自动叫醒服务。但是，很多酒店为了使叫醒服务“万无一失”，采取电脑叫醒和人工叫醒同时提供的“双保险”叫醒服务。其实，这是没有必要的，是对酒店人力资源及设施设备的浪费。酒店投资采用电脑自动叫醒，目的就是为了提高工作效率，减少员工工作量，进而减少人力资源成本，如果电脑叫醒取代不了人工叫醒，还不如取消电脑叫醒，而直接改为人工叫醒，因为采用“双保险”制，一没有必要，二是还会增多服务的环节和程序，进而增加服务成本。

事实上，在采用电脑叫醒服务时，只有在下列情况下，人工叫醒才是必要的：

1. 电脑出现故障，无法提供正常的叫醒服务；

2. 电脑叫醒失误，需要采用人工叫醒及时予以纠正；

3. 电脑叫醒无效，客人没有应答。此时，需要通知客房部服务员及时上门提供人工叫醒服务，确认客人已经起床。

第九节　客人投诉及其处理

客房服务和管理人员经常遇到令人头疼的问题就是客人投诉。如何接待投诉客人，如何处理客人投诉，是每一个客房服务和管理人员所关心的问题。

酒店工作的目标是使每一位客人满意，但事实上，无论是多么豪华、多高档次的酒店，无论酒店管理者在服务质量方面下了多大的功夫，总会有某些客人在某个时间，对某件事、物或人表示不满，因此，投诉是不可避免的。这时，客人可能去找大堂副理投诉（接待投诉客人是大堂副理的主要职责之一），也可能直接向客房服务员发泄心中的不满，或找楼层领班、主管甚至客房部经理投诉。因此，无论是服务员还是客房管理人员，在接待投诉客人和处理客人投诉方面都要训练有素。

客房服务员和管理人员应当明白，掌握接待投诉客人的要领和处理客人投诉的方法和技巧，正确处理客人投诉，不仅会使自己的工作变得轻松、愉快，而且对于提高酒店服务质量和管理水平，赢得回头客，具有重要意义。

一、投诉的产生

就客房部而言，投诉的产生通常有以下几方面的原因：

1. 作为硬件的设施、设备出现故障。

比如，空调不灵，电梯夹伤客人，卫生间水龙头损坏等。酒店的设施设备是为客人提供服务的基础，设施设备出故障，服务态度再好，也无法弥补。我国酒店与国际酒店相比，存在的突出问题之一就是设施设备保养不善（尤其是一些经营时间比较长，有“悠久”历史的老酒店），这不仅造成酒店经营成本的上升，而且严重影响了酒店对客人的服务质量，常常引起客人投诉。

2. 客人对于作为软件的无形的服务不满。

如服务员在服务态度、服务效率、服务时间等方面达不到酒店或客人的要求与期望。

3. 酒店管理不善。

比如住客在房间受到骚扰、客人的隐私不被尊重、财物丢失等等。

4. 客人对酒店的有关政策规定不了解或误解引起的。

有时候，酒店方面并没什么过错，之所以投诉是因为他们对酒店有关政策规定不了解或误解造成的，在这种情况下，就要对客人耐心解释，并热情帮助客人解决问题。

上述问题，可以归结为两种类型：一是有形因素，二是无形因素。对于这两种因素，客人投诉的倾向性和投诉的方式是不同的。美国麻萨诸塞州立大学的罗伯特教授曾对美国东部主要城市 6 家酒店的 1314 名客人做过调查，结果表明：对于有形因素，愿意当面向管理部门提意见的旅游者占 59%，而对于无形因素，只占 41%。这说明，顾客对于无形因素，一般不太愿意当面向管理部门提意见投诉。一方面正是由于这种因素的“无形性”本身造成的，客人担心“说不清”；另一方面，无形的因素通常都是服务方面的问题，而服务又涉及到具体的“人”，客人外出，一般不愿意轻意伤和气，不愿意“惹事”，这是主要原因。

另据美国休斯顿大学酒店管理学院院长 Alan·T·Stutts 教授的调研，结果表明：96%的不满意的客人不会提出投诉。这说明，客人一般是在迫不得已，或“忍无可忍”的情况下才来投诉的。因此，对于客人的投诉，酒店及客房管理者要格外重视。

二、对客人投诉的认识

投诉是沟通酒店管理者和顾客之间的桥梁。对客人的投诉应该正确认识。投诉是坏事，也是好事，它可能会使被投诉的对象（有关部门或人员）感到不愉快，甚至受惩，接待投诉客人也不是一件令人愉快的事，对很多人来讲，是一种挑战。但投诉又是一个信号，告诉我们酒店服务和管理中存在的问题。

形象地说，投诉的顾客就像一位医生，在免费为酒店提供诊断，以使酒店管理者能够对症下药，改进服务和设施，吸引更多的客人前来投宿，因此，管理阶层对于客人的投诉必须给予足够的重视。

具体而言，对酒店来说，客人投诉的意义表现在以下几个方面：

1. 可以帮助酒店管理者发现酒店服务与管理中存在的问题与不足。

酒店的问题是客观存在的，但管理者不一定能发现。原因之一是，“不识庐山真面目，只缘身在此山中”。管理者在一个酒店一工作就是几年，甚至几十年，长期在一个环境工作，对本酒店的问题可能会视而不见，麻木不仁，而客人则不同，他们付了钱，期望得到与他们所付的钱相称的服务，他们也可能住过很多酒店，对某个酒店存在的问题，在他们眼里可能一目了然。原因之二是尽管酒店要求员工“管理者在和不在一个样”，但事实上，很多员工并没有做到这一点。管理者在与不在截然两样。因此，管理者很难发现问题。而客人则不同，他们是酒店产品的直接消费者，对酒店服务中存在的问题有切身的体会和感受，因此，他们最容易发现问题，找到不足。

2. 为酒店方面提供了一个改善宾客关系的机会，使其能够将“不满意”的客人转变为“满意”的客人，从而有利于酒店的市场营销。

研究表明，“使一位客人满意，就可招揽8位顾客上门，如因产品质量不好，惹恼了一位顾客，则会导致25位客人从此不再登门”，因此，酒店要力求使每一位客人满意。客人有投诉，说明客人不满意，如果这位客人不投诉或投诉没有得到妥善解决，客人将不再入住该酒店，同时也将意味着失去25

位潜在客人。无疑，这对酒店是个巨大的损失。通过客人的投诉，酒店了解到客人的“不满意”，从而为酒店提供了一次极好的机会，使其能够将“不满意”的客人转变为“满意”的客人，消除客人对酒店的不良印象，减少负面宣传。

3. 有利于酒店改善服务质量，提高管理水平。

酒店可通过客人的投诉不断地发现问题，解决问题，进而改善服务质量，提高管理水平。

三、处理客人投诉的程序和方法

接待投诉客人，无论对服务人员还是管理人员，都是一个挑战。要使接待投诉客人的工作不再是那么困难，使你的工作变得轻松，同时，又使客人满意，就必须掌握处理客人投诉的程序、方法和艺术。

（一）做好接待投诉客人的心理准备

为了正确、轻松地处理客人投诉，必须做好接待投诉客人的心理准备。

首先，树立“客人总是对的”的信念。一般来说，客人来投诉，说明我们的服务和管理有问题，而且，不到万不得已或忍无可忍，客人是不愿前来当面投诉的，因此，首先要替客人着想，树立“客人总是对的”的信念，换一个角色想一想：如果你是这位客人，在酒店遇到这种情况，你是什么感觉？更何况，在酒店业，乃至整个服务业，我们提倡在很多情况下，“即使客人错了，也要把‘对’让给客人”。只有这样，才能减少与客人的对抗情绪。这是处理好客人投诉的第一步。

其次，要掌握投诉客人的三种心态，即：求发泄、求尊重、求补偿。投诉客人通常有三种心态，一是求发泄，客人在酒店遇到令人气愤的事，不吐不快，于是前来投诉；二是求尊重，无论是软件服务，还是硬件设施，出现问题，在某种意义上都是对客人不尊重的表现，客人前来投诉就是为了挽回面子，求得尊重（有时，即使酒店方面没有过错，客人为了显示自己的身份或与众不同或在同事面前“表现表现”，也会投诉）；三是为了求补偿，有些客人无论酒店有无过错，或问题是大是小，都可能前来投诉，其真正的目的并不在于事实本身，不在于求发泄或求尊重，而在于求补偿，尽管他可能一再强调“并不是钱的问题”。因此，在接待投诉客人时，要正确理解客人、尊重客人，给客人发泄的机会，不要与客人进行无谓的争辩。如果客人投诉的真正目的在于求补偿，则你要看看自己有无权利这样做，如果没有这样的授权，就要请上一级管理人员出面接待投诉客人。

（二）设法使客人消气

投诉的最终解决只有在“心平气和”的状态下才能进行，因此，接待投诉客人时，首先要保持冷静、理智，同时，要设法消除客人的怒气。比如，可请客人坐下慢慢谈，同时，为客人送上一杯茶水。此时，以下几点要特别注意，否则，不但不能消除客人的怒气，还可能使客人“气”上加“气”，出现火上浇油的效果。

1. 先让客人把话说完，切勿胡乱解释或随便打断客人的讲述。

2. 客人讲话时（或大声吵嚷时），你要表现出足够的耐心，决不能随客人情绪的波动而波动，不得失态。即使是遇到一些故意挑剔，无理取闹者，也不应与之大声争辩，或仗“理”欺人，而要耐心听取其意见，以柔克刚，使事态不致扩大或影响他人。

3. 讲话时要注意语音、语调、语气及音量的大小。

4. 接待投诉客人时，要慎用“微笑”，否则，会使客人产生“出了问题，你还‘幸灾乐祸’！”的错觉。

（三）认真倾听客人投诉，并注意做好记录

前已述及，对客人的投诉要认真听取，勿随意打断客人的讲述或做胡乱解释。此外，要注意做好记录，包括客人投诉的内容、客人的姓名、房号及投诉时间等，以示对客人投诉的重视，同时也是酒店处理客人投诉的原始依据。

（四）对客人的不幸遭遇表示同情、理解和道歉

在听完客人的投诉后，要对客人的遭遇表示抱歉（即使客人反映的不完全是事实，或酒店并没有过错，但至少客人感觉不舒服、不愉快），同时，对客人的不幸遭遇表示同情和理解。这样，会使客人感觉受到尊重，自己来投诉并非无理取闹，同时也会使客人感到你和他站在一起，而不是站在他的对立面与他讲话，从而可以减少对抗情绪。

（五）对客人反映的问题立即着手处理

客人投诉最终是为了解决问题，因此，对于客人的投诉应立即着手处理，必要时，要请上级管理人员亲自出面解决，切不可在客人面前推卸责任，否则，给客人的印象更遭，使客人更加气愤，结果，旧的投诉未解决，又引发了客人新的更为激烈的投诉，出现“投诉的‘连环套’”。

【案例】

一日，甲、乙两位服务员分别打扫A、B段客房，A段某房的客人从外面回来，发现床单没有换，于是找到乙服务员。问道：

“服务员，为什么不给我换床单？”

“这不是我打扫的房间，不关我的事，你去找甲服务员说！”，说完，转身就走了。

剩下气呼呼的客人站在走廊……

最后，当然是客人找部门经理投诉了！

案例中，客人开始是对服务质量不满意，继而对服务态度不满意，导致出现投诉的“连环套”和投诉的一步步升级。

当然，由于语言、态度等其它方式对客人投诉的处理不当，也会导致客人投诉的进一步升级，“小事”也会变成大事，对此，客房服务和管理人员应当切实加以注意！

在解决客人投诉中所反映的问题时，往往有多种方案，为了表示对客人的尊重，应征求客人的意见，请客人选择。

再就是处理客人投诉时，要不要给自己留有余地的问题。一些酒店管理人员认为，为了避免在处理客人投诉时，使自己陷入被动，一定要给自己留有余地，不能把话说死。比如，不应说：“10分钟可解决。”而应说：“我尽快帮您办”或“我尽最大努力帮您办好”，殊不知，客人，尤其是日本及欧美客人，最反感的就是不把话说死，什么事情都没有个明确的时间概念，正如一位投诉客人所言“贻误时间，欧美和日本客人尤为恼火”。因此，处理客人投诉时，要尽可能明确告诉客人多长时间内解决问题，尽量少用“尽快”、“一会儿”、“等等再说”等时间概念模糊的字眼。如果确实有困难，也要向客人解释清楚，求得客人的谅解。

（六）对投诉的处理结果予以关注

接待投诉客人的人，并不一定是实际解决问题的人，因此客人的投诉是否最终得到了解决，仍然是个问号。事实上，很多客人的投诉并未得到解决，因此，必须对投诉的处理过程进行跟踪，对处理结果予以关注。

【案例】

一位客人深夜抵店，行李员带客人进客房后，将钥匙交给客人，并对客房设施做了简单的介绍，然后进入卫生间，打开浴缸水龙头往浴缸内放水，客人看到行李员用手亲自调试水温，几分钟后，行李员出来告诉客人，水已放好，请客人洗个澡，早点休息。客人暗自赞叹该酒店服务真不错。

行李员走后，客人脱衣去卫生间洗澡，却发现浴缸里的水是冰凉的，打开热水龙头，同样是凉水。于是打电话到总台，回答是："对不起，晚上12点以后，无热水供应。"客人无言以对，心想，该酒店从收费标准到硬件设备，最少应算星级酒店，怎么能12点以后就不供应热水呢？可又一想，既然是酒店的规定，也不好再说什么，只能自认倒霉。"不过，如果您需要的话，我让楼层服务员为您烧一桶热水送到房间，好吗？"还未等客人放下电话，前台小姐又补充道。

"那好啊，多谢了！"客人对酒店能够破例为自己提供服务表示感激。

放下电话后，客人开始等待。半个多小时过去了，客人看看表，已经到了凌晨1点，可那桶热水还没送来，可又一想，也许楼层烧水不方便，需要再等一会儿。又过了半个小时，电视节目也完了，还不见有热水送来，客人无法再等下去了，只好再打电话到总台。

"什么，还没有给您送去？"，前台服务员表示吃惊，"我已经给楼层说过了啊！要不我再给他们打电话催催。"

"不用了，还是我自己打电话问吧。请你把楼层服务台的电话告诉我！"客人心想，既然前台已经通知了，而这么久还没有送来，必定有原因。为了避免再次做无谓的等候，还是亲自问一问好。于是，按照前台服务员提供的电话号码，客人拨通了楼层服务台的电话，回答是："什么，送水？酒店晚上12点以后就没有热水了！"

……

在上述案例中，其实客人并非一定要洗个澡，只是酒店已经答应为客人提供热水，才使客人"白"等了一个多小时，结果澡也没洗成，觉也没睡好，还影响了第二天的工作。问题就出在服务员虽然答应为客人解决问题，但没有对解决过程和解决结果予以关注。

（七）与客人进行再次沟通，询问客人对投诉的处理结果是否满意，同时感谢客人

有时候，客人反映的问题虽然解决了，但并没有解决好，或是这个问题解决了，却又引发了另一个问题。比如，客人投诉空调不灵，结果，工程部把空调修好了，却又把客人的床单弄脏了。因此，必须再次与客人沟通，询问客人对投诉的处理结果是否满意。比如，可打电话告诉客人："我们已通知维修部，对您的空调进行了维修，不知您是否满意？"…。这种"额外的"关照并非多余，它会使客人感到酒店对其投诉非常重视，从而使客人对酒店留下良好的印象。与此同时，应再次感谢客人，感谢客人把问题反映给酒店，使酒店能够发现问题，并有机会改正错误。

这样，投诉才算得到真正圆满的解决。

四、如何面对"找茬儿"的客人

客房及酒店员工在与客人的冲突中，始终是处于"不利"的地位，或者说是"不占优势"的地位的。那些故意来"找茬儿"的客人，对这一点了解得非常清楚。他们知道，无论他们自己说了什么，或做了什么，只要服务员稍稍有一点“出格”的言行，他们就可以去向经理投诉，而且，那些被投诉的服务员，肯定是要挨批、受罚的。这些客人知道，哪怕是他们先骂了服务员十句，只要服务员回了一句，他们也可以把自己说成是“受害者”，而大闹一场。对于这种“不平等”，那些“找茬儿”的客人知道得很清楚，而有些服务员却往往由于一时的冲动，而把它“忽略”了。一些服务员只所以在客人面前“吃亏”，就是因为他们忽略了自己与客人之间的这种“不平等”。

作为服务人员，要进行自我保护，就必须面对现实，承认在与客人的冲突中，自己始终是处在不利的、不占优势的地位。在客人面前，决不能有“你厉害，我比你还厉害”的想法。只有不让冲突发生，发生了，也决不让它“升级”，才是最佳的选择。面对那些带有挑衅性的、故意来“找茬儿”的客人，服务员只有用正确的想法来控制自己的情绪和言行，才能使自己立于“不败之地”。

立于不败之地

1. 你是客人，我是服务员。此时此地，我是不可能与你平起平坐的。如果你骂我一句，我也骂你一句，虽然是“一比一”，到头来，吃亏的还是我。这个道理，我是不会忘记的。

2. 我知道你是故意来找茬儿的。你的办法是激怒我，等待我的还击，你就有了大闹一场的借口，就能赢得“观众”的同情。我要让你的如意算盘落空，所以我决不还击！

3. 你无理而又无礼，这是你的问题，不是我的问题。我犯不着因为你的问题而生气。不管你是谁，只要你还是客人，我就仍然把你当作客人来接待。能把礼貌待客坚持到底，我就立于不败之地！

五、投诉的统计分析

投诉处理完以后，有关人员，尤其是管理人员，还应对该投诉的产生及其处理过程进行反思，分析一下该投诉的产生是偶然的？还是必然的？应该采取哪些措施，制定哪些制度，才能防止它再次出现？另外，对这次投诉的处理是否得当，有没有其他更好的处理方法？只有这样，才能不断改进服务质量，提高管理水平，并真正掌握处理客人投诉的方法和艺术。

客人投诉有助于酒店发现其服务和管理中存在的问题，是酒店提高服务质量和管理水平的杠杆，因此，客房管理人员应十分重视客人投诉，加强对客人投诉工作的管理，做好客人投诉的记录等基础工作，并定期（月、季或年）对客人的投诉进行统计分析，从中发现客人投诉的规律，采取相应的措施或制定有关制度，以便从根本上解决问题，从而不断提高服务质量和管理水平。（参见表 4－7：“客人投诉情况分析表”）

表 4－7　　客房部客人投诉情况分析表

<table>
<tr><th>月份
项目</th><th>一</th><th>二</th><th>…</th><th>十二</th><th>小计</th><th colspan="4">宾客分类</th><th>合计</th><th>情况分析</th></tr>
<tr><td>客房卫生</td><td></td><td></td><td></td><td></td><td></td><td rowspan="3">散客</td><td rowspan="3"></td><td rowspan="6">内宾</td><td rowspan="6"></td><td rowspan="12"></td><td rowspan="12"></td></tr>
<tr><td>客房服务</td><td></td><td></td><td></td><td></td><td></td></tr>
<tr><td>客房用品</td><td></td><td></td><td></td><td></td><td></td></tr>
<tr><td>客房设备</td><td></td><td></td><td></td><td></td><td></td><td rowspan="3">团队</td><td rowspan="3"></td></tr>
<tr><td>电　视</td><td></td><td></td><td></td><td></td><td></td></tr>
<tr><td>空　调</td><td></td><td></td><td></td><td></td><td></td></tr>
<tr><td>洗　衣</td><td></td><td></td><td></td><td></td><td></td><td rowspan="6">长住</td><td rowspan="6"></td><td rowspan="6">外宾</td><td rowspan="6"></td></tr>
<tr><td>供　水</td><td></td><td></td><td></td><td></td><td></td></tr>
<tr><td>电　梯</td><td></td><td></td><td></td><td></td><td></td></tr>
<tr><td>维修服务</td><td></td><td></td><td></td><td></td><td></td></tr>
<tr><td>遗失物品</td><td></td><td></td><td></td><td></td><td></td></tr>
<tr><td>…</td><td></td><td></td><td></td><td></td><td></td></tr>
<tr><td>建　议</td><td colspan="11"></td></tr>
</table>

六、外国客人对我国酒店客房的常见投诉

我国酒店与国际酒店业无论在硬件方面还是在软件方面，都有一定的差距，常常引起国际旅游者的投诉。此外，由于东西方文化的差异以及我国很多酒店从业人员缺少酒店意识，也常常引起外国客人的投诉。

● 饭店内的公用厕所的清扫员要分性别

“男厕所应由男清洁员来清扫，我走了几家饭店，都是由上了年纪的女士在搞清洁卫生，外国人不习惯，有的甚至吓得退了出来。饭店要按国际习惯办事。”

● 闭路电视节目不准确，没法收看

“一是节目单是中文的，我们看不懂；二是即使是英文的，我们按指定的频道，根本不是这个节目，或根本没有节目。希望能每天为客人调整到位。有的饭店有两条闭路电视，最好一条能放英文的，以满足外国客人的需要。拉萨假日饭店这一点做得很好。听说国内客人经常自己乱调，建议调整好以后，干脆用透明胶纸粘死。我住的有些饭店就是这么办的。”

● 客房没有冰块供应

“我们美国人冬天都要吃冰块，更不要说夏天了。希望客房里能有冰块供应，至少大堂里应该有。这是美国人的基本生活需要。这与你们中国人爱喝茶是一样的道理。”

● 卫生间及卧室有“毛发”

“客人走进给他安排的房间，如果发现毛发那是不能容忍的。将会认为“极不卫生”，但你们好多饭店对此并不在乎，枕头上、被子上、地毯上、浴缸边经常可见。”

● 酒店没有无烟区和无烟客房

“中国人抽烟太厉害，我们西方国家在公共环境里很少有

抽烟的。希望中国的饭店在大厅和餐厅里专门辟出一块无烟区。有的客房一进门，一股残留的烟味便扑面而来，我无法忍受，只能换房。”

● 商务客房多是灯光暗淡

“我是常驻商务代表，每天办公到深夜（不仅仅只是写东西）。但住了许多饭店，商务客房多是灯光暗淡。你们对这些客房应该按办公室的要求来调整灯光，加强亮度。”

● 酒店工作人员大声喧哗

“在酒店内任何地方，从总经理到服务员讲话都要注意轻声，切忌大声喧哗。饭店里大嗓门讲话，给客人留下不文明的印象。国外公共场所都是轻声讲话，这也是个礼貌问题。但在中国很多饭店，工作人员大声喧哗的现象却较为普遍。”

● 电话收费问题

“电话结帐收费要及时。中国大多数饭店没有电脑一次性结帐的系统更要注意这个问题。客人早走，电话帐单不到，这是饭店损失。更有帐单晚到，竟叫同房间的或后来的客人付帐的笑话。有一次，我碰到服务员晚上来求我代早上已走的客人付电话费，因为不然他要被扣奖金。我是帮忙付了。但我认为这不一定是服务员的责任，这是管理上的毛病。”

● 酒店服务要有明确的时间概念

“外国人时间观念极强，很守时。饭店一切服务都应有明确的时间概念。如有意外服务或特殊要求，尽量少用‘一会儿’、‘马上’、‘等等再说’之类时间概念模糊的字眼，要明确告诉客人多少时间内提供，而且要说到做到。贻误时间，欧美和日本客人尤为恼火。”

以上客人投诉与问题在我国很多酒店带有普遍性，应该引起我国酒店管理人员的高度重视，使我国酒店尽早与国际酒店业接轨。

第五章
客房卫生管理

卫生，是客人对酒店客房的最基本要求，也是决定客人是否投宿一家酒店最重要的因素之一，因此，做好客房的卫生管理具有极其重要的意义。

第一节　清洁剂与清洁用具

清洁用具和清洁剂是客房部服务员在进行客房清洁和保养工作时所必须的用具和物品，选择和使用合适的清洁用具和清洁剂不仅可以增强工作效果，提高工作效率，而且对于做好客房设施设备的保养工作具有重要意义。

现将客房清扫中常用的清洁用具和清洁剂的功能、作用等简要介绍如下：

一、客房清洁用具

（一）客房服务员工作车

通常，酒店的每个楼层都备有客房服务员工作车（见图5－1），主要供客房服务员打扫客房时使用。工作车用于放置干净布单（床单、毛巾、浴巾、脚巾等），清扫用具（水桶、刷子、手套、清洁剂）以及卫生纸、玻璃杯、茶叶、香皂、牙膏、沐浴帽、卫生袋、文具等房间补充用品。清洁车的两头分别挂有一个尼龙袋，其中一个用于放置房间撤换下来的脏布草，另一个用于放清扫出来的垃圾。国外有些酒店采用网眼状尼龙袋装布草，采用这种网袋，布草就可以在袋内洗涤，然后再分拣，从而大大节约了布草的洗涤时间，但这种洗涤方式的洗涤效果值得怀疑。

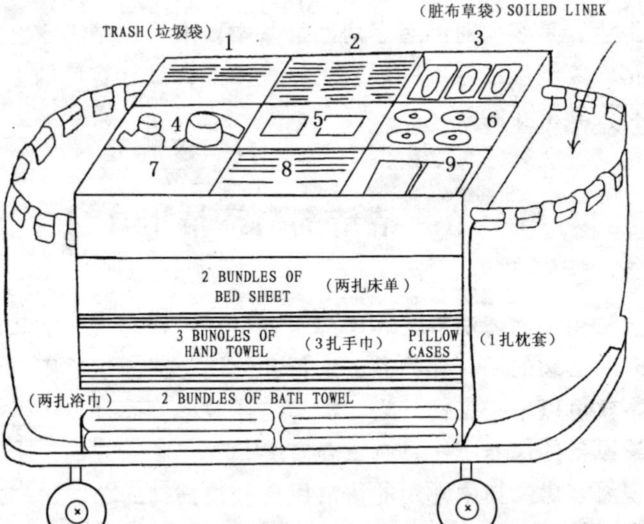

图 5－1　客房工作车及用品的摆放位置

1. 办公用品、请勿打扰及早餐牌和卫生袋；2. 洗衣袋　3. 面巾纸　4. 一瓶空气清新剂、抹布、“房间已打扫”及“已消毒”笺　5. 浴帽　6. 卫生卷纸　7. 此处作备用如放脏水杯等　8. 火柴、香皂　9. 两扎洗脸毛巾

此外，一般说来，客房使用的大部分工作车都应在前面装有缓冲器或其它有弹性的防护装置，以免墙面受损。

（二）各种清扫机器

1. 吸尘器

用于地面、地毯、板壁、软面家具的吸尘，其工作原理是利用装在吸尘器内的马达推动扇叶，造成机身内部呈真空状态，室内空气便通过吸喉流入补充，产生一股气流，将附近的细小杂物吸入蓄尘袋内。

吸尘器一般有三种类型：吸力式（suction type）直立式（upright type），混合式（combination type）。

吸力式：只靠吸力作用去完成吸尘工作。有很多款式，如圆筒型（canister type，参见图 5－2）、长筒型（cylinder type）等。这类吸尘器一般在其顶端都拥有一管长喉，用来接各种配件，以适应不同工作的需要。总的来说，这种吸尘器主要应用于地板及一般家具的除尘。

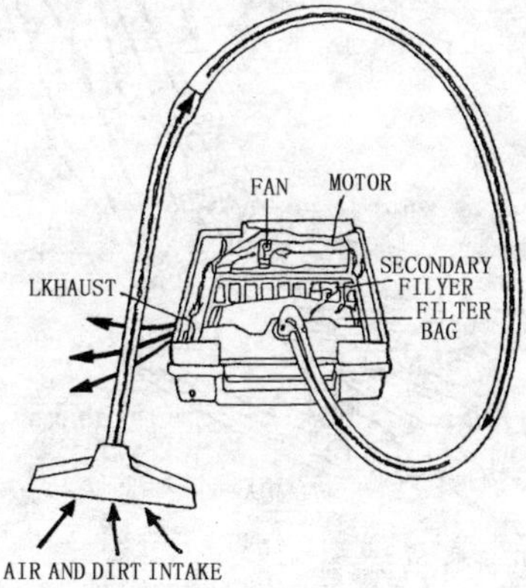

图 5－2　圆筒型吸尘机

直力式：除了利用吸力之外，还靠装在吸嘴内的一马达推动的旋转震动刷（powered rotating agitator brush）辅助工作(参见图 5－3)。这种吸尘器主要用于地毯除尘，它可以借助于吸尘刷的旋转震动力，先将地毯的绒毛拔开，使深藏在其中的尘屑污垢，尤其是地毯的致命伤——沙砾，自绒毛中松脱出来，然后再将其吸起。这类吸尘器的缺点是不易清洁矮脚家具底下或其他浅窄地方及楼梯，且噪音比较大。

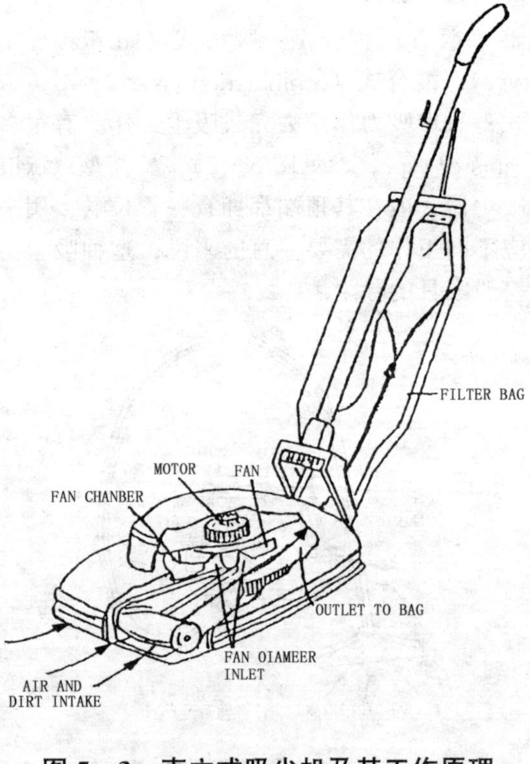

图 5－3　直立式吸尘机及其工作原理

混合式：在外形上与吸力式大致相同，不过这类吸尘器除了强劲的吸力外，还配备有电动的震动清洁刷（motor brush）作为辅助工具，可随时装上使用。在清洁效能上，这种吸尘器具有吸力式和直立式的优点，既可用于清理地板与家具，还可以进行地毯除尘。

吸尘器是客房常用的清洁机器，使用吸尘器时，必须注意以下安全事项：

● 检查各部件的连接是否严密，如有漏风的地方要及时修理。

● 检查有无漏电现象，防止发生危险。

● 吸尘器在使用时，要避免吸入硬物或尖锐的东西，以免蓄尘袋破裂，喉管堵塞或机件失灵。另外，也要防止吸入大片纸张、布片、棉花团等物，以防堵塞吸管和吸头。

● 将电源插头拔下前，要先把吸尘器开关关掉。

● 避免让吸尘器在电线上碾过。

● 吸尘器使用完毕后，要定期清理蓄尘袋。弄干净刷子和吸尘器的外壳。否则，不仅不卫生，还会影响吸尘器正常工作，严重的还会使吸尘器停止工作，甚至会烧掉电源。

2. 吸尘吸水两用机

除了可以吸尘以外，还用于地面冲洗后的清扫工作或者地面发生浸水后进行大量排水。

使用吸尘吸水两用机，要注意经常打扫其过滤罩。每次使用完毕都要把脏物取尽，检查电机和容器之间的密封装置。

3. 打蜡机

见图 5-4。用于硬性地面和木质地面的洁净、打光。服务员应检查联动圆盘是否水平，定期更换毛刷并清洗之。

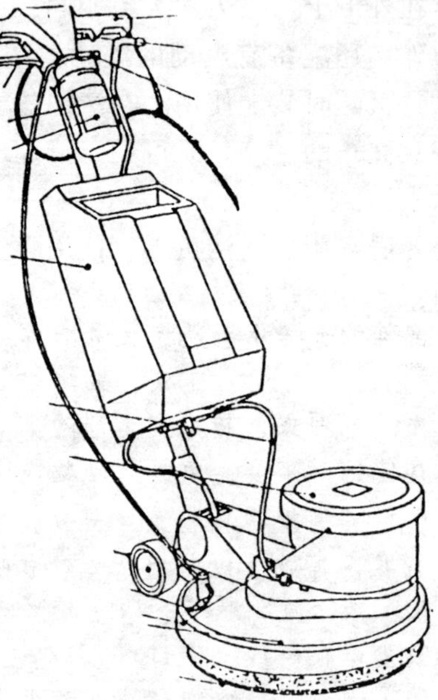

图 5-4 打蜡机

4. 吸水机

与吸尘器在结构上的区别是：吸尘器多用“风冷式马达”(Air-cool Motor)，而吸水机则用“旁路冷却系统”(By-pass Motor)。吸水机的主要配件是吸水刷（Floor squeegee）

5. 香波机

用于打扫铺有地毯的地面（快速法）。

6. 高压机

用于清洗硬质地面和很油腻很脏的板壁，要经常检查管子和肥皂喷嘴。

7. 杀虫剂（消毒剂）喷雾器

在发生传染病或气味很大的情况下使用。

二、客房清洁剂的种类及使用范围

客房部使用的清洁剂，按照不用的划分方法，可以划分为不同的类型。

（一）按清洁剂的化学性质划分

按照化学性质，清洁剂可分为以下几种类型：

1. 酸性清洁剂

一般含有盐酸、磷酸、硫酸和醋酸等酸性化合物。可用于清洁茶渍、咖啡等碱性物质。另外，酸性清洁剂还可以用来还原氧化物，故常被用来去锈（将深咖啡色的高铁还原为浅绿色的亚铁离子）。清洗冷气机的蒸发器及冷凝器（将氧化铝或结在钢管内的氧化物还原）。含浓硫酸的清洗剂，则主要是利用其脱水性。

2. 碱性清洁剂

含氢氧化钾，氢氧化钠或其他碱类，可以清洁一切酸性污渍。另外，碱性清洁剂还可以用来清洁一切油污，因为它可以将不溶于水的油脂变成半溶于水的物质。强碱（如氢氧化钠）非常活泼，故亦常被用作起蜡剂，因为它能将蜡水中的金属链切断，令“亚力加块”浮于水面，从而起到起蜡作用。通常，碱性清洁剂的应用最为广泛。

3. 中性清洁剂

含合成化合物，呈中性，其“清洁”能力不很显著，主要用于“保养”方面，一般不会损坏物体之表面。

（二）按用途划分

按用途划分，常用的清洁剂有以下几种：

1. 多功能清洁剂

这种清洁剂呈中性，多用于去除家具表面的污垢、油渍、化妆品渍，有防霉功效。原装的清洁剂为浓缩剂，使用前要根据使用说明进行稀释。此种清洁剂不能来洗涤地毯，对特殊污垢作用也不大。

2. 三缸清洁剂

马桶清洁剂属酸性清洁剂，能去除马桶、便池上的污垢，有较好的除臭、杀菌功效。使用时必须在马桶、便池有水的情况下倒入少许，稍过片刻用毛球轻轻刷洗，再用清水冲净。日常清洁三缸最好选用碱性剂，以利保养。

3. 玻璃清洁剂

客房内的玻璃和镜面，特别是卫生间内的镜面常有一些不易清除的污迹，像油渍、化妆品迹等。清除这类污迹使用装在高压喷罐内的玻璃清洁剂效果最好。使用时对准污迹喷洒少许，然后用干布擦拭便可光亮如新。

4. 金属抛光剂

客房内有很多金属制品，像门锁把手、水龙头、浴缸配件、扶手、卷纸箱、毛巾架、浴帘杆等，容易染上手印和锈蚀。这种抛光剂只对金属制品除锈去渍有效。使用时用抹布蘸上抛光剂或将抛光剂直接喷在物件上，用干布反复擦拭直至光亮为止。

5. 家具蜡（家具保养蜡）

为使家具保持光洁，服务员按计划卫生的要求定期对家具物品上蜡保养。客房部选用的家具蜡多为浓缩乳蜡，家具蜡能较好地为木质家具、皮革制品去污除尘，并能在家具表面上形成保护膜，防尘、防潮、防污。使用时只须在家具物品上均匀喷洒，再用柔软的干布来回擦拭，即能光亮如新。

6. 空气清新剂

空气清新剂含有香精和杀菌成分，喷洒在客房内或大厅中，有灭菌和清新空气的作用，且芳香四溢。但有些客人不喜欢空气清新剂的香味，因此，在住客房中要慎用。

7. 杀虫剂

虫类是传播病的媒体，酒店要毫不松懈地除虫灭害。杀虫剂含除虫菊脂，能杀灭像蟑螂、苍蝇、蚊子等害虫。客房区内一旦发现虫类，应立即施放杀虫剂，以消灭四害。使用时，要注意避开食物饮料。又因其是易燃品，所以要谨慎使用和妥善保管。

第二节　常见污迹的清洁方法

一、污迹清洁的一般原则

●“快”。对于任何污渍，逗留在任何物体上，时间越长，则越难清除，所以，发现污渍时应尽快将其清除。

●“由外及里”。任何污渍，遇到被溶解的物质时，必向外扩散，所以，清理污渍时应从旁边向中心擦拭。

●“先吸后洗”。对于液体性质的污渍，应尽快用干布吸去，然后再用清洁剂清理。

二、常见污迹的清洁方法

一般说来，温水和洗洁精可清除大部分硬性物体表面的污渍，如：咖啡、染料、油渍、食物、血、酒类、墨汁、水果汁等。但是以上这些物质的污渍，如果渗在软性或半软性物体上的话，就不那么容易清洁了，须用一些特别的材料清洁才能达到理想的效果，下表（表 5－1）将详细列出各种污渍在软性或半软性物体表面时的清洁方法。

表 5-1　　　　常见污迹的清洁方法

污渍名称	清洁方法
1. 血迹	用冷水浸泡，用干布吸干，然后用海绵块蘸上清洁剂擦拭，吸干溶液，用清水洗干净。或，用 1:50 的稀盐水擦湿，等 2～3 分钟之后用布从旁边向中心擦，然后用清水过，吸干。
2. 口香糖	用口香糖除迹剂喷在口香糖上，待其硬化后，用硬物将其敲碎、剔除。
3. 黄油	将能够刮掉的黄油刮掉，用海绵块蘸上干洗剂擦拭，吸干溶液。
4. 呕/尿	用冷水吸清，然后用 1:10 醋水，对于呕的污渍，梳打水的效果更好。
5. 红酒迹	用 1:5 梳打水稍浸，然后过清水吸干。
6. 唇油/指甲油	用海绵块蘸上醋酸或专用清洁剂擦拭，吸干溶液，然后再用清水清洗干净。
7. 可乐/巧克力/牛奶	用适量的白醋加入稀释了的洗洁精擦，然后冲干净、吸干
8. 咖啡	一般洗涤方法即可（用海绵蘸上清洁剂擦拭），最好用干洗剂。
9. 果汁	用稀解了的梳打水，丙三醇甘油或白醋，冷水过清。
10. 茶水	用海绵块蘸上酸性清洁剂（或白醋）擦拭，吸干溶液。
11. 墨水迹	用冷水冲洗，直至墨渍变淡，然后用稀解了的草酸溶液浸湿污渍，过 2～3 分钟，再用稀解了的高锰酸钾/灰锰氧溶液浸 2～3 分钟，再用清水过，吸干。

(续上表)

污渍名称	清洁方法
12. 圆珠笔墨水	普通洗涤可以洗去某些种类的圆珠笔墨水。如果不行，则可倒入变性酒精，或用白凡士林在斑渍上磨擦，并浸入清洁剂溶液，然后洗涤。
13. 油腻食物	彻底清除食物，吸干汁水。用海绵块蘸上干洗剂擦拭，吸干溶液。
14. 油脂	用海绵块蘸上干洗剂擦拭，吸干溶液。
15. 鞋油	用海绵块蘸上干洗剂擦拭，吸干溶液。如果色斑难以清除，用海绵蘸上漂白剂擦拭，并吸干。
16. 蜡迹	用白醋加温水。
17. 汗渍	新的汗渍可用海绵蘸上阿摩尼亚擦洗，然后在织物所能承受的热水中漂洗。必要时，可采用漂白剂。

第三节　客房清扫

客房清扫是饭店每天要进行的工作。客房的清洁程度是客人入住酒店最关心的问题之一，同时也是客人选择酒店的标准之一。整洁的房间，优雅的环境能使客人心情舒畅、轻松愉快，因此服务员必须按时、按服务规程和和标准的要求，认真、高效地清扫客房。

清扫客房时要注意有些项目是每天都要进行的工作，如床铺的整理、地毯的除尘、写字台的干擦等。而有些项目则是隔一段时间才进行的工作，如翻转褥垫、换床罩、除污、维修等，其间隔有的是周期性的，有的则是不定期的，视具体情况而定。

一、不同类型房间的清扫要求

客房状况不同，对其清扫的要求和程度也有所不同。一般来说，对于暂时没人居住，但随时可供出租的空房（vacant），服务员只需要进行简单清扫或小扫除；对于有客人住宿的住客房间（occupied）以及客人刚刚结帐离店、尚未清扫的走客房间（check - out），需要进行一般性清扫或中扫除；而对于那些长住客人离店后的客房以及将有重要客人（VIP）光临的客房则要进行彻底清扫或大扫除。

进行简单清扫，服务员只需要视具体情况每天擦擦灰尘；过几天吸一次地毯、检查一下设施设备是否管用，看看卫生间水龙头是否有锈水（如有黄色的锈水，则应打开水龙头 1～2 分钟，把它放掉）；如室内空气不新鲜，也应打开窗户换换空气；调节温度，使室温比较适宜。

进行一般清扫，还需要整理床铺、撤换脏布草（床单、枕套、浴巾、毛巾等）、补充客房用品并较为全面地清扫客房（倒垃圾、倒烟灰缸、擦洗卫生间、整理衣物……）。

长住客人离店后，要进行彻底清扫，要仔细地刮地毯，进行地毯除污，认真擦洗客房内各个角落、设施设备的里里外外，如墙纸脱落或有污损，还应更换墙纸，翻转褥垫甚至撤换窗帘。此外，接待重要客人的房间也应进行大扫除，除污、打蜡、抛光，做到窗明几净，没有一星尘埃，床也要铺得整齐、美观、没有折皱，床单上不留任何污迹。

二、清扫作业的标准时间

清扫作业的标准时间是客房管理者确定服务员工作定额和进行客房定员的依据。

打扫一间客房需要花费的时间，取决于：

● 服务员体力的大小；

● 服务员工作经验的多少；

● 服务员劳动熟练程度的高低；

● 服务员做床方法的科学与否；

● 客房面积的大小；

● 床的大小；

● 客房状况的不同（空房、走客房、VIP 房…）；

● 客房类型的不同（单人房、双人房还是套房）；

● 住客素质的高低（外宾住过的房间易整理，而很多内宾住过的房间则需要较长时间去整理）

一般而言，各种不同类型的客房所需要的清扫时间大致如下：

双人房：30 分钟

单人房：20 分钟

套 间：50~60 分钟

由此可见，清扫一间客房平均需要 25～30 分钟，按照这个标准，在美国，每个服务员每天清扫的房间数至少 14～16 间，而我国很多地方的酒店每个服务员每天打扫的房间数还不到 10 间，工作量明显不足。但近年来，情况已经发生很大变化，越来越多的酒店（特别是南方城市的酒店）为了提高工作效率，节约人力资源开支，适应竞争的需要，纷纷开始加大服务员的工作量，将服务员的工作定额提高到 15 间/人·天，已基本上向国际标准看齐。

三、不同类型房间清扫的先后顺序

为了提高客房利用率和服务质量，客房清扫要根据实际情况，按一定的先后次序进行。

客房清扫顺序应根据酒店淡旺季的不同，而有所不同。

(一) 淡季时的清扫顺序

淡季时，应按以下顺序进行：

1. 总台指示要尽快打扫的房间。

2. 门上挂有“请速打扫”(make up room Immediately) 牌的房间。

3. 走客房 (check - out)。

4. “VIP” 房。

5. 其它住客房。

6. 空房。

(二) 旺季时的清扫顺序

旺季时，酒店用房紧张，客房清扫顺序与淡季时应有所不同。一般来说，旺季时，要依照下列顺序进行：

1. 总台指示要尽快打扫的房间。

2. 空房。空房可以在几分钟内打扫完毕，以便尽快交由总台出租。

3. 走客房间 (check - out)。旺季时，应优先打扫，以便总服务台能及时出租，迎接下一个客人的到来。优先打扫走客房的意义还在于可以及时发现是否有丢失或损坏室内物品，如有，则可以及时报告客房部或前台结帐处以便酌情处理。另外，这样做还可以及时发现客房内是否有客人的遗忘物品以便及时送交客人。

4. 门上挂有“请速打扫”（make up room Immediately）牌的房间。

5. 重要客人（VIP）的房间。

6. 其他住客房间。

以上客房清扫顺序还应根据客人的活动规律加以调整。客房清扫应以不打扰客人或尽量少打扰客人为原则，因此，应尽量安排在客人外出时进行。

四、客房清扫的一般原则和卫生标准

（一）客房清扫的一般原则

1. 从上到下。例如，抹拭衣柜时应从衣柜上部抹起；

2. 从里到外。尤其是地毯吸尘，必须从里面吸起，后到外面。

3. 先铺后抹。房间清扫应先铺床，后抹家具物品。如果先抹尘，后铺床，铺床而扬起的灰尘就会重新落在家具物品上。

4. 环形清理。家具物品的摆设是沿房间四壁环形布置的，因此，在清洁房间时，亦应按顺时针或逆时针方向进行环形清扫，以求时效和避免遗漏。

5. 干湿分开。在抹拭家具物品时，干布和湿布要交替使用，针对不同性质的家具，使用不同的抹布。例如，房间的镜、灯罩，卫生间的金属电镀器具等只能用干布擦拭。

（二）房间清洁卫生标准

- 眼看到的地方无污迹。
- 手摸到的地方无灰尘。
- 设备用品无病毒。
- 空气清新无异味。

● 房间卫生达“十无”。

附：“十无”

（1）天花墙角无蜘蛛网；

（2）地毯（地面）干净无杂物；

（3）楼面整洁无害虫（老鼠、蚊子、苍蝇、蟑螂、臭虫、蚂蚁）；

（4）玻璃、灯具明亮无积尘；

（5）布草洁白无破烂；

（6）茶具、杯具消毒无痕迹；

（7）铜器、银器光亮无锈污；

（8）家具设备整洁无残缺；

（9）墙纸干净无污迹；

（10）卫生间清洁无异味。

五、清扫前的准备工作

1. 换上工作服

服务员上班后，应换好工作服，戴上姓名牌，梳理好头发，女服务员可进行适当地化妆。

2. 听取楼层领班的工作安排，领取“客房服务员工作日报表”

楼层领班（督导）要根据当天客房使用情况，在上班后向客房服务员安排工作，并向她们发放“客房服务员工作日报表”（见表5－2）。

表 5－2

客房服务员工作日报表

房号	状况	清扫时间		人数	补充用品																			备注
		入	出		肥皂（大）	肥皂（小）	卷纸	浴帽	洗发液	沐浴液	牙具	梳子	剃须刀	指甲刀	卫生袋	圆珠笔	拖鞋	购物袋	火柴	针线包	擦鞋纸			
01																								
02																								
03																								
04																								
05																								
06																								
07																								
08																								
09																								
10																								
11																								
12																								
合计																								

表中房间状况（Status）一般可分为“CO”、“V”、“OC”、“O. O. O”等四种情况，即“checked out”（走客房间）、“Vacant”（空房）、“Occupied”（住客房间）和“out of order”（待修理或正在修理的客房），“人数”表示住客人数。有时，会发生客房内登记住宿人数与实际住宿人数不符的情况。假如实际住宿人数少于登记住宿人数，则说明很可能有逃帐现象。即客人已经离店而没有付帐。另一种情况是实际住宿人数多于登记住宿人数，这时就应了解情况，必要时向住客加收房费，并请客人补办住宿登记手续。此外，填好“人数”一栏，对于酒店的安全管理也具有重要意义。

服务员在清扫客房时如发现房内设施设备有污损或走客房内有客人遗留的物品等异常情况需要特别说明。则填入“备注”（Remarks）一栏。此外，对于那些有行李而无人住的房间（可按住客房间对待）也应在备注栏里注明。

“客房服务员工作日报表”是检查客房服务员工作情况，进行客房管理的重要依据，因此应当认真对待，仔细填写。

3. 领取房间钥匙

酒店的楼层一般都有服务员工作使用的万能钥匙（master key）或IC卡。服务员拿到一把钥匙就可以打开她所负责清扫客房的所有房门。为了楼层客房的安全，领取钥匙时，一定要做好钥匙的交接记录。

4. 准备客房补充用品及清洗用具

服务员根据所要打扫的房间数量及房间状况，备足床单、枕套、洗脸巾、脚巾、浴巾等干净布草以及香皂、淋浴帽、牙膏、牙刷、火柴、一次性拖鞋、卫生纸、针线包、暖瓶等客用消费品和信纸、信封、圆珠笔等文具和各种说明书，还有洗涤剂、马桶刷、抹布等各种客房及浴室清扫用具，并将所有这些用品按照一定的规律（以方便取用为原则）置于清洁车上的固定位置（参见图 5－1）。最后还要准备好吸尘器准备进房清扫。

以上用品应当一次性准备齐全，否则还得在清扫过程中耽误时间回去取。

六、客房清扫步骤

（一）走客房的清扫

对当天结帐离店客人房间的清扫，就是走客房的清扫。走客房清扫的程序可以用九个字来概括："进"、"撤"、"铺"、"洗"、"抹"、"补"、"吸"、"检"、"登"。具体内容如下：

1．"进"

（1）轻轻敲门三次，每次三下，报称："Housekeeping"。

（2）缓缓地把门推开，把"正在清洁牌"挂于门锁把手上，房门打开着至工作结束为止。打开电灯，检查有无故障。

（3）把小垫毯放在卫生间门口的地毯上，清洁篮（或清洁小桶）放在卫生间云石台面一侧。

（4）把窗帘、窗纱拉开，使室内光线充足，便于清扫。

（5）打开窗户约 5 分钟，让房间空气流通。

2．"撤"

（1）放水冲掉马桶内的污物，接着用清洁剂喷洒"三缸"：面盆、浴缸、马桶。然后，撤走客人用过的"四巾"（面巾、方巾、浴巾、脚巾）。

（2）按次序检查衣柜、组合柜的抽屉，遗留物品应在第一时间交给台班，想方设法尽快交还给客人，并在卫生日报表上做好记录。

（3）用房间垃圾桶收垃圾，如果烟灰缸的烟头还没有熄灭，必须熄灭后方可倒进垃圾桶，以免引起火灾。

(4) 撤掉用过的杯具、加床或餐具。

(5) 清理床铺（见表5－3)。将用过的床单撤走，放入清洁车一端的布草袋里。

表5－3　　　　清理床铺步骤

步　骤	做法与要点
1. 卸下枕套	1. 注意枕套内有无手表、钱包等遗留物品 2. 将枕头放在扶手椅上
2. 揭下毛毯	折叠好放在扶手椅上
3. 揭下床单	1. 床单要一张一张地揭 2. 注意有无夹带客人的物品
4. 撤走用过的床单、枕套	将撤下的床单和脏枕套一起放入清洁车一端的布草袋里

3. "铺"

(1) 按照酒店规定的铺床程序操作（做床方法参见下一节内容)。

(2) 铺好的床应平整、对称、挺括、美观。

4. "洗"

床铺好以后，应该先打扫卫生间，以便留一定的时间，等因铺床而扬起的灰尘落下后，再用抹布除尘。

卫生间是客人最容易挑剔的地方，必须严格按操作规程进行，使之达到规定的卫生标准。清洗前要打开抽风机，戴上手套。

(1) 用清洁剂再次喷洒“三缸”。

(2) 处理纸篓垃圾。将旧剃刀片、碎肥皂、用过的浴液瓶、发液瓶、牙膏等扔进垃圾桶一起倒掉。

(3) 洗烟灰缸、香皂碟。

(3) 洗刷洗手盆，注意洗手盆水龙头上的污迹。

(4) 洗浴缸、浴帘，用淋浴喷头放水冲洗浴缸、墙壁。

(5) 用有标记的毛球洗马桶、厕板和盖板。并要特别注意刷干净坐厕的出水口、入水口、厕内壁和底座等。

(6) 用干抹布抹干烟灰缸、香皂碟，抹面巾纸盒、卫生间灯开关、插座、镜子、云石台、洗手盆及水龙头、面巾架、卷纸架（卫生纸架）、电话、浴帘杆、浴缸上面墙壁、浴缸（内外都要抹及淋浴配件、挂衣钩、卫生间门板等）。

(7) 用另一抹布抹坐厕及其水箱。

(8) 将抹干净的垃圾桶放回原位，将抹干净的烟灰缸摆回原处。

(9) 用专用的抹地布将卫生间的地面抹净。清洁后的卫生间一定要做到整洁干净、干燥、无异味、无脏迹、皂迹和水迹。

5. “抹”

(1) 从门外门铃开始抹起至门框、门的内外，并注意门把手和门后的安全图的抹拭。

(2) 按顺（或逆）时针方向，从上到下，把房间的家具、物品抹一遍，并要注意家具的底部及边角位均要抹到。

服务员在抹尘时，要注意下列事项：

● 注意区别干、湿抹布的使用

如对镜子、灯具、电视机等设备物品应用干布抹拭；家具软面料上的灰尘要用专门的除尘器具；墙纸上的灰尘切忌用湿抹布擦拭。

● 检查房内电器设备

在抹尘的过程中应注意检查电视机、音响、电话、小冰箱、灯泡等电器设备（特别是电视机、灯泡、电话）有否毛病，一经发现立即报修，并做好记录。

● 除过干擦以外，房内设施、设备如有污迹或不光滑，还要借助于抛光剂、洗涤剂等物品对家具进行抛光和洗涤等项工作。

6.“补”

(1) 补充卫生间内的用品，按统一要求整齐摆放。

(2) 面巾纸、卷纸要折角，既美观又方便宾客使用。

(3)“四巾”按规定位置摆放整齐。

(4) 补充房内物品，均需按酒店要求规格摆放整齐。

(5) 补充杯具。

房间物品的补充要根据酒店规定的品种数量及摆放要求补充、补足、放好（参见表5-4：房间客用品配备标准）。注意商标面对客人。

7.“吸”

先把吸尘器电线理顺，插上电源，把吸尘器拿进房间才开机。

(1) 先从窗口吸起（有阳台的房间从阳台吸起）。

(2) 吸地毯时要先逆纹，后顺纹方向推把。

(3) 吸边角位时，有家具阻挡的地方，先移动家具，吸尘后复位。

(4) 吸卫生间地板。要注意转换拖把的功能，使其适宜硬地板，地板有水的地方不能吸，防止漏电和发生意外。吸尘时要注意把藏在地板缝隙里的头发吸走。

8. “检”

检就是自我检查。房间清扫完毕，客房服务员应回顾一下房间，看打扫得是否干净，物品是否齐全，摆放是否符合要求，清洁用品或工具有否留下。最后，还须检查窗帘、窗纱有否拉上，空调开关有否拨到适当位置。

9. “登”

(1) 将房内的灯全部熄灭。

(2) 将房门轻轻关上。取回“正在清洁”牌。

(3) 登记进、离房的时间和做房的内容。

表 5-4　　房间客用品配备标准（标准间）

放置位置		物品名称	数　量
卧室	床头柜	电话立卡	1个
		便笺	5张
		拖鞋	2双
		擦鞋纸	2张
		铅笔	1支
		“请勿卧床吸烟”卡	1份
	写字台上	服务夹	1本
		烟灰缸	1只
		火柴	1盒
	写字台抽屉内	洗衣袋	2只
		洗衣单	2套
		购物袋	2只

(续上表)

放置位置		物品名称	数　量
卧室	服务夹内	饭店介绍	2份
		服务指南	1份
		电话指南	1份
		房内用餐菜单	1份
		航空信封、普通信封	各5只
		大信纸、中信纸	各5张
		明信片	2张（或4张）
		电传、电报、传真纸	各2张
		箱贴	2张
		行李牌	2～4张
		宾客意见书	2份
		针线包	2只
		安全须知	1本
		圆珠笔	1支
	电视机	电视节目单	1份
		遥控器	1只
	茶几	保温瓶	1个
		茶盘	1只
		茶杯	2只
		茶叶	红、绿、花茶
		烟灰缸	1只
		火柴	1合
	小吧台	酒杯	若干
		开瓶器	1只
		调酒棒	2根
		酒篮或酒盘	1只
		小酒吧立卡	1张
		小酒吧帐单	2份
		酒水	若干种
		杯垫	每杯一张
		餐巾纸	若干张
	冰箱	冰水瓶	1只
		水杯	2只
		饮料、食品	若干种

（续上表）

放置位置		物品名称	数　量
卧室	壁橱内	衣架	12只
		鞋篮	1只
		鞋拔	1只
		衣刷	1把
卫生间	洗脸台上	漱口杯	2只
		肥皂碟	1只
		小方巾	2条
		烟灰缸	1只
		牙刷、牙膏	2套
		肥皂	4块（大小各2块）
		浴液	2瓶
		洗发液	2瓶
		浴帽	2只
		梳子	2把
		指甲刀（锉）	2把
		化妆棉签	2盒
		面巾纸	1盒
		剃须刀	2把
	洗脸台下	体重秤	1只
		垃圾桶	1只
	洗脸台旁墙上的毛巾架脸巾	脸巾	2条
	坐便器旁手纸架	手纸	1卷
		卫生袋	2只
	浴缸口沿	脚巾	1条
	毛巾架	小浴巾	2条
		大浴巾	2条

（二）住客房的清扫

住客房与走客房的清洁程序基本相同，但由于住客房是客人仍然使用的房间，所以在清扫时有些地方要引起我们的特别注意。

1．客人在房间时

● 应礼貌地问好，询问客人是否可以清洁房间。

● 操作要轻，不要与客人长谈。

● 若遇到有来访客人，应询问是否继续进行清洁工作。

● 清洁完毕，应询问客人是否有其他吩咐，然后向客人行礼退出房间，轻轻地关上房门。

2．客人中途回房

在清洁工作中，遇到客人回房时，要主动向客人打招呼问好，征求意见是否继续打扫清洁，如未获允许应立即离开，待客人外出后再继续进行清扫。

3．房间电话铃响时

房间电话是客人主要的通讯工具，使用权属于客人，为了避免误会和不必要的麻烦，在清洁过程中，如电话铃响了也不要去接听。

4．损坏客人的物品时

进行住房清扫卫生工作时应该小心谨慎，不要随意移动客人的物品，必要时应轻拿轻放，清扫完毕要放回原位。如万一不小心损坏客人的物品，应如实向主管反映，并主动向客人赔礼道歉，如属贵重物品，应有主管陪同前往，并征求意见，若对方要求赔偿时，应根据具体情况，由客房部出面给予赔偿。

清扫住客房时，还应注意以下事项：

● 客人的文件、书报等不要随便合上，不要移动位置，更不准翻看。

● 除放在垃圾桶里的东西外，其他东西物品不能丢掉。

● 不要触摸客人的手机、手提电脑、钱包以及手表、戒指等贵重物品。但搭在椅子上或乱堆在床上的衣服（包括睡衣、内衣、外套等要替客人用衣架挂好，放进衣橱。

● 查看一下客人是否有待洗衣物。清扫住客房时，要查看一下客人是否有待洗衣物，如有，要仔细审核洗衣单上填写的内容和所交付的衣服，然后将这些衣物装进洗衣袋，放在房门口（或清洁车上）。等待集中起来送交洗衣房清洗。

● 对于长住房，清扫时应注意客人物品的摆放习惯。

● 离开房间时，关门动作要轻。

（三）空房清扫

空房是客人离开酒店后已经清扫过但尚未出租的房间。一般只需抹拭家具，检查各类用品是否齐全即可。如果房间连续几天空房，则要使用吸尘器吸尘，卫生间内的浴缸、洗脸盆和马桶的水要放流一两分钟。最后调节温度，使房间保持适当的室温。

（四）房间小整理服务

房间小整理体现酒店的优质服务，让客人每次外出回到房间都有一个良好的印象。

房间小整理服务的基本内容包括：

(1) 更换卫生间用过的“四巾”、杯具。

(2) 刷洗客人用过的“三缸”。

(3) 清倒垃圾和烟灰缸。

(4) 客人睡过的床铺要按规范重新整理好（但不必更换床单）。

(5) 将家具摆放的位置复原，关好衣柜门，拉好窗帘。

(6) 清检地面杂物（如有污渍立即清洗）。

(7) 耗用过的香皂，应予以更换。

需要指出的是：只有高档酒店和 VIP 房才需这种服务，考虑到服务成本等方面的因素，四星级以下酒店则没必要提供房间小整理服务。很多中低档酒店不考虑酒店实际，盲目提供房间小整理服务，结果不仅增加了员工的工作量和客房成本，还影响了服务质量，引起了客人的投诉（进出房间次数过多，影响客人的工作和休息），可谓“吃力不讨好。”

七、客房清扫时的注意事项

在整理客房时，应注意下列问题：

1. 敲门时，要注意声音大小适中，不可过急，力度过大

有些性急的服务员往往敲一下门进房，还有些往往从门缝里瞅，这些都是不礼貌、没有修养的表现。另外，假如客人在房间，需要问明客人现在是否可以整理房间，征得客人同意后，方可开始做房。

2. 整理房间时，要将房门开着

这样一则方便服务员从工作车上取物。二则可以防止顾客或其他闲杂人员从工作车上顺手牵羊，拿走客房用品。第三，可以接受管理人员的监督。第四，还可以顾及楼层安全。此外，整理房间时，把房门开着，将工作车停在房门口，也不会使客人回来时因发现服务员在自已的房间而感到吃惊或发生误会。

3. 不得在客房内吸烟、吃东西、看报刊杂志（特别是客人的书刊）。

4. 不得使用客房内设施

服务员不得使用房内厕所；不得接听客人电话，也不得使用客房内电话与外界通话。除维修、检查外，不得收听、收看客房内录音机、电视机。

5. 不许躺或坐在床上休息

6. 清理卫生间时，应专备一条脚垫

服务员清理卫生间时，进出频繁，卫生间门前的地毯特别

容易潮湿、沾污、发霉，日久天长，这一部位较之室内其它部位会提前损坏，破坏客房地毯的整体美观。因此，服务员在清扫客房时，应随车带上一小块踏脚垫，工作时，将其铺在卫生间门前，工作后收起带出客房，以保护房内地毯。

7. 清洁客房用的抹布应分开使用

客房清扫使用的抹布必须是专用的：干湿分开；清洁马桶用的抹布与其它抹布分开。根据不同的用途，应选用不同颜色、规格的抹布，以防止抹布的交叉使用。用过后的抹布最好由洗衣房洗涤消毒，以保证清洁的高质量。

8. 注意做好房间检查工作

服务员在做客房卫生时，特别要做好房间的检查工作。除了在抹尘时要检查房内电器设施设备以外，还要检查一下淋浴器、抽水马桶等设施是否好用。发现问题应记入“客房服务员工作日报表”里“备注”一栏。必要时，还要填写“维修通知单”(参见表4-5)。并及时通知工程部进行维修（紧急维修可先用电话报修后再补开报修单)。由客人造成的设施设备的机械损伤，还要由客人负责赔偿。

如果是走客房间，服务员还应检查一下床上、枕头下、桌面上、抽屉里是否有客人的遗留物品。如钱、手表、录音机、戒指、书、衣物等。如果发现有客人遗留的物品，则应在“工作日报表”上注明遗留物品的名称、发现地点以及发现时遗留物品的状况等事项。并立即上交客房部经理室或总服务台（视酒店不同规定而定)。同时由接收遗留物品的有关人员填写客房“遗留物品登记卡”（见表5-5）和一张如表5-6式的卡片，将这张卡片放在遗忘物品上，然后将遗留物品加以妥善保管。

表 5-5　客房遗留物品登记卡

房号________	
发现日期____________________	发现者____________________
物品名称________________	处理或保存场所____________
备注：	

表 5-6　放在遗留物品上的卡片

房号____________________
姓名____________________
日期____________________
发现者__________________
备注

9．不能随便处理房内“垃圾”

清理房内垃圾时，要注意扔掉的瓶、罐必须是空的，而且要确认所扔掉的报纸、杂志一定是客人废弃不用的。否则，不可将这些报纸、杂志随便扔掉或擅自留归己有。有些东西，如一份画报，服务员很难判断到底是客人遗忘在房内的，还是废弃不要的，这时也应上缴或请示楼层领班加以处理。

10．浴帘要通风透气

我们常常发现浴帘易长霉斑点，给人一种不洁之感。即使服务员擦干了清洗后的浴帘，但不可能十分干燥，此时若将浴帘束成条状拢在浴缸尾部，就会造成浴帘产生霉斑点的情况。因此，应适当地展开浴帘，让其通风透气。方法是将浴帘朝浴缸尾部方向较松散地展开（与卫生间门的宽度相当）。

11．电镀部位要完全擦干

在打扫卫生间时，服务员必须要用干抹布（绝不能用湿布）将卫生间洁具上，特别是电镀部位的水迹擦干，否则，电镀部位很快就会失去光泽，甚至留下深色的斑块，严重的还会生锈。

12. 不得将撤换下来的脏布草当抹布使用

清扫卫生间时一定要注意卫生，绝对不能为了方便而把毛巾、脚巾、浴巾或枕巾、床单等撤换下来的脏布草当抹布使用，擦拭浴缸、马桶、洗脸池甚至客房内的水杯。也不能把擦洗浴缸马桶或洗脸池的不同抹布混用。

13. 拖鞋应摆放在床头柜下

国外的酒店一般在客房不提供拖鞋，但国内酒店通常都将拖鞋作为客房低值易耗品为客人提供。有的酒店将其摆放在床前；有的摆放在沙发前；有的摆放在写字台下；还有的则摆放在壁柜里。实际上，将拖鞋摆放在上述地方都不合适，因为，摆放在壁柜里或写字台下不容易被客人发现，失去了摆放的意义；放在床前或茶几（沙发）前，虽然容易被发现，但不雅观。那么，到底应将拖鞋置于何处呢？我们认为，将其放在床头柜下比较合适，既方便客人，也不影响房内整洁。

第四节　酒店做床方法的比较研究

中外酒店做床方法多种多样，而判断一种做床方法好坏的标准，除了做床效果是否美观和方便客人以外，还有一个重要的标准，那就是看这种做床方法能否提高做床的速度，即：是否有效率。科学、高效的做床方法，不仅能够提高服务员做床的速度，节约员工的体能，而且，还可以减少客房经营的人力资源成本，从而提高客房经营利润。我国传统的酒店盲目追求做床方法的“标准化”，而忽视做床的效率，实际上是走入了管理的误区。结果，不仅没有赢得客人的赞扬，反而常常招来客人的不满。

一、“标准”的西式做床方法

这是我国酒店传统的做床方法。如表5－7所示：

表5－7　“标准”的西式做床方法

步　骤	作法和要点
1. 将床拉离床头板	1. 弯腰下蹲，双手将床架稍抬高，然后慢慢拉出。 2. 将床拉离床头板约50厘米。 3. 注意将床垫拉正对齐。
2. 铺垫单（第一张床单）	1. 开单：用左手抓住床单的一头，右手将床单的另一头抛向床面，并提住床单的边缘顺势向右甩开床单。 2. 打单： (1) 将甩开的床单抛向床尾位置。 (2) 将床头方向的床单打开，使床单的正面朝上，中线居中。 (3) 手心向下，抓住床单的一边，两手相距约80～100厘米。 (4) 将床单提起，使空气进到床尾部位，并将床单鼓起。 (5) 在离床面约70厘米高度时，身体稍向前倾，用力打下去。 (6) 当空气将床单尾部推开的时候，利用时机顺势调整，将床单往床头方向拉正，使床单准确地降落在床垫的正确位置上。 3. 包角： (1) 包角从床尾做起，先将床尾下垂部分的床单掖进床垫下面。 (2) 包右角：左手将左侧下垂的床单拉起折角，右手将右角部分床单掖入床垫下面，然后左手将折角往下垂直拉紧包成直角，同时右手将包角下垂的床单掖入床垫下面。 (3) 包左角：方法与右角同，但左右手的动作相反。 (4) 床头两角与床尾两角包法相同。 4. 操作要做到快、巧、准。

（续上表）

步　骤	作法和要点
3．铺盖单（第二张床单）	站在床尾铺盖单与毛毯。铺盖单与铺垫单的方法基本相同，不同的地方是铺好的盖单无须包角，但床头部分的盖单要长出床垫20厘米。
4．铺毛毯	1．将毛毯甩开平铺在盖单上。 2．使毛毯上端与床垫保持平齐。 3．毛毯商标须朝上，并落在床尾位置。
5．掖边包角	1．将长出床垫部分的盖单翻起盖住毛毯，然后，与毛毯一起再向床尾方向打30厘米。 2．从床头起，依次将盖单、毛毯一起塞进床垫和床架之间，床头两角包成直角。 3．掖边包角动作幅度不能太大，勿将床垫移位。 4．边角要紧而平，床面整齐、平坦、美观。
6．放床罩	1．在床尾位置将折叠好的床罩放在床上，注意对齐两角。 2．将多余的床罩反折后在床头定位。
7．套枕头	1．将枕芯平放在床上。 2．两手撑开枕袋口，并往枕芯里套。 3．两手抓住袋口，边提边抖动，使枕芯全部进入枕架里面。 4．将超出枕芯部分的枕袋掖进枕芯里面，把袋口封好。 5．套好的枕头必须四角饱满、平整，且枕芯不外露。
8．放枕头	1．两个枕头放置居中。 2．下面的枕头应压住床罩约15厘米。 3．放好的枕头，床侧两边均匀。
9．打枕线	1．把反折的床罩盖上枕头，床罩的边缘与枕头平齐。 2．把多余的床罩压在两枕头的中间，并进行加工整理。 3．起枕线。
10．将床复位	1．弯腰将做好的床缓缓推进床头板下，但要注意勿用力过猛。 2．看一遍床铺铺得是否整齐美观，对做得不够的地方，进行最后整理，务必使整张床面挺括、美观。

我国酒店基本上都采用这种做床方法。而在这种做床方法中，不同地区、不同酒店又有很多差异：有的要求从床头开始做，有的则要求从床尾开始做；有的要求盖单（第二条床单）要超出床头 10 厘米，有的则要求超出 5 厘米；有的要求毛毯的顶端要与床头平齐，有的则要求距床头 25 厘米（还有的要求距床头 30 厘米）；有的要求将毛毯顶端反折，有的则不允许将毛毯反折（只要求将第二张床单反折包住毛毯顶端即可）；有的要求包角成 45℃，有的则要包成 90℃；有的要求包角后，缝朝床头（床尾）方向，有的则要求缝朝床的两侧……

那么，到底哪一种做床方法才算正确呢？

二、科学的做床方法

科学的做床方法应该符合下列原则：

1. 美观整洁：即做好的床在视觉上，应有美观、整洁的外观。

2. 方便舒适：客人入睡时方便，入睡后舒适。

3. 高效快捷：服务员做床时，高效快捷。

尽管前面所介绍的西式做床方法基本上都能满足美观整洁的要求，但关键是是否方便客人，是否快捷高效？有鉴于此，科学的做床方法应该是：

● 从床尾做起，而非从床头做起

我国北方的酒店大都要求服务员从床尾做起，而南方，特别是广东地区的酒店则大都要求服务员从床头做起。我们主张从床尾做起，这样可以节约时间。因为服务员做床时要先将床拉出，这时，服务员处于床尾位置，没有必要走到床头位置去铺第一张床单（那样显然要浪费很多时间）。

● 毛毯与盖单应一同回折，盖单应超出床头20厘米

西式铺床，有的是将毛毯直接铺在距床头约30cm处，再回折盖单包住毛毯边缘。这样，客人入睡前必须要进行一番奋力向上拉扯，毛毯方可盖住肩膀。如果我们先将毛毯铺得与床头平齐，然后将盖单（超出毛毯20cm）反折盖住毛毯，再与盖单一同回折约30cm，那么在客人入睡时，只需将反折部分轻松翻起，即可盖住肩膀，给客人更多一些舒适与方便。这种铺法不仅可以给客人带来方便，满足客人的需求，而且也可以减轻因毛毯太长而引起的床尾包角的困难，同时，也可以防止因客人经常拉扯毛毯而造成的对毛毯的损坏，延长毛毯的使用年限。

● 包角后形成的“缝”，要朝向床头（或床尾）

包角后的“缝”朝何方，本无所谓，但不同的朝向会影响做床的速度，因此也就“有所谓”。如果要求缝朝向床的两侧，那么，要包好床的一端（含两个角），至少需要4个动作（每一个角需要2个动作：先掖进床侧部分，后掖床尾部分）。而如果要求缝朝床尾或床头方向，则只需要3个动作就可完成床一端的两个角（先抬起床的一端，并用双手顺势将床头或床尾部分的床单和毛毯掖进；然后用一只手将床的一角稍微抬起，另一只手臂将床侧垂下部分打进；再用同样的方法包好另一只角。总共3个动作）。

总之，用科学的方法做床，不仅可以使客人满意，而且可以节省体力，节约劳动时间，提高劳动效率，并最终节约客房部劳动成本。因而，是客房管理人员应该重视的问题。

三、一种高效、快捷的做床方法

众所周知，国外酒店客房清扫员每天的劳动定额通常为

14～16 间客房，而国内酒店客房服务员通常只能打扫 10～12 间客房，有的甚至打扫 8 间客房就开始叫苦不迭，之所以如此，除了服务员的体力、劳动熟练程度和技能技巧以外，一个很重要的原因就是做床方法的不同。

对于国内大部分酒店来说，其做床方法的共同点在于：

1）站在床尾，将床拉出距离床头板约 0.5 米；

2）服务员在床头或床尾甩好第一张床单（南方酒店的服务员多站在床头，而内地服务员则多站在床尾）；

3）将第一张床单的角包好；

4）甩第二张床单；

5）铺毛毯；

6）将第二张床单和毛毯的“四角”包好；

7）铺上床罩；

8）放好枕头；

9）用床罩盖住枕头并折缝。

这样做下来，服务员要做好一张床，得绕床转好几圈。而国外酒店做床方法就要简单多了。根据权威的美国“饭店与汽车旅馆协会”（American Hotel & Motel Association）推荐的客房服务员做床方法，服务员只要绕床一圈，就可完成做床的所有步骤。(参见图 5－5)

具体方法如下：

1）站在床的左侧，铺好床单；

2）将床单左上角包好；

3）将床单左下角包好；

4）站在同一位置铺好被单；

5）铺毛毯；

6）将被单反转包住毛毯头部；

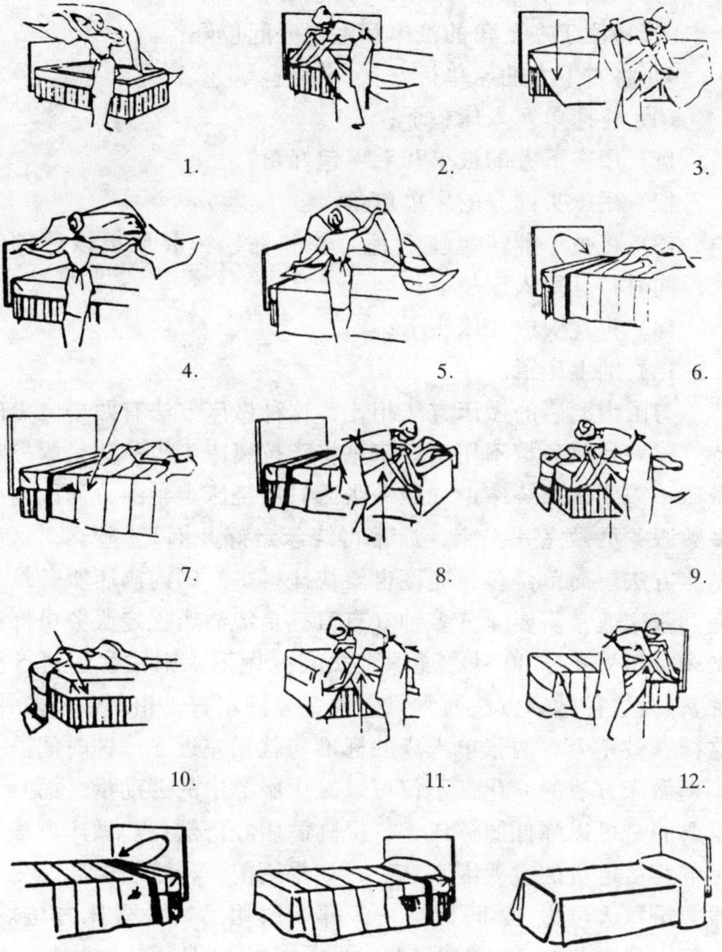

图 5-5　美国“饭店与汽车旅馆协会”推荐的做床方法

（根据《正确的服务员》所示铺床分解动作）

7）将被单和毛毯的床头部分包好；

8）将位于左下角的被单和毛毯一起包好；

9）将右下方的床单折好；

10）将床单塞入床垫下；

11）用右下方的被单和毛毯包好角；

12）用床头部分的床单包角；

13）将被单翻转包住毛毯，并和毛毯一起反折以保护毛毯，同时将其塞入床垫下；

14）将枕头放在床头下；

15）铺上床罩。

与国内酒店的做床方法相比，这种做床方法有两个突出的特点：一是服务员不用站在床尾将床拉离床头板；二是服务员做床不需要来回绕床走（做一张床只需绕床走半圈，而国内大多数服务员做完一张床，通常得绕床走好几圈）。显然，这种做床方法要简单得多，速度也要快捷得多。国内酒店服务员做完一张床通常需要 4 分多钟（有家三星级酒店规定服务员标准做床时间为 4 分 30 秒，而服务员实际做下来则往往超过 5 分钟），而这种做床方法通常只需要 2 分钟左右，相差 2 分多钟，这样，做一个有两张单人床的标准房就相差近 5 分钟时间。

做床方法的简化，不仅可以减少服务中的劳动量，而且更重要的是可以降低服务成本，提高酒店经济效益。做床方法是影响客房定员的重要因素之一，如果用前一种方法做床，一个服务员每天可做 12 间标准房，那么改用后一种做床方法后，每间房就可节约 5 分钟时间，这样 12 间房即可节约整整一个小时。在这一小时内，服务员至少又可做完 2 间房。因此，改用新的做床方法后，服务员每天至少可做 14 间客房。在此，我们不妨计算一下一家有 1000 间客房的酒店，客房部分别采用传统的做床方法和新的做床方法所需要的劳动力定员，以及如果采用新的做床方法，酒店可节约的劳动力成本：

如前所述，假定员工的有效开工率为66%，那么：

如果采用传统的做床方法，则

该酒店需雇用日班客房清扫服务员人数$=\frac{1000}{12}\div 66\%\approx$126（人）

如果采用新的做床方法，则

该酒店需雇用日班客房清扫服务员人数$=\frac{1000}{14}\div 66\%\approx$108（人）

因此，酒店采用新的做床方法即可少用18人。假定每个服务员的劳动力成本（包括工资、奖金、保险及各种福利等）为2000元，则酒店每月仅此一项即可节约近4万元，一年下来，即可节约40余万元。

也许有人会认为这种方法虽说简单，但铺床的效果不一定好。实际上，用这种方法做出来的床同样棱角分明、平整美观，整体效果并不逊色。而且，酒店管理者应当清楚，在外国人眼里，我国酒店存在的主要问题是卫生问题，客人对酒店最在乎的也是卫生问题，常常听到客人投诉酒店的“地毯弄脏了客人的袜子”、“枕头上、浴缸边、毛发到处可见”，而从未听说过哪个客人投诉床铺得棱角不够分明或是床单中折线没有对齐，相反倒是有客人“投诉”床铺得太整齐严实了，睡觉不方便，管理者难道不应从中悟出什么道理吗？

总而言之，酒店的一切服务和管理活动都要考虑客人的实际需要和酒店的服务成本。那些即“劳民”、又“伤财”，还得不到客人好评的“花架子”，或客人并不在乎其有无的服务项目、内容或程序应当予以取消或加以改革。

第五节　做夜床服务

做夜床也叫开床服务，英文称为“Second Service”或“Turn－down Service”。

做夜床体现酒店为住店客人所提供的热情、周到、细致的服务和无微不至的关怀。按照国家旅游局涉外星级饭店评定的有关标准，只有三星级及其以上饭店才向宾客提供这项服务。

做夜床一般在客人吃晚饭时进行（通常在18:00－20:00之间）。主要是在客人入睡前替客人掀掉床罩，拉开毛毯一角以方便客人入睡，并以这种形式向客人道晚安，以示饭店对客人的关怀。

做夜床时，如遇到客人在房间，应征询客人意见。如果客人不需要，要在报表上记录。挂有DND（请勿打扰）牌的房间，不要骚扰客人，可从门下塞进一个“夜床服务卡”，待客人提出要求时再马上替客人整理。

做夜床服务主要包括三项工作：房间的整理、开夜床、卫生间的整理。

一、房间的整理

（1）拿报纸和热水瓶进房，报纸整齐摆放于文具夹旁边，把热水瓶和用过的茶杯、水杯撤出，并给予补充。

（2）倒烟灰缸、倒纸篓。

（3）将客人散置的衣服整理好或挂好。

（4）用抹布将房间柜面的污渍、水渍抹干净，将家具、物品摆整齐（尽量放回原位）。

（5）如有加床，要注意为加床客人补足毛巾、肥皂等用品。

（6）查看热水瓶是否需要再加热水。

二、开床

（1）揭床罩。将床上的床罩揭掉、叠好、放进衣橱或行李架上。

（2）拉开毛毯及盖单靠近床头的一角，成30°。

开角时要注意，如是一张单人床，则开不靠浴室的一侧；如是一张有两人使用的双人床，则左右两侧都要叠角；如是两张单人床，只有一人使用时，开邻近浴室的一张，开的方向与只有一张单人床时相同，如果有两人使用，则两张床对开（都开靠近床头柜的一侧）。参见图5-6。

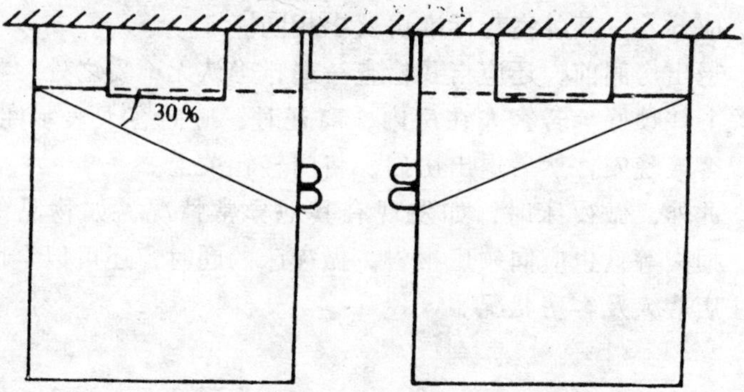

图5-6 开夜床

开床时要注意床铺平整美观，枕头摆放整齐，发现床单有污点或破损时要及时更换。

(3) 将拖鞋放在规定的地方。

(4) 将祝"晚安"（Good Night）的鲜花、糖果或祝辞放在枕头上或床头柜上。另外，在花旁还可放置一张次日早餐菜单和饭店主要活动项目，欢迎客人光临。

(5) 拉上窗帘，关上衣柜门。

三、卫生间的整理

(1) 将客人使用过的"三缸"用布抹干净，遇到较脏的应重新擦洗。

(2) 将客人使用过的"四巾"、杯具更换，VIP 宾客用过的香皂要更换，补充物品，并按规定放整齐。

(3) 清倒垃圾，抹干地板，放好脚垫巾。

(4) 关灯，卫生间门半掩。

(5) 除夜灯、廊灯外，其余灯应全部关上。如是套房，客厅灯应开着，其卧室与标准房要求相同。

退出房间前，还应自我检查一遍，确认无不妥之处，将房门关上并锁好。若客人在房内，离开时，应向客人表示谢意，并祝客人晚安，然后退出房门，将门轻轻关上。

此外，做夜床时，如发现有其他异常情况，如物品的损坏、损失等，也应向领班报告，做夜床的同时，还可以全面核实住店客人及客房状况。

第六节　客房的计划卫生

客房的计划卫生是指在日常客房清洁的基础上，拟定一个周期性清洁计划，针对客房中平时不易或不必进行清洁的项目，采取定期循环的方式做彻底的清洁保养工作的客房卫生管理制度。

客房服务员每天的清洁整理工作的工作量一般都比较大。例如，一个卫生班的服务员平均每天要负责14～16间客房的清扫工作，到了旅游旺季，甚至更多，所以对客房的某些部位，如通风口、排气扇、天花板、门窗玻璃、窗帘、床罩等，不可能每天清扫或彻底清洁（有些项目也没有必要每天进行，如地毯的清洗等）。为了坚持清洁卫生的质量标准，使客人不仅对客房那些易接触部位的卫生感到满意，而且要对客房的每一处卫生都放心，同时又不致造成人力浪费或时间的紧张，客房部必须通过定期对清洁卫生的死角或容易忽视的部位进行彻底的清扫整理，以保证客房内外环境的卫生质量。

一、计划卫生的项目和清洁周期

针对不同的项目，客房的计划卫生应按不同的时间周期进行。

下面是某酒店楼层计划卫生项目及清洁周期安排（见表5－8）。

表5－8　　楼层计划卫生项目及清洁周期安排

每　天	3　天	5　天
1. 清洁地毯、墙纸污迹 2. 清洁冰箱，扫灯罩尘 3.（空房）放水	1. 地漏喷药（长住逢五） 2. 用玻璃清洁剂清洁阳台，房间和卫生间镜子 3. 用鸡毛掸清洁壁画	1. 清洁卫生间抽风机（味）机罩 2. 清洁（水洗）吸尘机真空器保护罩 3. 职工卫生间虹吸水箱、磨洗地面

(续上表)

10　天	15　天	20　天
1. 空房马桶水箱虹吸 2. 清洁走廊出风口 3. 清洁卫生间抽风主机网	1. 清洁热水器、洗杯机 2. 冰箱除霜 3. 酒精球清洁电话 4. 清洁空调出风口、百叶窗	1. 清洁房间回风过滤网 2. 用 BRASSC 擦铜水擦铜家具、烟灰筒、房间指示牌
25　天	**30　天**	**一季度**
1. 清洁制冰机 2. 清洁阳台地板和阳台内侧喷塑面 3. 墙纸吸尘、遮光帘吸尘	1. 翻床垫 2. 抹拭消防水龙带和喷水枪及胶管 3. 清洁被套（十二月至次年三月，每十五天洗一次，四月至十一月一季度洗一次）	1. 干洗地毯、沙发、床头板 2. 干（湿）洗毛毯 3. 吸尘机加油（保养班负责完成）
半　年	**一　年**	
清洁窗纱、灯罩、床罩△保护垫△	1. 清洁遮光布△ 2. 红木家具打蜡 3. 湿洗地毯（2. 3 项由保养班负责完成）	注：有△项目由财产主管具体计划，组织财管班完成，注意与楼层主管在实际工作中协调

二、计划卫生的组织

客房的计划卫生通常有三种组织方式：

1. 要求客房清洁工每天大扫除一间客房。

例如，要求客房清洁工在她所负责的 14 间客房中，每天彻底大扫除 1 间客房，14 天即可对她所负责的所有客房作一次计划卫生。

2. 规定每天对客房的某一部位或区域进行彻底的大扫除。

除日常的清扫整理工作外，可规定客房清洁工每天对客房的某一部位进行彻底清洁。这样，经过若干天对不同部位和区域的彻底清扫，也可以完成全部房间的大扫除。其日程安排可参考表5-9。

表5-9　　　　　　客房计划卫生安排表

星期	一	二	三	四	五	六
项目	门窗玻璃	墙角	天花板	阳台	卫生间	其它

3. 季节性大扫除或年度大扫除。

即集中在淡季对所有客房分楼层进行全面大扫除，一个楼层通常要进行一个星期，必要时，可请前厅部对该楼层实行封房，并与工程部联系，请维修人员利用此时对设备进行定期的检查和维修保养。

在实践中，以上三种计划卫生的组织方式可配合使用。

三、计划卫生的管理

（一）计划卫生的安排

客房管理人员可将客房的周期性清洁卫生计划表贴在楼层工作间的告示栏内或门背后。也可由楼层领班在服务员做房报告表上每天写上计划卫生的项目，督促服务员完成当天的计划卫生任务。

（二）计划卫生的检查

服务员每完成一个项目或房间后即填上完成的日期和本人的签名。参见表5-10。

表 5-10　　客房周期清洁表

姓名、日期 项目 房号	地毯	墙面	卫生间	家具	窗户	小酒吧			备注

领班等根据此表予以检查，以保证计划的落实和卫生质量。

(三) 计划卫生的安全问题

客房的计划卫生中，有不少是需要高空作业的，如通风口、玻璃窗、天花板等。因此，在做计划卫生时，一定要要求和提醒员工特别注意安全，防止出现各种工伤事故。清扫天花板、墙角、通风口、窗帘盒或其他高处物体时，要用脚手架或使用凳子；站在窗台上擦外层玻璃要系好安全带……。

此外，在做计划卫生时，还应注意选择合适的清洁剂和清洁工具，以便提高工作效率，确保清洁卫生质量，同时，防止因清洁剂和清洁工具的选择和使用不当而损坏家具设备。

第七节　客房清洁质量的控制

如前所述，客房部的首要任务是生产干净、卫生、舒适的客房，旅游者（顾客）对酒店产品的需求主要表现在食、宿两个方面，无论是食还是宿，他们都有很高的卫生要求，从心理学的角度来看，整洁、卫生的酒店客房可以给客人一种安全感和舒服感，因此，搞好卫生管理对于提高客房产品质量、满足客人需要具有头等重要的意义。

搞好客房清洁质量的控制要从以下几个方面入手：

一、强化员工的卫生意识

搞好卫生管理，首先要求服务员及管理人员要有卫生意识，对于卫生工作的重要性要有足够的认识，为此必须经常强调、考核。此外，还要求管理人员及服务人员注意个人卫生，可以想象一位不修边幅，不洗衬衣的领班要求服务员搞好卫生，只能成为天方夜谭，同样，对于一位不勤剪指甲常洗澡的服务员来说，要他搞好客房卫生，也是不可能的。

其次，强化员工的卫生意识还要求客房员工要对涉外星级酒店的卫生标准有足够的认识，不能以自己日常的卫生标准作为酒店的卫生标准，酒店的卫生标准要与国际标准接轨，否则，很可能将国际旅游者正常的卫生要求视为“洁癖”。

二、制定卫生工作的操作程序和卫生标准

要搞好客房卫生，还应制订一些服务规程、操作程序和卫生标准，这是确保客房清洁卫生的基础，也是对客房清扫员的

工作进行考核、监督的依据。

在制定操作程序和卫生标准时，要注意体现两个原则：一是要依据酒店的档次确定。酒店的档次不同，其清扫标准和服务规格应当有所区别。二是“双方便”原则，即：方便客人和方便操作。

三、严格检查制度

酒店应建立完善的客房检查体系，应严格检查制度，这是搞好客房卫生，确保客房产品质量的关键。

（一）建立客房的逐级检查制度

检查客房又称查房，客房的逐级检查制度主要是指对客房的清洁卫生质量检查实行领班、主管及部门经理三级责任制，也包括服务员的自查和上级的抽查。实行严格的逐级检查制度，是确保清洁质量的有效方法。

1. 服务员自查

要求服务员每整理完一间客房，要对客房的清洁卫生状况、物品的摆放和设备家具是否需要维修等进行检查。通过服务员自查不仅可以提高客房的合格率，还可以加强服务员的责任心和检查意识，同时，减轻领班查房的工作量。

不过，服务员自查的重点是客房设施设备是否好用、正常？客用品是否按规定的标准、数量摆放？自查的方式是边擦拭灰尘边检查。此外，在清扫完房间，准备关门前，还应对整个房间进行一次回顾式检查。

2. 领班普查

领班检查是服务员自查之后的第一关，常常也是最后一道关。因为领班负责 OK 房的报告，总台据此就可以将该客房向客人出租，客房部必须加强领班的监督职能，让其从事专职的客房某楼面的检查和协调工作。有的酒店既让楼层领班担负客房清扫的检查工作，又给规定一定数量的客房清扫任务，这是不合理、不科学的（个别情况，如用房紧张或人手不够时，领班帮忙清扫客房则另当别论），会影响其检查职能的发挥。

（1）领班查房的作用

领班查房不仅可以拾遗补漏，控制客房卫生质量，确保每间客房都属于可供出租的合格产品，还可以起到现场监督作用和对服务员（特别是新员工）的在职培训作用。

领班查房时，对服务员清扫客房的漏项、错误和卫生不达标情况，应出返工单，令其返工。

（2）领班查房的数量

领班查房数量因酒店建筑结构（每层楼客房数的多少）、客房检查项目的多少以及酒店规定的领班职责的多少的不同而有所不同。一般而言，日班领班应负责约 80 个房间左右的工作区域的房间检查工作（负责带 5~7 个服务员）。而夜班领班的查房数量一般为日班领班数量的两倍，要负责约 160 间客房的工作区域。需要说明的是，上述工作量标准基本上是满负荷的，比较偏大，酒店对领班的工作定额一般不应超过上述标准。

日班领班原则上应对其所负责的全部房间进行普查，但对优秀员工所负责清扫的房间可以只进行抽查，甚至“免检”，以示鞭策、鼓励和信任。

（3）领班查房的顺序

一般情况下，领班查房时应按环形路线顺序查房，发现问题及时记录和解决。但对下列房间应优先检查：

1）首先检查那些已列入预订出租的房间；

2）尽快对每一间整理完毕的走人房进行检查，合格后尽快向总台报告；

3）检查每一间空房和 VIP 房；

4）检查维修房，了解维修进度和家具设备状况；

5）检查每一间外宿房并报告总台。

3. 主管抽查

楼层主管是客房清洁卫生任务的主要指挥者。加强服务现场的督导和检查，是楼层主管的主要职责之一。

主管检查的方式是抽查。抽查的好处在于这种检查事先并未通知，是一种突然袭击，所以检查的结果往往比较真实。

主管抽查的意义在于：

- 检查督促领班工作，促使领班扎扎实实地做好工作。
- 进一步保证客房卫生质量。
- 确保客房部经理管理方案的落实。
- 为客房部管理收集信息。

楼层主管对客房清洁卫生质量进行抽查的数量一般可控制在 20 个房间左右。

(1) 检查的内容

主管主要检查领班实际完成的查房数量和质量，抽查领班查过的房间，以观察其是否贯彻了上级的管理意图、以及领班掌握检查标准和项目的宽严尺度是否得当。主管在抽查客房卫生的同时，还应对客房楼层公共区域的清洁状况、员工的劳动纪律、礼节礼貌、服务规范等进行检查，确保所管辖区域的正常运转。

(2) 检查的重点

主管检查的重点是：

- 检查每一间 VIP 房；
- 检查每一间维修房，促使其尽快投入使用。

● 抽查长住房、住人房和计划卫生的大清洁房。

4．经理抽查

楼层清洁卫生工作是客房部工作的主体。客房部经理也应拿出1/2以上时间到楼面巡视和抽查客房的清洁卫生质量。这对于掌握员工的工作状况，改进管理方法，修订操作标准，更多地了解客人意见，具有十分重要的意义。

经理抽查房间应每天保持一定的数量，应特别注意对VIP客房的检查。

客房的逐级检查制度应一级比一级严，所以，经理的查房要高标准，严要求，亦即被称为“白手套”式的检查。经理的检查宜不定期不定时，检查的重点是房间清洁卫生的整体效果、服务员工作的整体水平如何，以及是否体现了自己的管理意图。

5．总经理抽查

酒店总经理要控制客房的卫生和服务质量，也必须充分运用检查这一手段。检查的方式为不定期、不定时，或亲自抽查，或委派大堂副理或值班经理代表自己进行抽查，以获得客房部管理水平和服务质量信息，激励客房部经理的工作。

除过上述方式以外，酒店还可以组织其他方式的检查，包括：

(1) 定期检查

定期检查是一种有计划的公开检查，一般事先有布置，有明确的检查时间和检查内容。目的是制造声势，创造气氛，促进工作。饭店对客房的定期检查，一般采取由总经理办公室主任、质检部经理、工程部经理、客房部经理、前厅部经理及大堂副理组成检查小组，由总经理或住店经理带领，每月定期对客房清洁卫生进行检查，或选择重要任务来临前进行检查。

(2) 邀请第三者检查

可聘请店外专家、同行、住店客人等，检查客房的清洁卫生质量乃至整个饭店的服务质量。这种检查看问题比较客观，能发现一些酒店管理者自己不易觉察的问题，有利于找到问题的症结。

(二) 客房检查的内容和标准

检查房间时，除了检查房间整理、擦洗是否干净、合乎要求，用品配备是否齐全等卫生情况以外，还要检查客房设施设备及各类机器的完好情况，具体检查项目和内容如下：

表 5-11　　客房检查的内容和标准

项目	内容和标准
(一) 卧室	
门	是否擦洗干净，把手上有无污迹； 门转动是否灵活，有无吱呀声； 房间号码是否清楚，窥镜、安全链是否好用、安全； 门锁后是否挂有“请勿打扰”（请速打扫）牌； 门后磁吸是否起作用。
壁柜	有无灰尘，衣架及衣架杆是否有积尘； 门轨有无损坏，柜门是否好开； 衣架、衣刷、鞋刷以及洗衣袋、洗衣清单是否配备齐全； 柜内的自动开关电灯是否正常。
天花板	有无蜘蛛网； 有无裂纹和小水泡（如有说明天花板漏水，应及时报修）。
墙壁	墙纸有无不洁或脱落之处； 墙上挂的画是否摆正，有无灰尘。
窗户	窗框、窗台有无灰尘，窗玻璃是否已擦干净； 窗帘有无破损，是否干净，窗帘轨、钩是否完好。

(续上表)

项目	内容和标准
灯	天花板灯、台灯及壁灯等灯具有无落灰； 开关是否完好。
空调	运转是否正常； 开关上有无污迹。
床	床铺得是否匀称、平展； 床罩、床单、毛毯、枕套、床头板及床架是否干净； 床脚是否稳固。
床头柜	有无灰尘； 音响、灯光以及电视等的开关是否灵用； 叫醒钟是否准时，电话机是否正常、干净； 台面上有无放置禁止在床上吸烟的卡片“Please refrain from smoking in bed”
茶几	茶几部位是否擦净，烟灰缸有无清洁； 火柴、茶叶有无配备，茶杯是否干净、足数； 冷热水有无备好。
写字台	桌椅及沙发各部位有无灰尘，抽屉内外是否干净； 文件夹内的欢迎词、征求意见表、电报纸、饭店简介、疏散图、明信片、信封、信纸、圆珠笔等是否配齐； 电话号码簿以及电视节目单等是否按规定放置。
电视机	荧光屏、外壳及电视机架是否干净； 音响是否良好，图像是否清晰、稳定。
电冰箱	内外是否干净，工作是否正常； 饮料是否按规定配齐，是否已备好饮料签单及开瓶器。
行李架	是否干净、稳固。
垃圾桶	垃圾有无处理，桶内外是否已清洗干净。

（续上表）

项目	内容和标准
地毯	是否干净，有无污迹或破损。
（二）卫生间	
门	门锁是否清洁，正常。
灯	天花板灯、镜灯有无落灰； 开关、插头是否灵用，有无损坏。
地板	是否清洁，有无打蜡。
墙壁	瓷砖是否干净，有无破损。
浴缸	缸内是否擦洗干净，有无污迹或毛发； 冷、热水龙头及浴缸放水用塞子是否正常（由服务员检查）。
淋浴帘	是否干净，有无异味； 杆、钩是否好用。
毛巾架	是否牢固、干净。
抽水马桶	有无消毒、有无封条、有无异味； 马桶盖、坐圈及桶内外是否刷洗干净。
垃圾桶	垃圾有无处理，桶内外是否已清洗干净。
洗面池	内、外侧有无污迹、水珠。
化妆台	台面有无落灰，镜面有无污迹或水珠。
排风口	是否干净。
用品配备	手巾、脸巾、脚巾、浴巾、洗澡巾、香皂、卫生纸、卫生帽、浴帽、牙刷、牙膏、漱口杯、刀片盒等卫生用品是否配备齐全，并按规定位置放置。

以上是房间检查时的内容和项目。特别对于楼层领班而

言，一定要严格检查制度，把好卫生工作的最后一关，卫生不合格的客房要重做，对此，不能心慈手软，“下不为例”。

第八节　公共区域的清洁保养

除了客房以外，客房部还要负责酒店所有公共区域的清洁卫生工作。公共区域清洁卫生工作的好坏，常常是客人评价一家酒店服务质量和酒店水准的一个重要因素，特别是公共洗手间，是反映酒店卫生状况的一面镜子，常常是一些专家评价一家酒店卫生状况和档次的重要指标。“要了解一家酒店的卫生状况和档次，看它的公共洗手间就行了！”

酒店公共区域的清洁卫生工作通常由客房部的公卫班组负责，这样组织的好处在于能够使清扫工作专业化，提高劳动效率和工作质量。

为了保持公共区域的清洁卫生，这项工作有时每天要进行数次，如厕所的冲洗、大堂的保洁以及烟灰缸的清洁、家具的复位等。

一、公共区域的范围

凡是酒店内公众共同享有的活动区域通称为公共区域。

酒店的公共区域可划分为室内部分和室外部分。室外公共区域是指酒店的外围区域，包括酒店的外墙、花园、前后大门等。室内公共区域又划为前台区域和后台区域两部分。

其中，前台部分通常指专供宾客活动的场所。如，大堂（Lobby）、总服务台（General Service Desk）、电梯（Elevator）、楼梯（Stair－way）、休息室（Lounge）、康乐中心（Entertainment Centre)、游泳池（Swimming pool)、餐厅（不包括厨房）(Dining Room)、会议室（Meeting Room)、舞厅（Ball Room)、公共洗手间（W.C）等。后台部分通常指为酒店员工设计的生活区域。如员工休息室、员工更衣室、员工餐厅、员工娱乐室、员工公寓等。

二、公共区域清洁卫生工作的特点

首先，由于公共区域涉及的范围相当广，因此，其清洁卫生的优劣对酒店影响非常大。

其次，公共区域的客流量非常大，客人活动频繁，这就给公共区域的清扫工作带来不便和困难。为了便于清洁，同时尽量减少对客人干扰，公共区域的清洁卫生工作应尽量安排在没有客人或客人活动较少的时间段进行。

最后，公共区域的清洁工作繁琐复杂，工作时间不固定，人员分散，因此，造成其清洁卫生质量不易控制。这就要求公共区域服务员在日常工作中必须具在强烈的责任心，同时，管理人员要加强巡视和督促。

三、公共区域清洁保养的内容

（一）大堂的清洁

大堂是酒店客人来往最多的地方，是饭店的门面，往往会给客人留下第一印象。因此，这里的卫生工作显得非常重要。

大堂的清洁卫生工作主要在清晨或深夜进行，白天进行维护和保持。

1. 大堂地面的清洁

（1）每天晚上应对大堂地面进行彻底清扫或抛光，并按计划定期打蜡。打蜡时应注意分区进行，打蜡区域应有标示牌，以防客人滑倒。

(2) 白天用油拖把循环迂回拖擦，维护地面清洁，保持光亮。拖擦地面时应按一定的路线进行，不得遗漏。每到一个方向的尽头时，应将附着在拖把上的灰尘抖干净再继续拖擦。

(3) 操作过程中应根据实际情况，适当避开客人或客人聚集区，待客人散开后，再进行补拖。遇到客人，要请客人原谅，说声“对不起”(Excuse me)。

(4) 客人进出频繁的门口、梯口等容易脏的地面要重点拖，并适时增加拖擦次数，确保整个地面的清洁。

(5) 如在拖擦过程中遇有纸屑杂物，应将其堆在角落集中，然后用清扫工具将其收集起来妥当处理。

(6) 遇有雨雪天气，要在大堂入口处放置伞架和脚垫，并树立防滑告示牌，同时注意增加拖擦次数，以防客人滑倒。此外，还要根据实际情况，适时更换脚踏垫。

2. 扶梯、电梯清洁

对大堂扶梯、电梯的清洁保养主要在夜间进行，白天只对其进行清洁维护，保持干净整洁。

(1) 夜间对大堂内扶梯和电梯进行彻底清洁，如有观景电梯则应特别注意其玻璃厢的清洁，确保其光亮无指印、无污迹。

(2) 夜间应注意更换电梯内的星期地毯，并对地毯或梯内地面进行彻底清洁。

(3) 擦亮扶梯扶手、挡杆玻璃护挡，使其无尘、无手指印，如不是自动扶梯，还应对楼梯台阶上的地毯铜条进行擦抹，并使用铜油将其擦亮。

3. 大堂家具清洁

(1) 夜间对大堂内所有家具、台面、烟具、灯具、标牌等进行清洁打扫，使之无尘无污渍，保持光亮，并对公用电话进行消毒、擦净，使之无异味。

(2) 白天对家具等进行循环擦抹，确保干净无灰尘。

(3) 及时倾倒并擦净立式烟筒，烟缸内的烟蒂不得超过2个。更换烟缸时，应先将干净的烟缸盖在脏的上面一起撤下，然后换上干净烟缸。

(4) 随时注意茶几、地面上的纸屑杂物，一经发现，应及时清理。

4．铜器上光

除了对大堂的上述区域和设施进行清洁以外，还应对大堂等公共区域的铜器进行上光保养。

上光时，可准备好两块干净的软抹布及适量铜油，先用一块抹布抹去铜器上的灰尘和手印，然后将铜油滴在另外一块抹布上，接着用沾有铜油的抹布轻轻地在铜器上反复擦拭，直至擦到又黄又光亮即可。

(二) 酒店门庭清洁

(1) 夜间对饭店大门口庭院进行清扫冲洗，遇有雨雪天气，应适时增加冲洗次数。

(2) 夜间对停车场或地下停车场进行彻底清扫，对油迹、脏渍应及时清洁，并注意定期重新划清停车线及检查路标的清洁状况。

(3) 夜间对门口之标牌、墙面、门窗及台阶进行全面清洁、擦洗，使其始终以光洁明亮的面貌迎接客人。

(4) 白天对玻璃门窗的浮灰、指印和污渍进行抹擦，尤其是大门玻璃的清洁应经常进行。

(三) 公共洗手间的清扫和服务程序

1．公共洗手间的清扫程序

(1) 按顺序擦净面盆、水龙头、台面、镜面，并擦亮所有金属镀件。

(2) 用清洁剂清洁马桶及便池。

(3) 擦座厕内的门、窗、隔档及瓷砖墙面。

(4) 拖净地面，保持无水渍、无脏印。

(5) 喷洒适量空气清新剂，保持室内清新，无异味。

(6) 洗手台上摆放鲜花。

(7) 按要求配备好卷筒纸、卫生袋、香皂、擦手纸、衣刷等用品。

(8) 检查皂液器，自动烘手器等设备的完好状况。

2. 公共洗手间的服务程序

(1) 见客人进门，应微笑问好。

(2) 为客人指引无人的厕位，帮客人拉门。

(3) 客人洗手前，先开好水龙头，试一下水温，左手托小毛巾，请客人洗手。

(4) 客人洗完手后用毛巾夹递上小毛巾或擦手纸，请客人擦手。

(5) 关闭水龙头。

(6) 视情况和需要为客人刷衣服。

(7) 礼貌送客，为客人拉门微笑道别。

(四) 餐厅、酒吧、宴会厅的清洁

餐厅、酒吧和宴会厅是客人饮食场所，因此，卫生工作尤为重要。

餐厅的清洁工作主要是在餐厅营业结束后，做好对地毯的吸尘和对家具、电话等的擦拭、除尘工作，对于地毯上的污迹应及时予以清洁。

对于宴会厅而言，面积较大，一次就要接待数百人，人多步杂，每次使用后都要彻底清扫，主要进行以下工作：

● 地毯吸尘。

● 清扫板壁上的鞋印、指印及客人张贴的画和其他饰物。

● 清扫大厅吊灯。这是一项需要定期进行的工作。这项工作花时费工，常常需要搭脚手架。要将每一拼件洗净抹干（灯泡坏了要更换）。因此，需要一定的耐心。

● 每月一次的通风口除尘。

此外，餐厅、酒吧、宴会厅或其他饮食场所，常常会有苍蝇出现（尤其是在夏季），公卫服务员应随时或定期喷洒杀虫剂，防止蚊蝇滋生。

（五）其他区域的清洁卫生

除了做好上述前台区域的清洁卫生工作以外，还应作好酒店后台区域的卫生工作，特别是员工食堂、服务通道等的卫生。这些场所的卫生状况对员工的思想和精神状况，进而对酒店的服务质量有重要影响。有些酒店把卫生工作的重点放在接待顾客的餐厅里，而对员工食堂的卫生情况、饭菜质量不予以重视，结果在寄生虫容易孳生的夏季，同时也是旅游旺季，由于食堂卫生不过关，使很多员工病倒，致使酒店连正常的接待工作也难以进行，更不用说提高服务质量了，这种教训是应当吸取的。

员工通道的卫生也常常被忽视，饭店正门前客人进出的通道一般打扫得比较干净，而员工通道则是另一个天地。有的酒店通往酒店大楼的员工通道甚至连水泥地面都没铺，一遇到雨天，员工便不得不踩着泥泞的路，拖着沉重的步伐，走向酒店的各个岗位，致使楼道地毯上沾满泥巴，这样不但影响卫生，而且，会使地毯严重受损。

（六）绿化布置及清洁养护

1. 绿化布置

(1) 对客人进出场所的绿化花草按要求进行布置，安排摆放位置。

(2) 根据规定的调换时间，定期调换各种花卉盆景，给客人一种时看时新的感觉。

(3) 重大任务前，如接待贵宾或举行圣诞晚会，则要根据酒店的通知进行重点绿化布置。

(4) 接到贵宾入住通知单，应根据客人等级和布置要求，准备好摆放鲜花，按房号送至楼面交服务员，切记客人所忌讳的花卉。

2. 清洁养护程序

(1) 每天从指定的地点开始，按顺序检查、清洁、养护全部花卉盆景。

(2) 拣去花盆内的烟蒂杂物，擦净叶面枝杆上的浮灰，保持叶色翠绿，花卉鲜艳。

(3) 对喷水池内的假山、花草进行清洁养护，对池内水中的杂物要及时清除并定期换水。

(4) 发现花草有枯萎现象，应及时剪除、调换，并修理整齐。

(5) 定时给花卉盆景浇水，操作时溅出的水滴及弄脏的地面应用随身携带的抹布擦干净。

(6) 对于庭院内的树木花草，应定期进行修剪整理和喷药灭虫，花卉盆景应按时调换。

(7) 养护和清洁绿化区时，应注意不影响客人的正常活动，遇到客人礼貌问好。

第六章

客房设备用品管理

第一节　客房物品与设备管理

一、客房物品与设备

客房物品与设备主要包括以下几种内容：

1. 电器和机械设备。包括空调、音响、电视、电冰箱、传真机等。

2. 家具设备。如床、写字台、沙发、衣柜等。

3. 清洁设备。如吸尘器、吸水机、洗衣机、烘干机等。

4. 房内客用品。客房免费赠品、客房用品（包括床单等布草、衣架、烟茶具等）以及宾客租借用品（吹风机、熨斗、熨衣板等）等。

5. 建筑修饰品。如地毯、墙纸、地面材料等。

以上内容基本上可分为两大类：即客房设备和清洁设备。加强对客房设施设备的管理工作，对于提高客房服务质量，降低客房经营成本和费用，具有重要意义。

二、客房物品与设备管理的任务

客房物品与设备管理的任务主要有：

1. 编制客房物品与设备采购计划。
2. 制定客房物品与设备管理制度。
3. 做好物品与设备日常管理和使用。
4. 对现有设备进行更新和改造。

三、客房物品与设备管理的方法

（一）编制客房物品与设备采购计划

客房部要根据实际工作需要，及时做好要求增加物品与设备的计划，报酒店采购部门及时采购所需的各种物品与设备，以保证客房经营活动的正常进行。

酒店客房设备及清洁设备一般在开业之初就已准备就绪，但作为客房管理人员，如果你在酒店开业之初就参与管理，你就要提出客房设备及清洁设备的采购计划。或者，你虽然是在酒店开业后才介入酒店客房管理工作的，那么，当客房更新改造计划需要制定与实施之际，你也必须要参与其中。

下面，介绍一下客房设备选择的基本原则和选择清洁设备时应考虑的因素。

1. 客房设备选择的基本原则

客房设备的选择应遵循以下基本原则：

（1）协调性。设备的大小、造型、色彩、格调等必须与客房相协调，从而使客房显得轻松、柔和、舒适、美观。此外，要特别注意，在选择床单、毛毯、床罩等床上用品时，一定要与床的大小相适应，很多酒店在采购上述物品时，采购部门与客房部沟通不够，结果采购回来的床上用品与床的大小不匹配，包不住床，给服务员的做床工作带来很大困难，也影响了床铺的美观。

最后，客房设备的豪华程度还应与酒店的档次相协调。

(2) 实用性。应选择使用简便、不易损坏的设备，此外，还要考虑其清洁、保养和维修是否方便。

(3) 安全性。如客房电器的自我保护装置，家具、饰物的防火阻燃性。

(4) 经济性。既要考虑设备的价格，又要考虑其使用寿命，同时还要考虑售后服务的便利程度和价格以及零部件修配的可靠性。

2. 清洁设备的选择应考虑的因素

清洁设备在一定程度上决定着客房部清洁保养的工作能力和效果。清洁设备的选择除了应遵循以上基本原则以外，应特别注意以下要点：

- 安全可靠（电压是否相符？绝缘性如何？）
- 操作方便
- 易于保养
- 使用寿命长
- 噪音小

(二) 做好设施设备的审查、领用和登记编号工作

设施设备购进以后，客房管理人员必须严格审查。同时，设立物品与设备保管员，具体负责物品与设备的分配、领用和保管工作。保管员应建立设备登记簿，将领用的设备按进货时的发票编号分类注册，记下品种、规格、型号、数量、价值以及分配到哪个部门、班组。低值易耗品也要分类注册，凡来库房领取物品都要登记，每个使用单位一本账，以便控制物品的使用情况。

(三) 分级归口管理

客房物品与设备应实行分级归口管理，专人负责，将物品与设备管理同部门、班组的岗位职责结合起来，在确保服务质量和合理限度的情况下，实行增收节支有奖，浪费受罚的奖惩措施。

客房设备的日常管理和使用是由客房管理系统各部门、各班组共同完成的，各部门、班组既有使用这些设备的权利，也有管好、使用好这些物品与设备的责任。因此，必须实行分级归口管理。分级就是根据客房部门管理制度，分清这些设备是由部门、班组或个人中的哪一级负责管理。归口是按业务性质，将物品与设备归其使用部门管理。分级归口管理使客房设备的管理有专门的部门和个人负责，从而使客房设备的管理落到实处。

对客房设备分级归口管理的关键是：一要帐面落实，各级各口管理的物品与设备数量、品种、价值量要一清二楚，有案可查；二要完善岗位责任制、维修保养制和完全技术操作制等规章制度；三是要和经济利益挂起钩来。

(四) 做好客房物品与设备的日常保管和使用

客房物品与设备分级归口以后，班组和部门要设立物品与设备管理员，他们在客房部领导下，与服务员一起共同负责本班组或部门的物品与设备的日常管理和使用。班组管理员一般由班组长兼任，在物品与设备的使用过程中，班组管理员要定期和客房物品与设备保管员核对，发现问题，及时解决。

客房物品与设备在日常使用中，要特别注意严格遵守维修保养制度。

客房设备在使用中要努力防止事故发生，一旦发生事故，要立即通知工程部及时修理或采取措施，使设备尽快恢复其使用价值。事故的发生，如果是由于个别员工玩忽职守，要严肃处理。如果是由于客人的原因造成的，必要时，应要求客人赔偿。

(五) 建立设备档案

设备档案主要有客房装修资料（记录客房家具、地毯、建筑装饰和卫生间材料等）和机器设备档案。内容包括设施设备的名称、购买日期、生产厂家、价格、维修记录（时间、项目、费用等）。这是对设施设备进行采购和管理的依据。

(六) 及时做好客房物品与设备的补充和更新工作

酒店是高消费场所，客人对酒店及客房物品与设备的要求很高，不仅要干净卫生，而且要常变常新，从而使客房物品与设备具有折旧快，更新期短的特点。因此，要求客房管理者必须事先做好计划，根据物品与设备的品种、规格、质量等规定各种物品与设备的使用周期，并定期检查设备性能和使用效果，提出设备更新计划，报酒店批准，及时做好物品与设备的补充和更新工作。

客房设备的更新，依据其类型的不同而具有不同的特点和要求。清洁设备的更新往往要根据其质量、使用和保养情况决定。通常，只要机器不出现明显问题，如老化、严重磨损、清洁效果不佳和维修费用过高等，就可以照常使用，而不实行强制性淘汰。而其它设施设备，特别是各类家具及装修设施则有所不同，为了酒店的规格、档次，保持并扩大对客源市场的吸引力，酒店一般都要对客房进行计划中的更新改造，并对一些设备用品实行强制性淘汰。这种更新按其更新周期的不同，分为以下两种情况：

1. 部分更新

客房使用5年左右，即应对部分设施进行更新，包括：

● 更换地毯
● 更换墙纸
● 更换沙发布、靠垫等装饰品
● 更换窗帘
● 更换床罩

2. 全面更新

一般10年左右要对客房设施进行一次全面装修，并对客房设备进行更新。其项目包括：

● 衣柜、写字台的更新
● 床垫和床架的更新
● 椅子、床头板的更新
● 灯具、镜子、画框等装饰品的更新
● 地毯的更新
● 墙纸和油漆的更新
● 卫生间设施设备的更新（包括墙面和地面材料、灯具和水暖器件等）

以上更新计划应根据各酒店的具体情况提前或到期进行，如果延期，则应警惕可能出现补漏洞式的跑马工程和饭店规格水准的下降或不稳定。

第二节　客房设施设备的清洁保养

对酒店客房的设施设备保养不善是我国酒店业的一大问题，很多酒店设施设备很豪华，但因为缺乏保养，很难正常运转。对设施设备保养不善不仅会缩短设备的使用周期，还会直接影响对客服务质量，引起客人投诉。因此，客房员工必须掌握各种设施设备的保养知识，养成良好的使用和保养习惯，做好对各类家具、设备的保养工作。

客房设施设备的保养主要在于平时的清洁和计划保养工作能够按规定的操作程序和有关要求顺利进行。

一、门窗的保养

在开、关门窗时，平时应养成轻开轻关的习惯，这样不仅可以延长门窗的使用寿命，还能减少干扰，保持客房及楼层的清静。此外，雷雨天以及刮大风时，应关好客房窗户，以免雨水溅入客房，或被大风摔坏窗玻璃。

二、墙面的保养

酒店客房的墙面大都使用墙纸，对墙面经常进行吸尘，可以减少大清洗的次数。对于墙纸的清洁，应用比较干的软布拭抹，如有油污，可用汽油、松节油或不易燃的干洗液去擦，而小块油迹则可用白色吸墨水纸压住，用熨斗熨烫几分钟就能去除。

如果需要对墙面进行清洗，则在清洗前要用湿布在小块墙纸上擦一下，查看墙面是否掉色或渗色。若掉色或渗色就表明该墙纸不能水洗，在这种情况下，可试用膏型去污剂清洗。如果墙纸耐水性能好，可用海绵纤维物和不加漂白剂的中性合成清洁剂去污，方法是将湿海绵绞一下，使它含有适当水份，擦洗时，随时挤去海绵上的污垢，保持海绵干净，然后再用清洁的水和干净的海绵把墙纸冲洗干净。

另外，如发现墙壁潮湿，天花板漏水的现象，应及时报工程部维修，以免墙壁发霉，墙皮脱落，房间漫水。

三、地毯的清洁与保养

地毯是房间的装饰品。由于客人使用卫生间后，容易将卫生间的水迹带进客房，造成对房内（特别是卫生间门口）地毯的损坏，为了便于对房内地毯的保养，降低客房经营成本，除个别有特殊需要的酒店以外，包括五星级酒店在内的大部分酒店都应考虑只在卧室保留地毯，而在客房卫生间门口用大理石等高级石质装修材料取代地毯。

客房内地毯一般有两种类型：一种是羊毛地毯；另一种是化纤地毯。羊毛地毯高雅华贵，但造价很高，故一般只铺设在豪华客房。而化纤地毯则有易洗涤、色彩丰富和价格低廉的特点，为我国大多数酒店所欢迎。

无论哪种地毯，服务员都应采用科学的方法使用和保养，要坚持每天吸尘一次，并对地毯进行定期清洗。地毯上如出现污迹应及时除去，否则，时间一长将很难去除。除污时，要先了解地毯中化学纤维的成分和污渍的性质，然后选用合适的清洁剂清除污迹（参见表 5-1《常见污迹的清洁方法》）。

一般说来，酒店应每年清洗一次地毯，清洗地毯的方法有两种，即干洗和湿洗。干洗的方法是将清洁剂均匀地洒在地毯上，然后用长柄刷将清洁剂刷进地毯里，过一小时后，用吸尘器彻底吸尘，地毯即被清洗干净。干洗的优点是：

(1) 不影响使用；

(2) 地毯不变形，不缩水；

(3) 简单易行，不费时。

除过干洗以外的另一种方法就是水洗（湿洗）。水洗时先将清洁剂溶于水中，然后使用喷水器均匀地将溶液喷洒于地毯表面，再用毛刷刷洗，用抽水机吸去水分。最后，等地毯完全干了以后，再彻底吸尘，这种清洗方法的优点是洗得干净、彻底，缺点是工序复杂、费时。一般来说，比较脏的羊毛地毯采用这种方法清洗比较好，但要注意，无论哪种方法，都要选用不损坏地毯纤维的清洁剂。

另外，要注意在一些重要通道，如建筑物入口，近楼梯的地方以及客房卫生间门口等放置尘垫，防止污物进入地毯组织，同时，要注意经常将地毯使用的位置转移，使磨损的地方变得均匀。

四、空调设备的保养

客房使用的空调一般分为室内小型空调和集中送气的中央空调两种。

小型空调器有窗式、壁式、吊挂式和立柜式等多种安放形式，但其基本功能可分为制冷和制冷并制热两用两种类型。

小型空调在使用时要注意不能让水溅到开关上，以免发生漏电，造成触电事故。在使用中如发出异常声音，应关闭电源，通知工程部进行检查修理。

中央空调由专人负责管理操作，集中供应，按季节供应冷、热风，各房间有送风口，设有“强、中、弱、停”四个档次，可按需要调节，要定期对鼓风机和导管进行清扫，此外，每隔2～3个月清洗一次进风过滤网，以保证通风流畅，电机轴承传动部分，要定期加注润滑油。

五、电器设备的保养

1. 电梯

电梯内外应经常擦洗，梯内地毯要每天吸尘清洁。此外，还要防止服务员，不良客人或小孩用刀具等在电梯内乱划、乱画。

2. 电冰箱

三星级以上酒店通常在客房内安放有电冰箱，以方便客人。电冰箱应放在通风干燥、温度适中的地方。一般来说，其背面和侧面应距离墙壁 100 毫米以上，以保证空气自然对流，并使电冰箱能够更好地散热。要切忌将电冰箱放在靠近暖气管，有热源或阳光直射，或易受水浸、发潮的地方。

冰箱背面机械部分，温度较高，切勿将电源线贴近，此时，电源线应避免卷束使用。

电冰箱的门封胶边，尤其是门下面的胶边是容易弄脏的部位，要注意经常清洗干净，保持清洁，当冰箱门溅到水或弄污时，应及时用干布抹干，以免金属件生锈。

冰箱在使用一段时间后，要注意定期清理内部，以免积存污物，滋生细菌。

3. 电视

电视机要避免安放在光线直射的位置，切忌暴晒，否则会使显象管加速老化，机壳开裂。此外电视机也不能放在潮湿的地方，要防止酸、碱气体侵蚀，引起金属件生锈和元件断脚，产生接触不良等毛病，因此，在雨季，除应注意放置以外，最好每天通电使用一段时间，利用工作时机器自身散发的热量驱潮。

电视机在使用时还要注意其使用电压与供电电压是否相符，特别是有些进口电视机的使用电压是 110 伏，因此不能直接用 220 伏电压，以免烧坏机器。

清扫客房时，每天应用干布擦去电视机外壳上的灰尘，并定期用软毛刷清除机内灰尘。此外，电视机长期不用时，最好用布罩罩住，以免灰尘落入，影响收看效果。

最后，电视机还应尽量避免经常搬动，以减少各种意外事故的发生。

4. 照明设备

照明设备主要指门灯、顶灯、台灯、吊灯、床头灯等。这些设备的保养，首先是电源，周围要防潮，插座要牢固，以防跑电漏电，擦拭灯罩，尤其是灯泡、灯管时要断电，且只能用干布擦，绝不能用湿布擦。

5. 电话

每天用干布擦净电话机表面的灰尘，话筒每周用酒精消毒一次。

6. 电线

客房内电线主要是电视机线、电话线和落地灯线。电线应保持表面无破损，此外，电线的安装要相对隐蔽，要整理好，否则容易把人绊倒，甚至损失电器。

六、卫生设备的保养

卫生设备要勤擦洗，对于洗脸盆、浴缸、马桶等设施，在擦洗时既要使其清洁，又要防止破坏其表面光泽，因此，一般选用中性清洁剂。切记不能用强酸或强碱，这种性质的清洁剂不但会破坏磁面光泽，对釉质造成损伤，还会腐蚀下水管道。如果使用新一代洗涤剂，有的需要浸泡 10 分钟方能生效，因此，必要时，应修改客房清扫程序。

对浴缸、洗脸盆、马桶等卫生设备的保养，还应特别注意要防止水龙头或淋浴喷头滴、漏水，如发生类似现象，应及时报工程部维修，否则，久而久之，会使卫生洁具发黄，难以清洁。

七、木器家具的保养

木器家具的保养，除过要经常除尘，保持表面清洁以外，还要注意“四防”，即：防潮、防水、防热和防蛀。

（1）防潮。木器家具受潮容易变形、开胶、腐朽，因此房间应保持干燥，要经常打开门窗进行通风。潮气较重的房间、家具放置一般不要紧挨墙壁，以保持空气流通。平时擦洗时，也不能使用带水的抹布，而要用绞干的抹布，然后用软质干布擦干。

（2）防水。防水与防潮的道理是一样的，此外，油漆家具如溅上水珠，家具表面的油漆还会起泡、发霉，使油漆面失去光泽，因此，如不慎将水溅到家具上，应立即用干抹布擦净，对于铺有玻璃的桌子、茶几及床头柜等家具，要注意不要让水浸入玻璃下面，如不小心被水浸入时，应及时掀开玻璃擦干家具，以免被水浸泡而破坏桌、柜面油漆。

（3）防热。油漆家具一般不要放在阳光直射的地方，如有阳光照射，应拉下窗帘，以防色泽减退，此外，一般家具的油漆表面怕烫，因而在放开水杯时，应使用垫盘（如不慎烫出白痕，可用酒精擦拭，即可消失）。

在有暖气设备的房间里，家具的放置应远离水、汽散热片，以防家具被烘干变形而破裂。

（4）防蛀。为了防止蛀虫繁殖，在橱柜抽屉层一般应放置一些樟脑丸或喷洒杀虫剂。

除过上述要点以外，还要经常检查家具榫头、螺丝是否松动，五金零件有无丢失等，发现这些问题应及时报修，否则，时间一长往往会使损坏程度扩大，甚至无法维修而报废，因此，对于木器家具来说，及时维修也是日常保养的重要一环。

八、织物的保养

客房部的织物主要表现为客房枕巾、面巾、脚巾、手巾、浴巾、澡巾以及床单等各类布草，布草的保养要注意以下几点：

首先，要教育客房服务员严格按操作规程办事，现代化酒店一般要求服务员在清扫客房及卫生间设施时使用专用的清扫用具，以卫生间为例，马桶、面池及浴缸都有各自的专用抹布，但为了方便起见，在一些管理不善的饭店里，有些服务员常常使用客房内撤下的毛巾甚至床单来擦洗卫生设施、设备，他们以为反正这些布草都要送洗衣房洗涤，所以有一种“不擦白不擦”的思想，有的甚至使用床单擦皮鞋，岂不知这样做危害极大，首先，当然是减少了布草正常的使用年限，其次，这样做会使布草沾上各种不同性质、不同颜色的污迹，不易或根本无法洗涤干净，因而也就不能再次投入使用，一些酒店的大量床单就是因此而报废的。

其次，换下来的脏布草最好要用专用的袋子装好送洗，不要乱堆乱放，或在脚下踩来踩去，更不要用床单包起来在地板上或水泥地上牵拖送洗，否则，不但会磨损床单，而且布草织物还会与水泥磨擦起反应，所生成的碳酸物无法清除。

最后，撤换下来的棉织品，干燥的与潮湿的最好能分开放置，潮湿的应及时洗涤，否则容易生霉变质，不但影响使用期限，而且洗出来的效果也不好。

除过上述要求以外，棉织品在使用和保管时应注意防潮、防闷热、防虫蛀、防日晒、防灰尘和防酸碱，它们都会在不同程度上影响织物的寿命与质量。

九、清洁设备的保养

清洁设备是客房部对酒店设施设备进行保养的工具，同时，清洁设备本身也需要保养。

客房清洁设备种类较多，价值也比较大，因此，做好对客房清洁设备的保养工作对于控制客房经营的成本费用具有重要意义。

对客房清洁设备的保养要做好以下工作：

(1) 所有使用人员都必须了解和掌握清洁设备的操作要求，并严格按操作要求使用。

(2) 所有清洁设备在使用后都应进行全面地清洁和必要的养护。

(3) 设备使用前后都应检查其完好状况，发现问题要及时处理。

(4) 要有良好的存放条件，并按要求摆放。此外，还要有供存放所有附件的柜子、抽屉、架子和挂钩等。

第三节 客用品的管理

客用品指客房各类客用低值易耗品。客用品的使用和消耗量伸缩性比较大，因此，做好对客用品的控制是客房成本控制的重要环节。

一、客用品的选择

客用品的选择应遵循以下四项基本原则：

1. 实用

客用品是为方便客人的住店生活而提供的，因此，必须符合方便、实用的原则，所选购的客用品必须是客人所真正需要的，同时，要方便使用。一些酒店提供给客人的洗发液、沐浴液等卫生用品装在玻璃瓶或硬质塑料瓶内，客人使用时，半天倒不出来，也无法挤压，结果，不仅给客人造成极大的不便，也造成了很大浪费。而有的酒店考虑到客人对卫生的重视和为了防止各种传染病对客人造成的威胁，则在卫生间内为客人提供一次性塑料浴缸罩，受到客人的欢迎。

2. 美观

客用品应该精致、美观，避免给客人以粗糙、贬值之感。

3. 适度

选择客用品的适度原则是指客用品质量和种类必须与酒店的档次相适应，此外，客用品的量也应与客人的实际需要量相适应，避免造成不必要的浪费。

4. 价廉

客用品的选择除了要实用、美观、适度以外，还要考虑价格问题，这是客用品成本控制的关键因素之一。

考虑到以上原则，在选择客用品时，应注意以下要点：

- 牙具应选用牙膏、牙刷配套包装的，嵌装式接柄牙刷因不便使用而应予以避免。
- 香皂的重量一般应在20克以上，最好能在30克左右。此外，应选用质地细腻、无刺激性及不易受潮发软的香皂。
- 垃圾桶应选用拒水、阻燃材料制作的。
- 烟灰缸宜选用直壁式浅烟缸，以方便清洗。
- 火柴划着后不应有烟尘飘浮。

二、客用品的控制

（一）确定消耗定额

客房管理人员应按照客房总数、客房类型及年均开房率，确定各类客用品的年均消耗定额，并以此为依据，对各班组、个人的客用品控制情况进行考核。

由于团体客人和散客对客用品的消耗量有所不同，所以，也可以根据酒店每年接待的团体客人和散客的比例和数量，分别计算团客和散客的消耗定额，然后加总，即为客房部客用品总的消耗定额。

（二）确定储备定额

这是实施客用品控制的基础之一。应将其列成书面材料，以供日常发放、检查及培训之用。

1. 中心库房储备定额

客房部应设立一个客房用品中心库房，其存量应能满足客房一个月以上的需求。

2. 楼层布草房储备定额

往往需要备有一周的用品。储备量应列出明确的标准贴在布草房的门后或墙上，以供领料对照。

3. 工作车配备标准

工作车上的配备往往以一个班次的耗用量为基准。

（三）做好客用品的日常管理工作

1. 客用品发放的控制

客房用品的发放应根据楼层布草房的配备定额明确一个周期和时间。这不仅可方便中心库房的工作，也是促使楼层日常工作有条理、少漏洞的一项有效措施。

在发放日期之前，楼层领班应将其所辖楼层的库存情况了解清楚，并填写领料单。凭领料单领取货物之后，即将此单留在中心库房，以便统计。（见表 6－1）

表6-1　　日常消耗品申领单

什物申领

楼层：________　　日期：________

物品名称	申领数	实发数	物品名称	申领数	实发数
普通信笺			大香皂		
航空信笺			小香皂		
普通信封			卫生纸		
航空信封			面巾纸		
明信片			水杯		
门后指示图			烟缸		
便笺纸			火柴		
宾客意见书			(下列为服务员用的清洁用品)		
住客预订表					
小酒吧帐蓬卡			拖把		
圆珠笔			什物		
服务指南			空气清洁器		
门把菜单			除虫器		
房内用膳菜单			鞋刷		
干洗单			鞋油（黑）		
湿洗单			鞋油（棕）		
洗衣袋			鞋油（棕黄色）		
卫生袋			鞋油（自然色）		
垃圾袋					
枕套					
浴帽					
浴液					

申领者________　　发放者________

2. 做好客用品的统计分析工作

(1) 每日统计

服务员在做房时,应填写“客房服务员工作日报表”(参见表5-2),并在做完房后,对主要客用品的耗用情况加以统计。最后,由宾客服务中心文员对整个客房部所有楼层的客用品耗用量作汇总,填写“每日楼层消耗品汇总表”(参见表6-2)

表 6-2　每日楼层消耗品汇总表

文员＿＿＿＿＿＿　　日期＿＿＿＿＿＿

项目／楼层	卷纸	洗发液	淋浴剂	擦鞋纸	圆珠笔	小铅笔	明信片	箱贴	梳子	牙具	针线包	香皂
餐饮层												
四层												
五层												
六层												
七层												
八层												
九层												
十层												
十一层												
十二层												
十三层……												
合计												
金额												

备注＿＿＿＿＿＿　　当日做房数＿＿＿＿＿＿

(2) 定期分析

一般情况下，客房部应每月对客房客用品的耗用情况做一次定期分析。其内容有：

1) 根据每日耗量汇总表制订出月度各楼层耗量汇总表(参见表6-3)。

表 6－3　　楼层日常消耗品月度用量汇总分析表

_____年___月　　　　制表人_______　　　　审核者_______

楼层	开房数（间天）	香皂		卫生纸		圆珠笔		购物袋		品名		品名		品名	
		总耗量（块）	平均量（块/间天）	总耗量（卷）	平均量（卷/间天）	总耗量（支）	平均量（支/间天）	总耗量（只）	平均量（只/间天）	总耗量	平均量	总耗量	平均量	总耗量	平均量
总计															

2）结合住客率及上月情况，制作每月客用品及物资消耗分析对照表（参见表6－4）。

表6－4　　每月物资消耗分析对照表

品名	单位	单价（元）	上月消耗	金额（元）	本月消耗	金额（元）	与上月相比	
							增％	减％
圆珠笔	支	0.24						
夹纸笔	支	0.05						
开瓶扳手	个	0.30						
卫生袋	只	0.02						
针线包	个	0.15						
擦鞋纸	张	0.01						
杯垫	张	0.01						
行李牌	张	0.12						
意见书	张	0.15						
维修单	张	0.10						
店卡	张	0.12						
明信片	张	0.08						
塑料提包	个	0.01						
牙具	个	0.51						
服务指南	本	12.50						
洗发液	袋	0.21						
沐浴液	袋	0.21						
洗衣粉	袋	0.04						
洗衣单	本	1.75						
电传纸	张	0.02						
剃须刀	个	0.30						
擦铜油	瓶	10.40						
矿物油	瓶	0.91						

（续上表）

品名	单位	单价（元）	上月消耗	金额（元）	本月消耗	金额（元）	与上月相比	
							增%	减%
筷套	支	0.01						
菜单	本	0.79						
橡皮圈	个	0.08						
早餐卡	张	0.79						
奇妙	听	5.97						
家用蜡	听	11.12						
合计								

上月住客率	本月住客率	与上月相比		上月每间房消耗额	本月每间房消耗额
		增	减		

制表人________ 时间________

3）制定每月客用品盘点及消耗报告

除了对客用品的消耗情况进行理论上的统计以外，还要在月末对客用品进行盘点，如两者不符，且差距较大，要分析原因，找出对策。（见表6－5）

表6－5　　客房部每月客用品盘点及消耗报告

ITEM 项目	单位	上月库存	今月领货	今月盘点	今月消耗	与统计结果差额	备注
TOILET ROLL 厕纸							
TISSUE 面纸							
SHOWER CAP 浴帽							

(续上表)

ITEM 项目	单位	上月库存	今月领货	今月盘点	今月消耗	与统计结果差额	备注
SHAMPOO 洗发液							
BATH FOAM 沐浴液							
SHOE SHINE MINT 擦鞋纸							
SANITARY BAG 卷纸箱							
SOAP 香皂							
LAUNDRY BAG 洗衣袋							
GLASS WRAPPER 杯纸							
TEA-BAG 茶叶袋							
ASH TRAY 烟灰碟							
MATCHES 火柴							
SLIPPER 拖鞋							
DOOR CARD 门卡							
FOLIO 文件夹							

(续上表)

ITEM 项目	单位	上月库存	今月领货	今月盘点	今月消耗	与统计结果差额	备注
PEN 原子笔							
LETTER HEAD (L) 信纸							
LETTER HEAD (A) 信纸(航空)							
MEMO PAD 记事纸							
SEWING KIT 针线包							
HANGER (L) 衣架(女)							
HANGER (G) 衣架(男)							
SHOPPING BAG 购物袋							
FLASK 水壶							
ENVELOPE (A) 信封(航空)							
ENVELOPE (L) 信封							
GLASSES 杯							
LAUNDRY LIST 水洗衣单							

(续上表)

ITEM 项目	单位	上月库存	今月领货	今月盘点	今月消耗	与统计结果差额	备注
VALET LIST 干洗衣单							
TOOTH-BRUSH 牙刷							
COMB 小梳子							

4）结合年初预算情况，制作月度预算执行情况对照表（参见表6-6）。

表6-6　月度预算执行情况对照表

部门________　月份________　年份________

费用项目	编号	预算	支出总数	所占比例	上月支出	结余

（四）控制流失现象

客用品的“流失”是造成客用品失控的重要原因，有两种情况：一种是一些客人在服务员做房时从工作车上“顺手牵羊”，拿走部分客用品；第二种情况，也是更普遍、更严重的现象，则是服务员利用工作之便，经常且大量拿走客用品以自用或提供给他人使用，在管理不善的酒店，甚至常常被大量带出酒店，形成客用品流失的“无底洞”。针对上述情况，客房部可采取以下措施：

1. 要求服务员在做房间卫生时，将工作车紧靠在房门口停放，以便监督；

2. 加强对服务员的职业道德教育和纪律教育；

3. 要求服务员做好客用品的领取和使用记录，以便考核；

4. 与保安部配合，做好对员工上、下班及员工更衣柜的检查工作。

（五）落实奖惩政策

年末要根据消耗定额、年初预算及其执行情况，落实奖惩政策。通过奖惩，严格管理制度，强化服务员对客用品的节约意识。

除过上述客用品的控制方法以外，还应努力做好客用品的节约工作。一方面，对于住客房内客人没有用过的客用品，应继续使用，不应随手扔掉。另一方面，客房管理工作应紧随“绿色潮流”，尽量使用固定的罐装容器盛放的卫生用品，以减少不必要的浪费和对环境造成的污染。

第七章
棉织品及洗衣房管理

第一节　棉织品管理

做好对棉织品的控制和管理，是酒店客房管理的主要任务之一。

表 7－1 所列是一家拥有 800 间客房的酒店在 6 年内对客房床单盘存数字的真实记录。

表 7－1　拥有 800 间客房的××酒店客房床单盘存清单

（1994－1999）

项　目	1994 年	1995 年	1996 年	1997 年	1998 年	1999 年
现有床单	10,500	12,159	15,176	16,006	16,497	18,193
新 采 购	3,600	3,600	3,600	3,600	4,000	4,000
	14,100	15,759	18,776	19,606	20,497	22,193
损　　失	－1,941	－583	－2,770	－3,109	－2,304	－1,890
	12,159	15,176	16,006	16,497	18,193	20,303

1994年该酒店开业之初共有10500条床单。在800间客房里，有床位1200张，外加存放在楼层棉织品储存室的75张折叠单人床，共有床位1275张。

该酒店每个床位床单的配备标准是5套，即6375条床单(1275床×5) 已从储存室拿出来投入使用，剩下的4125条储存在仓库里。

酒店开业第一年，棉织品的丢失数字高得惊人（1941条)，这主要是由于酒店在开业前招收了许多临时工，而在正常运营前还没有制定管理措施，加上那种蓝色床单质地很好，所以偷窃现象非常严重。

除了偷窃现象以外，棉织品的损坏现象也很普遍，而且常常难以预料，因为管理阶层和部门负责人根本未料想到天气如此反常地潮湿，不知该如何处理。

此外，新的棉织品推车边沿锋利，极易钩破床单。加上缝纫室忙于制作桌布和赶制成百上千套制服，因此那些破床单要等很长时间才能得到缝补。再者，洗衣房棉织品滑槽底下堆放脏棉织品的混凝土地面在人们发现它有碍存放并铺上乙烯基石棉以前，已经使上百条床单遭到腐蚀沾染而过早地报废。加上服务员有时候把垃圾槽与棉织品滑槽搞混了，污染了许多彩色床单，使床单沾上各色斑点而无法处理。

另外，储存室的一角过于潮湿，当发现时，已经有上百条床单发霉。

第二年，酒店采取并加强了许多管理和控制措施，情形大为改观，原先存在的大部分问题得到了解决。缝纫室也赶上来进行缝补。因此这一年的损失减少了一大半，不过也采购了同样数量的新床单。

直到1996年，常规的报损因素开始显露出来；大部分每天使用的床单预计仅可坚持2至3年。酒店客房出租率上升了近23%，达到90%以上，使棉织品得到了最大限度的使用。但由于新来的员工不能正确使用棉织品，使损失又上升到了2770条。

1997年，第一批使用的6375条床单全部报废，而酒店客房出租率仍然很高。到了1998年，高出租率持久不降，由此造成了饭店对1999年形势的乐观估计，客房管理人员惟恐床单不足，又订购了4000条。

1999年，缝纫室负责人辞职，酒店一直找不到像她那样能干的人来接替这一职位，导致破损床单不能及时得到缝补。加上对接待会议业务的乐观估计以及预测棉布和合成纤维织物将出现短缺从而有可能极大地影响床单的供应，客房管理人员又要求酒店有关方面订购了4000条床单。

以上因素使这家酒店的棉织品严重供过于求，虽然，它远比供不应求要好，但在那种潮湿的季节，供应过剩就将导致极大地浪费。

由此可见，客房部作好对酒店棉织品的管理，对于降低客房经营的成本和费用，具有何等重要的意义！遗憾的是，很多酒店往往在付出昂贵的代价之后才会意识到这一点。

一、布草房管理

（一）布草房的职能

酒店对棉织品的管理，主要由布草房负责。布草房发挥以下职能：

1. 发放客房供应物品；

2. 处理洗衣业务：发出棉织品的计数，送洗棉织品的清点检查；

3. 分发餐饮部棉织品；

4. 分发酒店员工制服（以旧换新）。

（二）棉织品的储备标准

客房部棉织品的储备标准从3至5套不等，取决于营业状况、客房出租率、洗衣房运转状况、部门预算等因素。一般最低的标准是3套：一套在客房使用；一套在洗衣房洗涤；另一套则储存在棉织品仓库备用。但如果预算不是很紧的情况下，更现实一点的需要量则是5套：一套在客房内使用；一套在楼层储物室或工作车上；一套在中心棉织品仓库；一套已经脏了正送往洗衣房；另一套则正在洗衣房处理之中。

（三）棉织品的储存与保养

对于棉织品的储存与保养应注意以下要点：

● 棉织品必须避潮储存，如果棉织品仓库与洗衣房相连，那么相连处的门就必须具有较强的密封性能，而且应尽可能地少打开。

● 棉织品仓库必须保持良好的通风。

● 棉织品仓库的搁板、搁架边沿应光滑，不能锋利突出。

● 棉织品（尤其是混纺床单）在洗涤完并经过烘干机烘干以后，应放在储存架上“休息”一下，而不要直接拿去使用，这样可以延长棉织品的使用寿命。

● 不能将棉织品堆放在混凝土地面上（可放在乙烯基石棉地面上）。

● 撤下的脏布草应得到及时洗涤。

● 破损的床单等应得到及时缝补。

（四）棉织品更新

酒店在经营过程中，会使很多布草因使用时间过长而改变颜色，破旧、甚至破损，还有些布草由于管理不善，操作不当而出现斑斑点点的污迹，如黄色锈斑、黑色油污等，对于这类布草，饭店应及时更换，使其退出服务过程，而不应凑合着用，否则会严重影响服务质量，使饭店的利益遭受损害。

通常，各类棉织品使用到八成左右陈旧程度时就需要更换新棉织品。这时，棉织品的洗涤次数大约为：床单、枕套130～150次；毛巾类100～110次；台布口布120～130次。

布草的退换应由饭店布草使用单位与布草房（洗衣房）共同把关，对于退下来的旧布草、脏布草，饭店采购部门应及时如数予以补充，保证一定的周转量。

二、缝纫室

对于酒店来说，织物的修补总是一项合算的投资，因此，缝纫室的工作对于酒店节约成本费用而言，是相当重要的。

酒店可以根据需要，聘用一名非全日制的缝纫女工，负责改制制服或缝补棉织品织物，也可以设立缝纫班组，拥有一班缝纫班组。

缝纫室的主要工作包括：

(1) 改做制服；

(2) 修补台布、床单等；

(3) 缝补窗帘、床罩、沙发套以及任何价格较高而又需稍作修补就能重新使用的物品；

(4) 用报废的餐巾等制作厨师用工作布；

三、制服的管理

（一）制服的设计和选购

制服是员工工作时穿着的服装，包括：套装、衬衫、领带（结）、厨师制服、厨师帽等。设计良好的制服不仅可以方便员工的工作，而且能够体现酒店的个性、风格和经营特色，因此，员工的制服之于酒店的形象、员工的士气及工作效率具有重要意义。制服设计差会有损于酒店的形象，制服不讲究则会损伤员工的工作干劲，影响员工士气，并最终危及酒店的服务标准。

设计和选购制服时，应考虑以下因素：

- 舒适
- 实用
- 美观
- 耐用
- 易保养

其中，“舒适”、“实用”是设计和选购制服时应考虑的首要因素。酒店应根据部门、各岗位的工作性质和特点来选购和设计员工制服，使员工便于操作。例如，客房服务员要经常弯腰搞清洁工作，因此，其工作服的设计就应宽松一些，不能太紧、太短，以免弯腰时露出身体的某一部分；另外，如同外套和领带对管理人员来说必不可少一样，衣袋则对餐厅服务员来说是十分必要的，而且，这些衣袋应当足够宽大、结实，使服务员能够放进帐单、找钱、圆珠笔和打火机等什物。

除了舒适和实用以外，员工的制服还应美观、耐用和易保养。此外，最好的设计还应使员工不会在家穿着，不应鼓励员工穿着制服从事酒店以外的工作，以减少对制服的过度损耗。

（二）制服的订购量

一般来说，每位员工三套制服是最起码的订购量，但明智一点的酒店经理会要求额外再加一些，以备更换之用。

（三）制服的日常送领

制服的收取和发放均在布草房的专用窗口进行。员工每天上、下班前，将制服送到布草房，制服管理员收取后，将干净的制服发放给员工（制服管理员在收取制服时，必须检查制服上的编号或姓名有无脱落，以免混淆）。

制服管理员在将收取的脏制服送洗衣房洗涤前要进行登记，洗净后再由制服管理员验收入库。

（四）制服的入库保管

1. 分类保管

制服应按质料、使用部门等进行分类保管。例如，厨师制服为棉织品，洗涤频率高，应将它们放在最容易拿取的地方；而全毛套服保管要求高，换洗频率则较低，可悬挂在高处，既干燥又不易污染。

2. 制服上架

洗净后的制服经检查和修补后，要用衣架挂起，衣架杆上最好有固定挂钩并标有员工工号或姓名，制服对号入座。工号和姓名可按姓氏的第一个字母顺序排列，以方便存取。

3. 统一修补

制服如出现破损，如开裂、绽线、脱扣等，由缝纫工统一修补。对于无法修补的制服，由主管检查确认后签字，从后备制服中补发。

（五）制服的更新和补充

1. 建立制服消耗记录卡

对各部门的员工制服做好消耗记录，定期汇总，因破损、丢失而补发的制服，要按部门登记入账，定期将帐单交财务部。

2. 制服的更新、补充

对于因洗涤、磨损等自然原因造成的更新需求，要按有关规定和程序，办理有关更新手续。对于损坏、丢失等原因而需要补充的，由部门主管查明原因，由员工本人填写“制服审领单”，经部门经理签字后，由布草房负责报销和补充新制服。

第二节 洗衣房管理

一、洗衣房的任务

酒店洗衣房的主要任务是负责洗涤、熨烫酒店客房部、餐饮部（厨房、餐厅、酒吧等）的布草，保证客房、餐饮部门的清洁卫生，从而确保酒店经营活动的正常进行。

就客房布草而言，国际性旅游饭店，无论大小，一般每天至少清洗一次，也就是说，如果一家酒店有 1000 间客房，共计 2000 张床位，按每个床上两条床单计算，那么，在客满的情况下，该酒店洗衣房每天就担负着洗涤 4000 条床单，4000 只枕套，2000 条洗脸巾、2000 条脚巾和 2000 条浴巾的繁重任务，再加上餐饮部撤下的台布、餐巾等，其工作量之大是不言而喻的，不仅如此，洗衣房还要对这些布草进行整理和分类。

洗衣房的第二大任务是负责提供客衣的洗涤、熨烫服务。这既是酒店为客人提供的一项服务内容，同时，也是酒店取得经济收入的一个重要途径。

洗衣房的第三大任务是负责酒店员工制服的洗涤工作。

除了上述三大任务以外，一些大型酒店的洗衣房还对社会开放，接受市民的衣物以及其它小型酒店布草的洗涤要求，从而使洗衣房不仅是酒店的后勤保障部门，而且成为酒店重要的赢利部门。

二、洗衣房的组织机构及岗位职责

（一）洗衣房的组织结构

洗衣房的组织结构如图 7－1 所示。

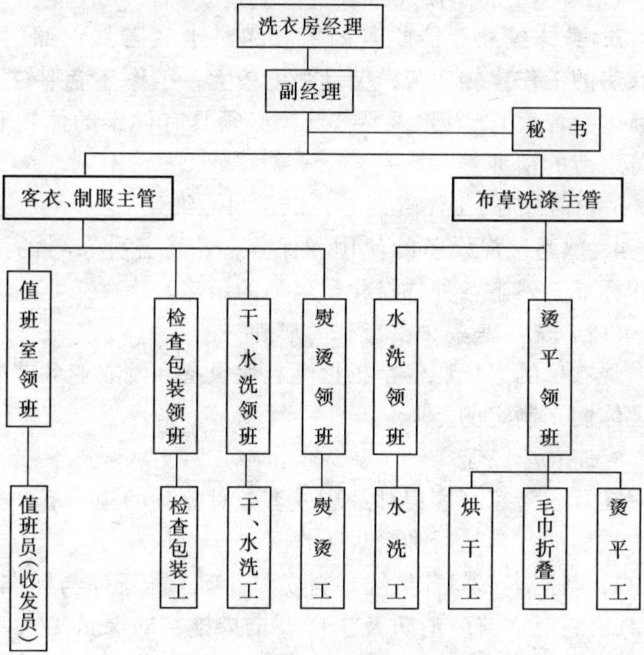

图 7－1　洗衣房的组织结构图

（二）洗衣房员工的配备标准

洗衣房的工作是比较繁重的，因而需要配备足够的人员。如果酒店洗衣房不对社会开放，则酒店客房数与洗衣房所需人员之间客观上存在着一定的比例关系，一般来说，这一比例为 1∶0.06 左右，也就是说，拥有 1000 间客房的饭店，洗衣房所需人员为60人左右。而如果酒店洗衣房同时对外开放，则要根据洗衣房的大小和实际业务量的多少，适当增加人员。

（三）洗衣房员工的基本素质要求

洗衣房员工应具备以下基本素质：

1. 有一定的工作经验。

2. 身体健康，能吃苦耐劳。相对于酒店其它部门而言，洗衣房的工作比较辛苦，劳动强度较大，工作环境则较差（温度高、噪音大），因此，要求员工必须具有健康的体魄和能够吃苦耐劳的精神。

3. 有强烈的工作责任心，工作耐心细致。

4. 熟悉洗涤设备的使用和保养，熟悉各种布料的洗涤要求和标准，熟悉各种洗涤化学药品的用途。

（四）洗衣房各主要岗位的职责

洗衣房的岗位职责是根据洗衣房设备和洗衣业务范围及其管理体制来制定的。

● 洗衣房经理

在行政管家（客房部经理或客务总监）的领导下，全权负责洗衣房的日常运行和管理工作。

1. 制定本部门各类规章制度和各项工作程序与标准。

2. 制定本部门消防及生产安全措施，确保员工人身及公共财产安全。

3. 决定员工的奖惩，任免下层管理人员。

4. 督导并检查下属员工的工作及工作质量。

5. 计划并组织全部门员工的培训。

6. 处理客人投诉及各类洗涤差错和损坏赔偿事宜。

7. 选购洗衣原料，保证仓库合理的储备量。

8. 控制洗衣成本及其它开支。

9. 定期与客房、餐饮部门进行沟通，听取他们意见。及时调整本部门的工作安排和工作程序，以满足他们的要求。

10. 与工程部协作，搞好设备的维修保养，督促工程部及时申购，储存易损设备部件。

11. 定期召开员工会议，做好与员工的沟通工作。

12. 负责做好员工的思想教育工作。

13. 不断地学习和研究国际有关纺织品及时装的洗涤知识，加强与国际上有关行业组织和协会的信息、工艺交流。

14. 根据酒店当年营销计划制定本部门经营指标，在保证酒店任务完成的同时，开拓市场，面向社会为酒店创收。

● 洗衣房文员

1. 记录员工每日出勤情况，做好每日生产统计（包括每日客衣收入统计与入帐）及其它固定性记录工作，制作月经营报告等各类固定性报表。

2. 负责办公室各类文件的整理及存档。

3. 负责办公室的内务工作，如卫生、接听电话、接待来访客人等。

4. 管理部门财务及日常用品储存库。

5. 完成经理交给的其它工作。

● 洗衣房主管（领班）

1. 督促下属员工遵守店规店纪及部门规章制度（包括安全操作制度、机器保养制度、清洁卫生制度等）。

2. 负责本组内员工考勤和工作分配。

3. 督促所属员工安全生产，按时、保质、保量完成当日任务。

4. 指导下属对机器设备的使用，控制原料成本。

5. 填报生产记录。

6. 向经理负责，按时向上报告洗涤用品及消耗量。按月制作各类用品报表交有关部门、定期领取工作用品。

7. 对所属员工进行培训。

8. 对员工工作表现进行定期评估，向经理提出奖惩意见。

9. 与有关班组沟通，搞好工作协作。

10. 下班前检查洗涤熨烫设备，工作场地的环境卫生和安全情况。

● 客衣收发员

1. 接听宾客服务中心或楼区电话，迅捷收取客衣。

2. 按时与楼区服务员清点客衣，检查待洗客衣情况，按《清点交接单》内容签收。

3. 整理衣物并在所收衣物上打码编号。

4. 衣物洗熨后，在装袋前检查质量、核对件数。洗烫不合格的退回有关组复洗或复烫。

5. 及时将装袋或上架衣物分送楼区服务员签收。

6. 完成上级管理员指派的其它工作。

● 洗涤工（干洗、水洗）

1. 操作前做好洗涤设备和电器设备的检查准备工作，配制好洗涤用水。

2. 清点收洗的客衣、布草，分类整理、洗前去污等，并做好洗涤记录。

3. 按程序和注意事项进行干、湿洗涤，并自查质量，签字交领班。

4. 工作完毕，切断电、水源，搞好机件保养工作及环境卫生。

5. 完成领班及上级管理人员指派的其它工作。

● 熨烫工

1. 按工作程序与标准，做好机器设备使用前的各种准备工作。

2. 鉴定各类不同织物的质地，将未洗净衣物退洗涤组返工，并做好记录。

3. 正确操作机器，按规定的工作程序与标准熨烫各类衣物。

4. 将熨烫好的衣物交领班签字。

5. 工作完毕，切断电源，设备、用具、物品归位，做好清洁卫生。

● 织补工

1. 高标准织补客衣；

2. 按要求拆、缝衣扣，完成一般手工修理活。

3. 按工作程序与标准完成制服的缝补工作。

4. 工作完毕，将设备、用具、物品等归位，做好清洁工作。

还有些酒店的洗衣房分为水洗组、大烫组、干洗熨烫组、工服组、客衣组、布巾组等。其中：

水洗组：主要负责酒店各类布草以及适合水洗的客衣及员工制服的洗涤工作。

干洗熨烫组：完成客衣和工服的干洗和熨烫。

大烫组：负责经水洗后布草的烫平、烫干工作。

客衣组：负责客衣的核对、打号、包装和收发业务。

布巾组：负责布草的收发、分捡工作。

工服组：负责工服的收发业务。

三、洗衣房的工作程序

（一）洗衣房文员工作程序

1. 接听客人或其它部门的电话，将电话内容详细地记录下来。

2. 客人要求服务，应立即通知客衣收送员收取客衣。

3. 计算客人每天的洗衣费。

1）每天上午分批将客衣收发员打好的四联洗衣单，按洗衣类别和单价计算出每份洗衣单的总金额，再加收服务费。

2）将帐单按房号摆放，并登在营业报表上。营业报表要求填写洗衣单号、房号、洗衣费和服务费。营业报表填写好后交前厅收银部。

3）四联洗衣单的第一联交给客衣收发员，以便交付客衣时使用，第四联交给客人作为收据，第二、三联交给前厅收银部。

4）将每日 10:00 以后收下的客衣按“急件”处理，接到客人电话，立即派收发员去客人房间收取客衣，按照规定的程序，加快洗涤，并收取加急费。立即开出洗衣帐单，连同加急洗衣单送前厅收银部入帐。

4. 特殊情况的处理程序

经检查发现有破损、斑迹洗不掉或有洗衣设备无法洗涤的衣物，应退还客人，并给客人一封信，说明不能洗涤的原因，请客人谅解。同时，要在洗衣单上减去该衣物的洗涤费。

另外，如果遇到洗衣客人更换房间，要立即登记，并通知客衣收发员。

（二）店外客衣的处理程序

1. 接收客衣时，请客人在洗衣单上填写姓名、电话、工作单位等内容，收发员将清点的件数和项目填入洗衣单。当着客人面点清衣物，发现客衣有破损或有不能清除的污渍，应向客人婉转地解释，经客人同意后，方可送洗衣房洗涤。客人对洗衣的特殊要求应注明在洗衣单上。

2. 按客人洗衣件数和洗衣价格计算洗衣费用，并请经手人在洗衣单上签名。洗衣单共四联，第一联交给客人作为取衣凭证，第二和三联作营业报表后送交计财部，第四联随客衣交洗衣房，待核对客衣时使用。

3. 客人取衣时应出示洗衣单，再请客人验收。

4. 将取走的客衣帐号和款额填入营业报表内，并注明客人取走的时间。

（三）各种投诉的处理程序

1. 耐心听取客人或酒店各部门的投诉，详细记录投诉的时间、客人姓名或部门名称、投诉内容。

2. 马上查找投诉原因，尽可能让客人或各部门满意。

3. 工作结束前写投诉报告，报告洗衣房主管。

（四）棉织品洗涤工作程序

1. 棉织品的收发

(1) 做好各项班前准备工作，检查室内的不安全因素。

(2) 每次清点过数与发放要一次性完成，送来多少，领回多少，不积压，不拖欠。

(3) 收发棉织品时，先审阅数据，当面办理交接手续。

(4) 清点破损棉织品的数量，填写破损棉织品表，向行政管家报批。

(5) 需补充的棉织品，由布草房领班报主管批准，从棉织品仓库领取。

(6) 将收上来的脏棉织品分类，按照不同种类的棉织品和脏污程序分类打捆，送洗衣房洗涤。

(7) 将洗涤后的棉织品进行检查，挑出破损的棉织品，然后将干净的棉织品分类折叠整理后打捆，存在布草房，准备交换。

2. 棉织品湿洗

(1) 开始工作前，湿洗工应检查机器设备是否完好。

(2) 合上总电源开关，检查压缩空气是否正常。

(3) 搬动机器电源开关，打开机门。

(4) 湿洗工按棉织品分类进行洗涤。若餐厅用的台布、口布有污渍油渍，用碱水、漂白剂洗涤。有颜色的台布、口布选用合适的洗涤剂，防止掉色。

(5) 布单棉织品洗涤后，要按照程序上浆，烘干；毛巾类棉织品洗涤后，要进行风干，打冷风，以保证柔软手感好。

3. 棉织品烘干轧平

(1) 开始工作前，要清洁机器及地面，检查机器运转状况，定期给压平机上蜡，随时更换断落的传送带。每周上蜡一次；旺季每 2 天上蜡一次，以保证机器运转正常。

(2) 轧平前，机器应先预热，随时注意蒸汽温度，控制转速，床单与床单间隔为 2 寸。

(3) 将各类棉织品轧平，不要有折。枕套要抖平，床单要放正，未干或不平的布单要重轧。

(4) 毛巾折叠要符合要求，正面向外，有脱边的要剪平。

(5) 报损的棉织品按程序办理。

(6) 压平机排除潮气，需转动 15 分钟。

(7) 棉织品打捆。毛巾、床单枕套、台布口布等各类棉织品经洗涤、风干、压平后，分别打捆，清点数量，做到准确、规范，无差错发生。最后送回布草间，供客房、餐厅领用。

（五）客衣洗涤工作程序

1. 客衣收发

(1) 洗衣房收发员每日8:30上岗，8:40上楼层开始对客人服务，收取客衣（客人将要洗衣物装入洗衣袋，填写洗衣单，注明房间、姓名、洗衣件数、时间、要求。楼层服务员将本楼层的衣物收集到工作间）。在收客衣的过程中做到“三核对”，即核对客人房间号、核对客人洗衣单、核对客人是否填写姓名，无误后，将客衣取回。

(2) 如果客人要求加急洗衣，收发员接到客人电话后应在10分钟内到达客人房间收取客衣。加急洗衣应在4小时内送回客房，交给客人。

(3) 取回的客衣拿到收发室立即进行编号、打号、清点核算，分类进行检查，然后分出湿洗、干洗、熨烫等类别。

(4) 分好类的客衣，该修补的修补，该剪钮扣的剪下来用纸包好并做记录。

(5) 收发员将客衣按不同类别送交车间进行洗涤、熨烫。

(6) 客衣发出后，收发员开始逐份进行对洗衣单计价算帐，登记汇总记帐表，待送客衣后交前厅帐务核对挂帐。

(7) 客衣洗、烫完后，收发员将剪下来的扣子按记录缝好，按编号、打号顺序逐份核清客衣，并进行质量检查，发现问题后马上返回进行特殊处理。

(8) 收发员认真仔细地将核清后的客衣整理好，装入洗衣袋内，按楼层顺序码放在客衣车上，与楼层服务员同时送入客人房间，并核对签收。如果遇到客人离店或“请勿打扰”的情况，将客衣送入服务中心，并核对签收。

2. 客衣检查打号

(1) 将收回的客衣进行编号，连同房号、件数一起填写在查核本上。

(2) 如果发现洗衣单上所填项目件数与实际不符，要马上通知主管和办公室予以处理。

(3) 在洗衣单上注明衣服颜色、件数、编号并签名，以便查找。

(4) 按照编号在衣服上打号。如有不能打号的衣物要用手写号，然后用别针别在衣服上。

(5) 注意洗衣单是否列有客人所提的特殊要求。如有，应通知有关人员。

(6) 检查客人是否有物品留在口袋里或别在衣服上。一经发现，应立即上交办公室处理。

(7) 如果发现衣物有破损，在征得客人的同意后，予以缝补。

(8) 打号时，随时注意打号机的温度。须待气压达到标准后，方可使用，否则会发生掉号现象。

(9) 检查打号机的墨带，打号如不清，应及时更换，以免产生衣号混乱、衣服混杂现象。

(10) 打好号的衣服可根据送交的时间和衣服的多少，分成几批交与有关人员进行洗烫。

(11) 将已洗熨好的干净衣物按洗衣单的件数、编号进行核对并包装。检查衣物是否破损或洗涤不净。如有，即通知有关人员返工或缝补。对于错包的衣服要重新核对，直至找出为止。

(12) 经过核查，确认无误后，将未打上号或打错号的衣物记在本上，连同洗衣单一起交与办公室处理。

3. 客衣湿洗

(1) 将送洗衣物按湿洗、干洗和手洗进行分类，对于易掉色的衣物要单独处理。

(2) 按衣物的种类选用最佳洗衣粉，严格控制漂白粉的使用，确保质量。要先洗刷衬衣的衣领和袖口。有污渍的衣物，要先去渍，再清洗。

(3) 严格控制水温，一般衣物在30℃~40℃之间，棉织品和衬衣的温度不得超过65℃。毛织品、易掉色的衣物用凉水清洗，但时间不要过长。

(4) 先洗涤快件衣物。丝织品，一般用手洗。一些尼龙丝织品，要用网袋装上清洗或手洗。洗涤时，检查衣物内是否有其它物品，以免损伤衣物。

4. 客衣干洗

(1) 将送来的衣物按衣料的质地分类。

(2) 检查。检查衣物是否装有其它物品，以免损伤衣物。检查衣服钮扣、装饰品等是否是塑料制品及不宜干洗的东西。检查衣物是否有污渍或粘胶的地方。

(3) 要先去污渍，按衣服的颜色，选用机内的干洗油（一般由浅到深）。按衣物的质地确定是否增加附加剂。

(4) 洗涤开始前检查机器设备是否完好。合上电源，打开干洗机开关，按下保险，打开总气门，关上机后气节门，使蒸汽进入干洗机。

(5) 打开机门，装上衣物（按分好的次序先浅后深）。开动机器。洗涤时按如下顺序依次进行：洗涤→脱油→烘干→除臭→打开机门卸下衣物。

(6) 衣物全部洗后将余下的油打入蒸溜箱进行蒸溜，蒸溜出的油为净油，为第二天的洗涤做准备。

5. 客衣熨烫

(1) 西服的熨烫

● 手熨斗整修局部机器所不能熨到的部分。

● 西服的领子要从反面熨烫（顺着后片中缝至腋叉）。

● 熨烫左片正面、左翻领内里和右片正面、右翻领内里。

● 使用膛码熨烫肩部及肩口。

● 熨烫领子及左右两边的翻领，调整西服领形。

(2) 裤子的熨烫

● 裤子的内折线、前中线一定要对直。

● 两裤筒的前中线与后中线的高度要相等。

● 手工熨烫时要布贴面而烫，避免熨斗烙痕。

● 前后口袋应翻开熨烫。

(3) 衬衣的熨烫

● 先熨烫领子和袖口。熨烫正面的时间要短，背面的时间可长，直至压干为止。熨烫袖子要先左后右，对准袖筒缝合线。

● 熨烫翻领或翘领，熨烫成所需的领形。

● 熨烫好的客衣，要仔细地检查是否合格。

● 加急的，要先熨烫。

（六）工服洗涤工作程序

1. 工服房工作程序

(1) 收回脏衣服，查看破损重污，点清件数，提醒衣主将东西掏净。

(2) 发现衣物内有遗留物，交回本人或上交领班，并作记录。

(3) 坚持交一件脏工服领一件干净工服的制度。发出的工服必须清洁、无污渍、无掉扣、无开线。必须以衣换衣、以旧换新、编号相符。

(4) 11:00 前，将换洗脏工服送洗衣房，收回干净工服，以备更换。

(5) 干净工服取回后检查工服有无破损，如有，要及时修补、修理、钉扣。

(6) 取回已修补好的衣服，套上衣架，按编号挂到规定的位置。

(7) 经常检查衣物的质量，核对帐物，发现问题及时报领班。

2. 工服洗涤程序

● 白涤纶工服的洗涤

洗涤白涤纶工服时，应先洗刷领子和袖口等特别脏的地方，如有油污，可喷洒药水投洗一次，然后加料洗涤。温度不超过60℃，再加少量的漂白粉洗10分钟，投洗3次，每次用温水投洗3分钟，最后一次在30℃水温下加入酸粉。然后高速甩干1分钟，甩干时间过长工服会出现死折不易熨平。烘干时温度不易过高，有条件的可晾干。

● 白布工服、围裙、帽子的洗涤

洗涤白布工服、围裙、帽子时，一次洗涤不宜过多。洗时先冲洗，温度可达90℃，加入强力粉、去油剂，洗8分钟后排水。重新加入温水，温度在70℃。加入漂白粉，投水3次后，最后一次加入少量浆粉和酸粉，高速甩干5分钟。

洗涤厨师工裤方法与工服相同，另外，要加少量漂白粉，最后一次投水时需要加入少量浆粉，使工服熨烫后挺括，而且再次洗涤时脏迹容易洗掉。

● 其它工服的洗涤

其它工服可按衣料的性质，分为干洗和湿洗，洗涤方法与客衣洗涤方法相同。

四、洗衣房的工作标准

(一) 棉织品洗涤质量标准

● 毛巾类

装机数量合理，三次投水冲洗 15~20 分钟。每次投洗分别加洗涤剂、漂白粉、酸粉、柔顺剂等，投放比例适量。水温、气压控制准确，温度在 80~85℃左右。洗后的棉织品烘干、打冷风 3~5 分钟。整个洗涤过程中严格遵守操作程序，各类洗涤剂投放准确，温度控制适当，去污、甩干、烘干、打冷风操作规范，洗后的毛巾洁净、蓬松、柔软。

● 床单枕套类

床单、枕套分别洗涤，装机送洗数量合理。去污冲洗15~20 分钟，温度 80~85℃。三次投洗分别加洗衣粉、酸粉、荧光剂，投放数量适当。甩干、压平操作规范。洗后的床单做到清洁、柔软、洁白。不合质量要求的坚持回洗和回烫。

● 台布口布类

台布口布装机数量合理，三次投水冲洗分别加强力洗衣粉、去油洗涤剂、漂白粉、酸粉和浆粉，投放数量适当。温度、压力控制准确，去污洗涤 8~10 分钟，温度 85℃左右，漂粉冲洗 7~8 分钟，温度 70℃左右。洗涤过程中严格遵守操作规范，洗后的台布、口布做到清洁、柔顺、有挺括感。无任何油迹、污迹。

(二) 客衣洗涤质量标准

● 干洗

干洗前认真检查客衣布料、质地、性能与颜色深浅、脏净程度。有较重污迹，不宜同时洗涤的客衣先用手洗去渍去污，再投入干洗机。衣物冲洗，投油后洗涤 3~5 分钟，加四氯乙烯自动冲洗，烘干。洗涤后的客衣清净，无任何污迹、汗渍、掉色、脱扣等现象发生。

● 湿洗

湿洗前检查衣物袖口、领子等易脏处，喷去污药水 10～15 分钟去渍，再投入水洗机。湿洗应分类洗涤，每类衣物正确选择洗涤剂。衣物重量与机器容量相适应。水温、气压及冲洗时间掌握准确。深色、杂色衣物，水温 35℃以下，洗涤 7～9 分钟。白色衣物和衬衫，水温 60℃以下，洗涤 12～13 分钟，然后烘干，烘干温度一般控制在 60℃以下。湿洗后的客衣干净、完好、不褪色、不染色，无任何污迹。

● 手洗

丝绸、百褶裙、丝袜等有特别要求的客衣，坚持手洗。洗涤时根据衣物脏净程度和洗涤要求，合理选择洗涤剂，正确掌握水温。轻轻揉搓去渍，清水冲洗干净。容易掉色的衣物装袋洗涤。洗后的衣物洁净，无任何破损。

● 熨烫

根据衣物种类和部位要求不同，分别选择面烫机、人像机、裤头机、夹衣机熨烫。衣物部位选放准确，蒸汽开放适量，喷气与熨烫时间准确无误。熨烫后的客衣根据需要打冷风。熨烫后的客衣交质检员做客衣洗涤质量检查。整个客衣洗涤做到衣物洁净无污迹、无异味，平整、挺括。折线清晰，裤线无双线。不合质量要求的衣物挑出回洗或回烫。

（三）工服洗涤质量标准

洗衣房将不同种类和布料的工作服分类洗涤。每次洗涤装机、选择洗涤剂、干洗、湿洗、投水、冲洗、控制温度、压力、洗涤时间、烘干、甩干、熨烫等，均要按操作规程进行，动作规范，保证质量。洗后的工作服，做到清洁、美观、无污迹、开线等现象发生。需要补修的工作服，交工服房修好。

五、客衣纠纷的预防与处理

(一) 客衣纠纷的预防

对客人衣物的洗涤要求做到干净、整洁、送准、及时、不丢失、无损坏，否则，将可能引发客衣纠纷。

为了预防客衣纠纷的发生，洗衣房管理人员应从以下几方面入手，加强对客衣流通及洗涤各环节的管理：

1. 收取客衣时，认真细致地检查客人待洗衣物，发现可能洗不净的严重污迹、衣服破旧可能洗坏、口袋内有物品等事先告知客人。

2. 分类处理。打号时要将客衣按干洗、水洗、熨烫和手洗等几种类型进行分类、登记，同时要严格检查，需要去扣、装袋洗涤、先去油污、机洗、手洗的客衣，严格分开。

3. 客衣洗涤、熨烫要严格按照操作规程办事。对不同质料的衣服，采用不同的洗涤方法，选用不同的洗涤剂，确保一定的洗涤时间，这样，即可保证洗净衣服，又可避免损坏衣物。

4. 将洗好的衣物按不同的楼层、客房进行分拣。

5. 工作细致，质量检查、分号装袋不发生差错。

6. 为了防止丢失衣物或出现其他差错，明确洗涤责任，客衣在流通过程中要作好交接记录，检查客衣的数量与质量。

7. 客衣在洗涤速度上可分为快洗和普通洗涤两种类型，无论是哪种类型，都要求洗衣房按时洗涤完毕，及时送还客人。

(二) 客衣纠纷处理标准

1. 纠纷原因分析

当客人提出投诉，引起客衣纠纷时，主管首先要认真听取客人意见，态度要诚恳、耐心，接着迅速分析和查明具体原因，以便有针对性地处理。容易引起客衣纠纷的原因主要有：客衣丢失，衣物破损，污迹未洗净，钮扣丢失，客衣染色褪色等。

2．客衣纠纷的处理

对于客衣纠纷，要在查清原因、掌握事实的基础上区别不同情况进行处理。凡属客衣洗涤过程中由酒店方面的原因引起的客衣丢失、洗坏、染色及熨烫质量差等客衣纠纷，应主动承担责任，该赔偿的赔偿，该修补的修补，该回收的回收，该回烫的回烫。若需赔偿，赔偿费最高不超过洗衣费的 10 倍，具体数量双方根据具体情况协商解决。凡属客人或客人衣物本身原因引起的洗坏、口袋物品丢失、污迹洗不掉等客衣纠纷，酒店不负赔偿责任。但应耐心解释。整个客衣纠纷处理过程中做到友好协商，事实清楚，原因明确，处理得当，让客人满意。

六、洗衣房与楼层职责的协调

为了保证能将客房布草，尤其是客衣按质保量，及时洗涤，并及时准确地送交客人，必须协调好楼层与洗衣房的职责。

一般来说，客房部可设两名或若干名（依据酒店客房数量的多少而定）专职布草取送员，负责取、送客房布草，将当日换下的旧床单、毛巾等布草，及时送交洗衣房洗涤，由洗衣房负责签收，同时，领回相同数量的干净布草，并将其分送各楼层，由楼层当值服务员负责签收。在从洗衣房领取布草时，布草取送员要检查布草是否洗涤干净，无论是床单、枕套还是脸巾、浴巾，有黄色锈斑或其他污迹的一律不得上楼。

除过上述两名客房服务员以外，洗衣房还应委派一专职服务员专门取送客衣。客人的待洗衣物由客房服务员取出送交楼层服务台（或置于楼层储物室或宾客服务中心），再由洗衣房专职服务员来各楼层服务台（或宾客服务中心）收取，并签收，待衣物洗好后，再由该洗衣房服务员送回楼层服务台，楼层服务员则根据洗衣登记表一一核实、签收，填写楼层“客衣洗涤控制表”（见表7－2）

表7－2　　楼层客衣洗涤控制表

日期：

编号	房号	客人姓名	件数	收客衣经手人	洗衣房送回点数人	送房人	备注

一般来说，收到洗好的客衣后应立即送还客人，为了便于客人查收，一般应将洗净的衣物置于该客人的床上，切忌将衣物直接放于衣柜内，以免引起不必要的误会与麻烦。

如果服务员送还客衣时，发现客房门上挂有“请勿打扰”牌，应将特制的说明字条，从门下空隙处塞进客房，告诉客人，“衣服已洗好，需要时通知楼层服务员”或为客人电话留言。

在本节的末尾，需要指出的是，酒店洗衣房的工作是很累很苦的，工作环境、工作条件往往要比饭店其他部门差得多，尤其是在炎炎夏日，洗衣房机器运转嘈杂的声音，驱不散的“暖流”，使得许多职工难以忍受，尤其是跟其他部门相比更觉低人一等，因此往往会产生自卑感，进而消极怠工，致使洗涤任务难以完成，严重的会影响饭店经营活动的正常进行，对此，饭店管理层及洗衣房管理人员必须具有足够的认识，教育员工树立以店为家的思想，同时，努力改善他们的工作环境，提高其待遇。此外，还要通过加强考勤，严格管理并采取必要的奖惩措施，使洗衣房管理严格化、正规化和科学化。

第八章

客房部预算与保本点分析

第一节　客房部预算

预算是管理人员用来控制和指导经营活动（特别是采购设备、用品）的依据。制定房务预算是客房管理者的基本职责之一。通过制定房务预算，可以有效地控制客房部各项成本、费用，提高客房部经济效益。同时，也能使客房管理人员为今后一段时间的工作做好详细的规划。

预算的制定应力求谨慎，一旦制定出来，就必须成为指导开支的纲领。可以说，预算是整个客房经营管理工作的基础。

一、制定预算的原则

（一）轻重缓急原则

制定预算时，所有预算项目必须分清轻重缓急，按以下先后次序排列：

第一优先：来年绝对必须购置的项目。

第二优先：增加享乐程度和外观的新项目。

第三优先：未来两年内需要添置的项目。

酒店在开业三年以后，总有必要对某些设施进行更新、改造和重新装饰，这些更新项目往往占了预算开支的一大部分，但是如果能将过去所购物品的购买和使用时间记录在案，那就会给客房管理人员的年度资金预算计划提供方便。

（二）实事求是原则

预算必须实事求是，按照客房部的实际状况和经营需要确定，否则，如果客房管理人员为了得到预期的金额而在预算上报了多出两倍的金额，那么，将来的实际开支就将是实际预算的两倍。事实上，如果按轻重缓急序列制订预算，也没有必要做这种“预算外的预算”。

（三）充分沟通原则

在绝大多数酒店，客房部门要负责整个酒店的家具配备工作，因此，客房管理人员必须与其它部门负责人（特别是工程维修部）保持联系，以便协商确定客房部与这些部门预算有关的统一开支款项。

二、制定预算的依据

客房部制定预算的依据主要有以下几点：

1. 酒店在计划期内的经营预测。
2. 酒店经营的历史资料。
3. 客房部设施设备及人员现状。
4. 计划期内物价及劳动力成本水平。

三、预算的编制

（一）客房部预算总表

客房部预算所包含的项目及预算表的格式如表 8-1 所示：

表 8－1　　2000 年客房部预算总表

单位：元

项　目	上年实际	上年预算	本年预算	备注（原因）
第一优先项目：				预计今年出租率上升 9%：补齐缺编 10 名员工
工　资	338400	340000	430560	增加物价上涨因素（按 15% 计）
工作服	16920	17000	26000	增加员工：今年需发皮鞋每人一双（70 元/双）
医药费	25560	23560	27960	240 元/人·年 × 104 人 + 3000 元重病超支保险费
床单			57600	补充二套 30 元/床，急需补，否则会影响周转
洗衣房洗涤剂	36000	35000	45000	业务量增加，洗涤剂价调 15%（已接到通知）
客房、PA 洗涤用品	15000	18000	9600	部分改用国产产品替代合资、进口产品
客房易耗品	245000	230000	226000	去年还有一部分。3.3 元/间×240 间×82%出租率×365 天×95%消耗率
维修保养费	70000	75000	38000	去年增加烘干机一台 4 万元
第二优先项目：				
清扫工具等	9000	15000	11000	考虑上涨因素
临时工工资	12000	10000	6000	去年人手不足用的多，今年旺季用些临时工（5～10 月）
差旅、培训费	4800	5000	4500	去年批量实习，今年少数骨干学习培训
邮电通讯费	2100	2000	2100	

（续上表）

项　目	上年实际	上年预算	本年预算	备注（原因）
第三优先项目：				
办公用品及印刷品	4000	5000	3000	有些报表已够用
员工生日及生病等	2700	3000	2800	每个员工生日及病假达三天者的探望
奖金	293280	280000	330000	增加员工，业务增加，争取增长10%
劳保用品	16920	18000	18720	101人×15元/人·月×12个月
		累计	1238840	

说明：第一优先中，床单须在旺季之前（三月底之前）解决；工作服中夏季服装及皮鞋在5月份前解决，冬季服装在9月底前解决。

共需资金壹佰贰拾叁万捌仟捌佰肆拾元，当否，请审批。

此致

呈：总经理室

客房部

（二）预算总表的分解

为了做好预算的控制，还应对预算的有关项目按月进行分解。参见表8－2。

表8－2　　月度预算表

项目	一月		二月		三月		……		十二月	
	本年	去年	本年	去年	本年	去年	本年	去年	本年	去年
工资										
客房用品										
清洁用品										

(续上表)

项目	一月		二月		三月		……		十二月	
	本年	去年	本年	去年	本年	去年	本年	去年	本年	去年
……										

四、预算的执行与控制

客房部年度预算一经批准，客房管理人员应严格执行，将经营活动控制在预算范围之内。为此，客房管理人员必须对预算执行情况进行检查，一般每年检查不得少于两次，最好是每月都检查一次，并填写预算执行情况控制表（见表8-3）

表8-3　　预算执行情况控制表

项　目	本月实际		本年累计		
	本年	去年	本年	预算	去年
工　资					
客房用品					
清洁用品					
……					
直接开支合计					

由于预测不可能准确无误，所以预算指标与实际业务运行发生较大误差是不足为奇的，可以通过修订预算进行弥补。

在预算与实际状况发生较大误差时，客房部负责人应立即召集所有管理人员通报情况，寻找现实可行的办法来消除因开支过大造成的赤字；或是寻找利用剩余资金提高效益的其他途径。

第二节 客房“保本点”分析

一、客房保本点

客房商品的成本分为两大类：一类是正常经营条件下与客房出租间数无关，即使出租间数为零也必须照常支付的费用，这部分叫固定成本（F），如固定资产折旧、间接管理费、土地资源税、利息、保险等；一类是随客房出租间数的变化而变化的，如低值易耗品、物料用品、客房员工的工资、直接管理费和水、电等消耗，这部分叫变动成本（V）。变动成本在营业收入中所占的比率为变动成本率（f）。

所谓“保本点”（又称“盈亏平衡点”），是指营业收入总额与成本总额相等时的商品销售量。在固定成本、价格及变动成本率不变的情况下，保本点也保持不变，是个常量，它不会因每月（季）营业收入或总成本的变化而变化，更不是计划期内固定成本与变动成本的简单相加。

就酒店客房而言，保本点可以用客房收入与客房成本总额相等时的客房出租数来表示，也可以用该点出租率及客房营业收入表示。在这一点上，客房的利润为零，既不亏损，也不盈利。（如图 8－1 所示）

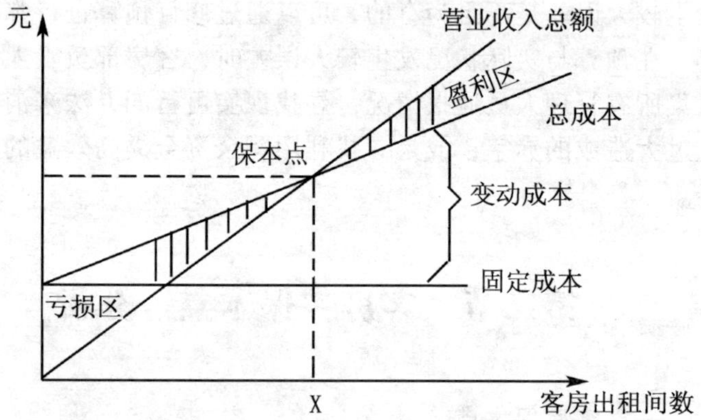

图 8-1　客房保本点

设房间价格为 P，客房总数为 N，计划期天数为 n，客房固定成本为 F，变动成本率为 f，保本点时的营业收入、客房出租间天数和平均客房利用率分别为 y、x、r，则根据保本点定义，我们有：

$$y = F + fy$$

$$y = \frac{F}{1-f} \qquad (1)$$

$$x = \frac{y}{P} = \frac{F}{P\ (1-f)} \qquad (2)$$

平均每天出租客房数 $x' = \frac{x}{n} = \frac{F}{P\ (1-f)\ \cdot n}$

$$r = \frac{x'}{N} \times 100\% = \frac{F}{P(1-f)\cdot n\cdot N} \times 100\% \qquad (3)$$

上列（1）、（2）、（3）式分别为以营业收入、客房出租间天数和客房出租率表示的客房保本点。

例：假设某酒店共有客房 500 间，平均房价为 100 美元，

2000 年 4 月份客房营业收入为 105 万美元，固定成本为 34 万美元，变动成本率为 52%，则该酒店客房部以月营业收入、月客房出租间天数和客房出租率表示的盈亏平衡点分别为：

$$y_4=\frac{F4}{1-f}=\frac{34\times10,000}{1-52\%}=708，333\text{（美元）}$$

$$x_4=\frac{y_4}{P}=\frac{708,333}{100}=7,084\text{（间天）}$$

$$\text{平均每天出租数 } x'_4=\frac{7,084}{30}=236\text{（间）}$$

$$z_4=\frac{x'_4}{N}\times100\%=\frac{236}{500}\times100\%=47\cdot2\%$$

由此可见，客房保本点只与客房固定成本和变动成本率有关，而与客房实际营业收入没有关系。

二、客房保本价

客房保本价即客房保本（客房利润为零）时的价格。假定客房出租率为“r”，保本价为“ P”则，由（3）式可知：

$$P=\frac{F}{r(1-f)\cdot n\cdot N}$$

即，在客房固定成本、客房出租率、客房变动成本率等一定的情况下，当客房的实际平均房价达到 F/r（1－f）·n·N 时，客房经营才能保本。

三、保本点分析

如图 8－1 所示，客房盈利区的大小与保本点的位置有很大关系。保本点的位置越低，盈利区就越大，亏损区则相应缩小，所以保本点的位置越低越好，那么，客房部如何降低保本点呢？

如图所示，在营业收入一定的条件下，保本点的位置取决于总成本的大小。总成本增加，盈利区便缩小，亏损区相应增大。所以，酒店应通过对固定成本和变动成本的控制，改变保本点的位置，缩小亏损区，扩大盈利区。

一般来说，客房的固定成本是相对固定的，但是，如果酒店的固定成本总额增加，则客房的固定成本数额必然要相应增加，从而使客房总成本增加，这时，原保本点位置就改变了，亏损区增大，盈利区缩小。反之亦然。所以，酒店在日常经营活动中必须努力降低固定成本和费用，加强对固定资产的管理，减少损失报废，延长对固定资产的使用年限。

就客房可变成本而言，管理人员要加强对客房笔、信纸、拖鞋、牙膏、牙刷、洗发液、浴液、梳子、香皂等低值易耗品及清洁用品的控制，减少损失浪费现象。另外，客房用品配备的档次也不能一味求高，必须与酒店的档次相适应。

下面，我们继续以上例为例，分别讨论一下固定成本和变动成本变化对保本点位置的影响。

(1) 在上例中其他条件不变的情况下，假定七月份该酒店客房部的固定成本（F7）减少到 30 万美元，试问保本点位置如何变化。

(2) 在上例中其他条件不变的情况下，假定七月份该酒店客房部的变动成本（V7）减少到 50 万美元，试问保本点位置如何变化。

(3) 在上例中其他条件不变的情况下，假定七月份该酒店客房部的固定成本和变动成本分别减少到 30 万美元和 50 万美元，试问保本点位置如何变化。

(4) 在上例中其他条件不变的情况下，假定七月份该酒店客房部的固定成本减少到 30 万美元，而变动成本增加到 70 万美元，试问保本点位置如何变化。

解：(1) 假定保本点位置以营业收入 y 表示

则：

$$y_7=\frac{F_7}{1-f}=\frac{30\times 10,000}{1-52\%}=625,000\text{（美元）}$$

$y_4-y_7=708,333-625,000=83,333>0$

∴ 保本点向左下方移动，盈利增加。

(2) ∵ $V_7=50\times 10,000$（美元）

$$\therefore\quad f_7=\frac{V_7}{\text{营业收入}}=\frac{50\times 10,000}{105\times 10,000}=47.6\%$$

$$\therefore\quad y_7=\frac{F_7}{1-f_7}=\frac{34\times 10,000}{1-47.6\%}=648,855\text{（美元）}$$

$y_4-y_7=708,333-648,855=59,478>0$

∴ 保本点向左下方移动，盈利增加。

(3) ∵ F7 = 30×10，000（美元）

$$f_7=\frac{V_7}{\text{营业收入}}=\frac{50\times 10,000}{105\times 10,000}=47.6\%$$

$$\therefore\quad y_7=\frac{F_7}{1-f_7}=\frac{30\times 10,000}{1-47.6\%}=572,519\text{（美元）}$$

$y_4-y_7=708,333-572,519=135,814>0$

∴ 保本点向左下方移动，盈利增加。

(4) ∵ $F_7=30\times 10,000$（美元）

$V_7=70\times 10,000$（美元）

$$\therefore\quad f_7=\frac{V_7}{\text{营业收入}}=\frac{70\times 10,000}{105\times 10,000}=66.7\%$$

$$\therefore\quad y_7=\frac{F_7}{1-f_7}=\frac{30\times 10,000}{1-66.7\%}=900,901\text{（美元）}$$

$y_4-y_7=708,333-900,901=-192,568<0$

∴ 保本点向右上方移动，盈利减少。

四、盈亏平衡点率

盈亏平衡点率是指客房盈亏平衡点（保本点）时的出租间天数与实际出租间天数之比。

设盈亏平衡点率为 γ，客房实际出租间天数为 Q，盈亏平衡时的出租间天数为 X，则

$$\gamma=\frac{X}{Q}\times 100\%$$

盈亏平衡点率的值越小越好。结合我国实际情况，一般可用下列数值来判断酒店客房经营的好坏（参见表 8-4）。

表 8-4　　盈亏平衡点率与酒店经营状况的关系

	新酒店	老饭店	理想程度
盈亏平衡点率	<70%	<65%	良好
	70～80%	65～75%	正常
	80～90%	75～85%	警惕
	>90%	>85%	危险

第九章
客房部安全管理

第一节　客房部主要安全问题及其防范

客人对酒店的要求是：提供热情周到的服务，舒适优雅、干净卫生的客房。但这些都是以安全为前题的，安全需要是客人的第一需要，一位日本酒店管理专家曾经指出："酒店经营者应当记住：住宿业的大前题是旅客的生命、财产。安全第一，饭菜、服务、设施第二……如果一名旅客遇难，饭店就会受到致命的打击。"因此，安全管理是酒店，特别是客房管理的主要内容之一。

发生在客房部的安全问题，主要有以下几种类型：

一、各类事故

客房部所发生的各类事故通常因客房设施设备安装或使用不当而引起，经常发生的这类事故有：

（1）浴室冷、热水供应不正常，烫伤客人。

（2）设施设备年久失修或发生故障而引起的各种伤害事

故，如天花板等建筑物掉落、倒塌，砸伤客人。

(3) 地板太滑，楼梯地毯安置不当以及由于走廊、通道照明不良而使客人摔伤。

对于以上事故，饭店应给予足够的重视，要采取措施，确保浴室冷、热水供应正常，同时经常检查维修饭店的设施设备，消除隐患，如地板太滑可铺设地毯，照明不良可更换灯泡。如由于地毯铺设不当，经常绊倒或摔伤客人，就应考虑对其重新安置、调整。

此外，客房部员工在工作时，还要严格按照操作程序和操作规程进行操作，防止出现各种工伤事故。

二、传染病

传染病会威害客人和员工的健康，它的产生和传播大都与饭店的卫生工作有关，主要是食品卫生和环境卫生，有些饭店食品卫生工作搞得很差，经常发生顾客食物中毒的现象，轻则拉痢、传染，重则因此而丧生，给饭店的财产和声誉都带来不可估量的损失。有些饭店只重视客人餐厅卫生，而不重视员工食堂的卫生，岂不知员工因此而患病后，不但会影响日常的接待服务工作，而且还会将病菌通过客房服务而传染给客人，显然，这种态度是不可取的。

如果说食品卫生是餐饮部的责任的话，那么，环境卫生则主要是由客房部负责的。一般来说，客房部应该从以下几个方面着手搞好环境卫生，防止传染病的发生和传播。

(1) 按预定的清扫频率，组织正常的清扫工作。如果饭店所在地气温较高就应注意潮湿问题，应对潮湿的角落经常检查，并定期或不定期地喷撒杀虫剂。另外，要避免灰尘的堆积，角落、家具的底部时间一长就会成为灰尘集聚的场所，因而要组织系统有效的行动来清除灰尘。

(2) 布草的清洁。无论是客人使用的布草还是员工使用的布草都应保持清洁卫生，无懈可击，对于那些可能感染上病菌的布草应尽可能放在沸水里去煮。

(3) 卫生间设施的特别清扫。浴缸、淋浴器、便器以及洗脸池是客人身体直接接触的物体，病菌容易通过这些设施传染给随后租房的其他客人，因此搞卫生时应特别予以关注，尤其是那些患有传染病的客人使用过的客房，客人离店之后，要对其卫生间设施使用消毒剂，进行彻底的清扫。

(4) 消灭害虫。我国很多旅游饭店老鼠成灾，饭店以及上级有关部门经常收到来自国际旅游者在这方面的投诉，他们气愤地说："我不能与老鼠同住一屋!"有的甚至在回国后有意无意地写文章，投书新闻界，诉说他们在这方面的"经历"，对我国旅游饭店业的声誉造成不良的影响。

事实上，像蟑螂、蚊子、苍蝇以及老鼠、蚂蚁、蜘蛛、跳蚤等害虫，不但影响环境卫生，而且往往也是各种病毒的传播者，因此，稍一露头就要进行控制，在害虫容易出没的地方经常喷撒杀虫剂和毒药。在此，做好客房的计划卫生具有重要意义。

此外，为了防止传染病的蔓延，保障住店客人的安全与健康，饭店方面也有权拒绝患有传染病的顾客留宿。

三、偷盗及其他刑事案件

(一) 偷盗的类型

偷盗现象在酒店里时有发生，尤其在管理不善的酒店更是如此，它是令酒店管理者非常头疼的一个问题。失窃物小到一盒火柴，一包香烟，大到一枚戒指，上万元巨款。偷盗的对象既有住店客人，又有店方本身。一些酒店成箱的名酒、成套餐具、成包的卫生用品等经常不翼而飞。

从窃贼的构成上来看，发生在酒店的偷盗现象一般有以下四种类型：

1．外部偷盗

即社会上的不法分子混进酒店进行盗窃，这些人往往装扮成顾客蒙骗店方，盗取住店客人及饭店的财物，防止这种类型的盗窃行为发生，饭店只有靠加强管理，提高警惕性。

2．内部偷盗

指酒店职工利用工作之便盗取客人及饭店的财物，这种类型的偷盗在整个偷盗事件中占很大比例，象前面提到的酒品、餐具以及卫生用品的盗窃大都是饭店内部员工所为，由于他们对于饭店内部的管理情况、活动规律以及地理位置都了如指掌，因此，做案也最容易，一般来说，饭店如发生失窃现象应先从内部入手进行侦破查找。

3．内外勾结

这种类型的盗窃，一般是由酒店内部的员工向社会上的同伙提供“情报”及各种方便，由其同伙作案、销赃，这种作案方式手段“高明”，容易成功，给酒店造成较大的威胁。

4．旅客自盗

这种方式是指相识或不相识的旅客同住一屋，其中一位旅客利用这种“地利”与“人和”的方便，伺机窃取另一位旅客（同伴）的财物，这种方法虽然少见，但也时有发生。对于这类盗窃行为，饭店方面只能告戒旅客提高警惕，保管好自己的财物，或建议客人单独包房间住。

（二）偷盗及其它刑事案件的防范

除过偷盗行为以外，客房部有时还会发生以谋财害命为主要特征的抢劫、凶杀案件，有效的防止盗窃及其它刑事案件的发生，是客房安全管理的主要任务。

客房部盗窃及其它刑事案件的防范可从以下几方面入手：

1. 加强对员工的职业道德教育

针对内部偷盗现象，客房部首先应做好员工的思想工作，对员工进行职业道德教育。其次，还应采取各种有效的办法、手段（如合理排班、加强员工出入的管制检查以及设置检举控告箱等）堵住管理漏洞，严格管理制度，不给做案者以可乘之机，同时，一旦发现有人偷窃，应予以严厉打击，严肃处理，轻则留店察看，重则开除，直至诉诸法律。

为了使酒店具有良好的店风、店纪，酒店在对外招工时也要注意把那些流里流气、不三不四或有犯罪前科的应招者拒之门外。

2. 做好客房钥匙管理

酒店的钥匙通常有以下几种：

● 住客用钥匙（Guest Key）。只能开启该号房门，供客人使用。

● 通用钥匙（Pass Key）。供客房服务员打扫房间使用，可开启十几个房门。

● 楼层总钥匙（Floor Master Key）。供楼层领班使用，可开启该楼层所有房间。

● 总钥匙（Housekeeper Master Key）。可开启各楼层及公共区所有房门，专供客房部及工程部经理使用。

● 紧急万能钥匙（House Emergency Key Or Great Grand Master Key）。只供总经理使用，也称饭店总钥匙。

● 楼层储藏室钥匙（Floor Pantry Key）。供楼层服务员使用。

● 公共区总钥匙（Cleaning Master Key）。供公共区领班使用。

酒店的钥匙是关系到客人生命财产以及酒店本身安全的一个重要因素。钥匙管理是楼层安全管理的一个重要环节。一般应采取以下几个措施：

(1) 做好钥匙的交接记录。

(2) 因公需用钥匙时必须随身携带（比如可要求将钥匙扣在裤带上），不得随处摆放。

(3) 禁止随便为陌生人开启房门，其他部门员工如需要进入房间工作（例如行李员收取行李，餐饮服务员收集餐具，工程部员工维修房间设施设备等），均须客房服务员开启房间。

(4) 发现任何门外锁孔留有钥匙，客房服务员必须敲拍房门，如房内有客人，要提醒他不可将钥匙留在门外，如房内无人，要将此钥匙取下交领班处理，并将发现时间记录在客房服务员工作单上。

(5) 如客人已迁出，而该房钥匙仍留在房内，应将其立即交给领班或总台。

(6) 有些客人退房后可能会忘记交回钥匙，此时，可根据实际情况和实际需要，派人到机场或车站追回钥匙（电子、磁卡钥匙除外）

3. 从来访客人和住店客人身上发现疑点

在日常工作中，应注意从来访客人和住店客人身上发现疑点：

(1) 从审查证件中注意

- 证件上照片与面貌不符。
- 印章模糊不清或有涂改迹象。
- 证件已过时失效。

(2) 从言谈中注意

● 交谈中神态不正常，吞吞吐吐，含糊其辞。
● 谈话内容、方式与身份不相符合。
● 口音与籍贯不一致。
● 说话自相矛盾，或说东道西，夸夸其谈。

(3) 从举止打扮中注意

● 进出频繁，神情异常，行动鬼祟。
● 服装式样、质量与职业身份不符。
● 用小恩小惠拉拢腐蚀服务员。
● 经常走窜其他客人房间。
● 打探馆内其他客人情况。
● 携带麻醉剂、凶器等危险品。
● 未带任何行李物品。

(4) 从日常生活中注意

● 与不相识的人乱拉关系。
● 用钱挥霍。
● 起居不正常。
● 终日闭门不出，神态不自然。
● 匆匆离馆，原因不明。

以上仅是可疑之点，客房服务及管理人员只能对有以上特征的人提高警惕，注意观察，而不能主观臆断，以此定罪，以免得罪、冤枉好人，而给坏人造成可乘之机，使我们的工作处于被动状态。

4. 抓好“三个重点、三个控制、六个落实”

除过在日常服务中对住店客人进行以上观察以外，客房保安管理和内部防范还要抓好三个重点（重点部位、重点时间、重点对象）、三个控制（楼面的控制、电梯的控制、通道的控制）、六个落实（开房验证；住宿登记；来访登记；跟房——客人退房离去或来访者走后要入房安全检查；掌握客情；行李保管)。此外，还要加强对门卫及大堂保卫工作的管理，保卫人员应密切注意大堂内客人的动态，发现可疑的人或事应主动上前盘问、处理，及时消除各种隐患。

最后，酒店一旦发生不安全事件，作为客房员工，要在报告领导及保卫部门的同时，注意保护好现场，不准无关人员无故进入现场，更不许触动任何物件，这对调查分析、追踪破案极为重要。此外，发案后，在真象未明的情况下，不能向不相干的宾客等外人传播，如有宾客打听，应有礼貌地说："对不起，我不清楚"。

第二节　火灾的预防、通报及扑救

除了上节所述客房部几种安全问题以外，客房部还有一种安全问题：火灾！实际上，火灾是客房部的头号安全问题。客房部员工应该具有火灾的防范意识，掌握火灾的预防、通报和扑救知识。

一、火灾的危害

如前所述，火灾是酒店的头号安全问题。现代旅游酒店设备先进、设施豪华，投资额巨大，小的投资上千万，大的往往上亿元，一场大火旦夕之间就会使这些巨额财产化为灰烬。无情的大火不但会烧毁饭店建筑物，而且还直接威胁着人们的生命。据报道，1974 年的巴西圣保罗乔尔马大厦起火，造成 179 人死亡、300 余人受伤的震惊世界的大惨剧；1985 年，位于我国东北城市哈尔滨的天鹅饭店起火，导致 10 人死亡，7 人受伤。因此，一位饭店总经理曾经深有感触地说："作为饭店老板，我最为关心的，而且常常使我坐卧不宁的就是‘防火’，客人的财物丢失，我可以经营利润照价赔偿，可是一旦发生火灾，建筑物付之一炬，客人被烧死，那么，我坐监狱是小事，国家将遭受难以估量的巨大损失”。

二、火灾发生的原因

火灾发生的直接原因很多，据美国 1953～1962 年间，对 487 起饭店的火灾原因分析：因吸烟点火不慎者占 33%；因电器事故占 21%；因取暖、炊事用具引发的占 10%；因火炉上的食物和烟道的油引起的占 6%；因碎屑类着火占 3%；自燃占 2%；煤气泄气占 1%；纵火占 17%；其它占 7%。由此可见，饭店火灾主要发生在客房。其中，吸烟和电器事故不仅是引起客房部火灾的主要原因，而且也是整个饭店火灾事故的主要诱因。国外火灾多发生在深夜到黎明这一段时间，其原因就是国外旅客大都习惯夜生活，在酒醉和疲劳时，深夜卧床吸烟，容易引燃被褥、床单等物，或者乱扔烟头火柴，使地毯、纸篓等起火。北京有一家饭店，一位日本外宾因饮酒过量，又有睡觉前躺着吸烟的习惯，结果，人睡着了，小小的烟蒂致使这位客人丧生。

另外，电器和煤气也是饭店火灾的重要导因，据报道：“1987 年 1 月 27 日苏联莫斯科大旅馆一个房间里的鲁宾—714 型彩色电视机，发出一声沉闷的响声，电视机发生爆炸，接着喷出火苗，燃着了房内的家具，引起了熊熊大火，导致一人丧生，多人受伤，”据莫斯科消防管理局统计，1980～1987 年莫斯科市因电视机爆炸引起的火灾达 4830 起，30 人丧生。

“1985 年 11 月 2 日菲律宾的马哈拉杰赫饭店因中央供水锅炉漏煤气引起火灾，使饭店变为废墟”。

“1986年12月31日15点30分美国波多黎各杜蓬大饭店地下锅炉爆炸，火势凶猛，使这座21层豪华饭店变成一片火海”。

1990年，我国深圳也有一家饭店因锅炉爆炸引起火灾，使一人丧生。

此外，饭店在建筑和大修时也常发生火灾，这主要是由于使用电气焊而引起的。

发生火灾的直接原因虽然很多，但更重要的是酒店经营者对消防工作重视不够。消防意识不浓，思想麻痹，存在侥幸心理，总认为火灾只是偶尔发生的，一般不会出现，即使出现，“倒霉”的也不会是自己的饭店，因而在日常经营和管理中，措施不力，结果导致“引火烧身”。

三、火灾的预防

火灾的预防可从以下几方面入手：

1. 在酒店的设计建设中，安装必要的防火设施与设备

为了防止火灾的发生，饭店在建设时就应选用适当的建筑材料，设计安装必要的防火设施、设备，如自动喷水灭火装置及排烟设备等。象太平门、安全通道在一般酒店都是必不可少的，需要强调指出的是，在紧要关头，设置在楼房外面的露天楼梯往往会起特别的作用，可以想象，饭店的封闭式楼梯在这种情况是起不了多大作用的，尤其是假如酒店自己发电的强制排烟设备失效，封闭式楼梯就更显得力不从心，无济于事。除过安全通道以外，大酒店还应在客房部安装急用电梯，并在客房内安装烟感报警器（Smoke Detector）。因为客房中被褥等物起火时，开始多产生大量浓烟，旅客往往在熟睡中就中毒昏迷，这时，烟感报警器就会发挥作用。

针对电器设备起火这一现象，酒店在各种电路系统中应设保险装置，并安装防灾报警装置。

2. 搞好职工培训，增强防火意识

酒店建成开业后，要对新上岗的员工进行安全培训，增强他们的防火意识，教会他们如何使用消防设施与设备，并使他们懂得在火灾发生的非常时刻，自己的职责是什么，同时，组织消防知识竞赛，必要时，还可利用淡季组织消防演习。

当然，为了搞好这项工作，酒店经营者本身必须统一思想，提高认识，这样才能给防火工作以足够的重视。

3. 在日常经营中采取必要的管理措施

A、新落成的大型酒店一律设立防灾中心，整日执行警戒任务。

B、制订并贯彻执行消防安全制度、防火岗位责任制度。

C、专职消防和群众性的消防组织相结合，对于重点部位和隐患要定期检查评比。

D、经常检查、维修线路，防止因漏电而引起火灾。

E、经常检查各种报警装置是否正常。

F、定期检查消防设施是否良好，如消防用具、烟雾感应器等失效者要及时更换。

G、针对客人躺在床上吸烟这一习惯，应在床头柜上放置“请勿在床上吸烟”的卡片，提醒客人务必将未熄的火柴或烟头扔进烟灰缸。

H、对于因酗酒过度而醉的客人以及烟瘾大的客人所住房间要经常检查。

I、注意观察客人所携带的行李物品，如发现有易燃易爆等危险品，要立即向上级或总服务台报告。

J、服务员打扫房间时，注意不要把未熄灭的烟头扔进纸篓。

K、统计资料表明，饭店火灾多发生在夜间，因此，夜间值班员应切实负起责任，加强夜间巡逻。

L、对维修人员因工带进的喷灯、焊接灯、汽油以及作业产生的火花等要充分注意。并要对工作人员加以提醒。

M、发现客人在房内使用电热器时，要及时向总服务台报告。

N、太平门不能加锁，如发现太平门、急用电梯等处堆有障碍物，应及时排除。

以上是关于火灾的预防。为了把火灾所造成的伤亡减少到最低限度，客房部还应利用时机，通过适当的方式向客人宣传安全常识，并向他们指出在非常情况下紧急疏散的路线等等(一般饭店都有印制好的紧急疏散图，见图9-1，有的贴在客房门内侧，有的则放在写字台上的文件夹内)。

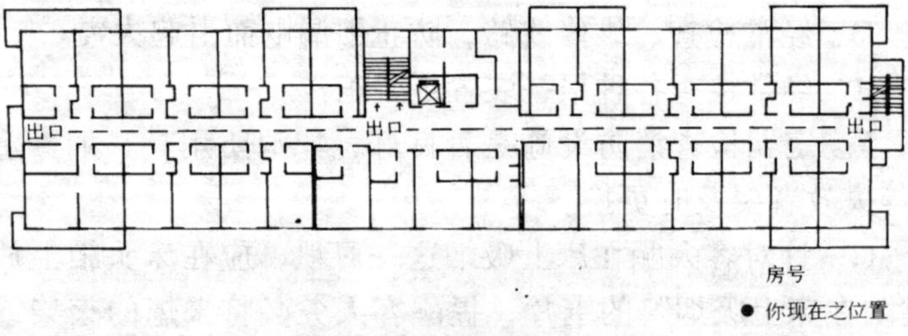

图9-1　紧急疏散图

紧急疏散方案

您的安全对我们是很重要的，请花一分钟时间读完下面的安全建议：

1. 请您一定要熟悉放置在写字台的《旅客须知》内的紧

急疏散方案。

2. 熟悉您客房内的窗户。

3. 请将您的钥匙放置在您容易找到的位置，离开房间时要随身携带，因为烟火阻碍您的出口时，您可能需要您的钥匙回到您的房间。

4. 当起火或有紧急情况时请按下面进行：

- 找到您房间的钥匙并随身携带。
- 在开门前试一试客房门是否烫手。
- 到达最近的可用的出口楼梯，并立即下到底楼。

（注意：不要使用电梯）

- 如您不能平安到达出口楼梯口，应回到您的房间，立即拨“0”通知电话员。
- 在等待援助时，按您的最佳判断来操作窗户。
- 放置一块湿毛巾在客房门底部。
- 设法吸引楼房外面人们的注意。

四、火灾的通报

（一）酒店内部通报

发生火灾时，酒店有关部门（如防灾中心）应立即向消防部门报警，同时，要向客人发出通报，要求客人迅速撤离客房，但考虑到在这种情况下人们特殊的心理状态，因此通报应采用一定的艺术方法和步骤，以免因大恐慌而造成更多的伤亡。一般来说，火灾发生时，最好能够按以下步骤进行通报：

一次通报。通过安装在客房床头柜上的广播向客人通报紧急事态的发生及疏散的方法，这时，防灾中心最好采用预先录制好的磁带用不同的语言播放通报的内容，以免因此时此刻播音员以激动的语气向客人通报“火”灾而引起恐慌。考虑到很多客人并未打开床头音响，或因熟睡而无法听到广播，在通过广播进行通报的同时，应由酒店保卫人员及服务员对各客房进行逐个通知。

为了使疏散工作顺利进行，通报应按步骤进行：首先向起火层报警；再向其上一、二层报警；然后通报上面其他楼层；最后通报起火层以下各层。

二次通报。鸣警铃，进行全楼报警。

(二) 报警

如火情严重，应立即打 119 报警。报警时要讲清以下事项：

1. 酒店的名称、地址；

2. 什么东西着火；

3. 哪一层楼着火；

4. 报警人的姓名和电话号码。

报警后应派人到门口或路口等候消防车。

五、火灾发生时客房员工的职责

火灾发生后，客房员工的职责是：

(1) 向酒店防灾中心报警（如火势大，应同时向消防部门报警）

(2) 按次序向客人发出通报；

(3) 提醒客人有关注意事项，包括：

● 要求客人保持镇定，防止火未烧身人已跳楼身亡，或由于恐慌、拥挤而造成其他意外伤亡事故。

● 提醒客人穿好衣服或睡袍，勿将身体直接暴露在火焰之中，以免烧伤。

● 提醒客人随身携带房门钥匙，以便在无法从安全通道出去时返回房间，等待救援或采取其他措施。

● 最好能将一件针织衫用水浸湿，蒙在头上，当作“防毒面具”使用。

● 如整个通道已被浓烟迷漫，可提醒客人匍匐前进，在火灾中，浓烟比烈火往往更危险，而浓烟较轻，所以一般先上升后下降，因而，爬行有可能逃生。

● 提醒客人不要乘坐电梯，以免突然停电、电梯失控而被堵在电梯内。

(4) 向客人指示安全通道，疏散客人，引导客人迅速撤离现场。

(5) 协助消防人员进行灭火，力争将酒店财产损失减少到最低限度。

六、灭火的方法

(一) 火灾的种类

依照国家标准，火灾分为四大类：

1. 普通物品火灾（A类）。由木材、纸张、棉布、塑胶等固体所引起的火灾。

2. 易燃液体火灾（B类）。由汽油、酒精等引起的火灾。

3. 可燃气体火灾（C类）。如由液化石油气、煤气、乙炔等引起的火灾。

4. 金属火灾（D类）。由钾、钠、镁、锂等物质引起的火灾。

以上不同类型的火灾，应用不同类型的灭火方法和灭火器材进行灭火。客房部的火灾通常属于A类，即普通物品火灾。

(二) 常用的灭火方法

常用的灭火方法有以下几种：

● 冷却法。即通过使用灭火剂吸收燃烧物的热量，使其降到燃点以下，达到灭火的目的，常用的这类灭火剂是水和二氧化碳。

● 窒息法。即通过阻止空气与可燃物接触，使燃烧因缺氧而窒息，常用的这类灭火剂有泡沫和二氧化碳等，也可采用石棉布、浸水棉被来覆盖燃烧物。

● 化学法。即通过使灭火剂参与燃烧过程而起到灭火的作用，这类灭火剂有二氟二溴甲烷（1202）、一氟一氯一溴甲烷（1211）、三氟一溴甲烷（1301）及干粉等。

● 隔离法。即将火源附近的可燃物隔离或移开，以此中断燃烧。

灭火的方法很多，但具体采用哪种方法，要视当时的实际情况、条件而论。

（三）灭火器种类及使用方法

常用灭火器种类及使用方法如表 9－1 所示

表 9－1　灭火器种类及使用方法

类　别	适用范围	使用方法
酸碱灭火器	扑灭一般固体物质火灾	1. 将灭火器倒置 2. 将水与气喷向燃物。
泡沫灭火器	用于油类和一般固体 X 物质及可燃液体火灾 （注意：不可使用于 C 类火灾。另外，由于容易造成污染，现已逐步淘汰）	1. 将灭火器倒置 2. 将泡沫液体喷向火源。

（续上表）

类　别	适用范围	使用方法
二氧化碳灭火器	用于低压电气火灾和贵重物品（精密设备、重要文件）；易燃液体和可燃气体 （注意：不适用于A类火灾）	1. 拔去保险锁或铝封 2. 压手柄或开阀门 3. 对准燃烧物由外圈向中间喷射
干粉灭火器	与二氧化碳灭火器适用范围相同，但不宜用于贵重物品的灭火	1. 拔去保险锁 2. 按下手柄 3. 将干粉喷向燃烧物
卤代烷灭火器（1211、1202等）	上述灭火范围都可以用它来灭火，特别适用于精密仪器、电气设备、档案资料的灭火 （由于破坏臭氧层，正逐步淘汰）	1. 拔去保险锁 2. 打开阀门 3. 对准燃烧物喷射

（四）火灾现场的急救

灭火时，如身上衣服着火，要立即躺倒打滚，使火熄灭，不可惊慌奔跑，如有人受烟熏窒息，或发生头昏、恶心、呕吐、失去知觉等症，应立即将其抬到空气新鲜的地方，解开上衣，在胸前脸上稍喷冷水，如仍不清醒，应做人工呼吸，或急送医院抢救。

第十章
客房部人力资源管理

第一节　客房员工服务意识的培养

服务意识是指能够正确把握服务工作的内涵，把客人当“皇帝”对待，时刻准备为客人提供主动、热情、周到、耐心、细致的服务的一系列思想和行为方式。有服务意识的酒店员工一进入工作状态，便能自然地产生一种强烈的为客人提供优质服务的欲望，并能主动为客人提供各种恰到好处的服务。就客房服务员而言，每当踏入酒店客房区域的时候，就像走上了舞台，客人是主角，而自己则是配角，时刻关注客人的需求，以满足客人的需要为自己神圣的职责和最大的快乐。

很多酒店服务质量差，在很大程度上就是由于员工素质差，缺乏服务意识造成的。因此，要提高服务质量，必须首先培养员工的服务意识。

一、什么是服务

（一）概念

服务是能够满足客人某种需求的特殊商品。

服务的英文是"SERVICE"。其中的"S"、"E"、"R"、"V"、"I"、"C"、"E"，可以分别理解为英文的"Smile"（微笑）、"Efficiency"（效率）、"Receptiveness"（诚恳）、"Vitality"（活力）、"Interest"（兴趣）、"Courtesy"（礼貌）和"Equality"（平等）（参见表 10－1）。

表 10－1　"SERVICE"（服务）的含义

S	Smile	微笑
E	Efficiency	效率
R	Receptiveness	诚恳
V	Vitality	活力
I	Interest	兴趣
C	Courtesy	礼貌
E	Equality	平等

为了便于记忆，香港半岛酒店管理集团将其编成一段顺口溜，对员工进行培训，取得了良好的效果。

服　务

微笑服务效率高，诚恳接待精神好；

敬业乐业有干劲，一视同仁齐高兴。

(二) 服务产品的特点

与工业产品相比，酒店服务产品具有以下特点：

1. 无形性。服务是无形的，看不见，摸不着，在实际消费之前，客人很难判断其好坏和质量的高低。这就决定了服务产品的销售特别困难。

2. 生产与消费的同一性。普通的工业产品是先生产，后消费，这样，经检查，如果产品质量不合格，就不能出厂，不能卖给消费者。而服务产品则不同，其生产和消费是同时进行的，当客人发现产品质量不合格时，已经消费了这种不合格的产品，因而，服务产品的质量具有不可弥补性，这就决定了对于服务质量的控制具有更为重要的意义。服务质量在更大的程度上依赖于员工的素质。

3. 产品质量信息反馈的直接性。工业产品生产好以后，要拿到商场（市场）上，由商业部门组织销售，产品的生产者不直接与顾客见面，客人对产品的意见、投诉，要经过商业部门或销售部门才能反馈到生产者那里，生产者有足够的时间对客人的意见和投诉做出反应。而服务产品则是由其生产者（服务员）当面向客人提供的。客人对产品的意见和投诉会立即反馈给服务的提供者——服务员，因此，服务员必须机智灵活，训练有素，善于接受客人的意见和投诉，随机应付和妥善处理各种情况。

4. 不可储藏性。服务产品具有不可储藏性，产品一天卖不出去，当天的价值就损失掉了，从而决定了产品销售的重要性。

5. 产品质量评价的主观性和不确定性。服务产品质量的好坏最终是由客人做出评价的，而不同的客人对服务有不同的期待；对同一服务也有不同的感受和评价；即使同一客人对同一服务在不同的时间、场合和不同的心情下，也会做出不同的评价。比如，某酒店为了体现对婚宴的重视和对参加婚宴客人的尊重，要求婚宴服务员身着黑色制服，戴白手套，为客人提供服务。但客人并不满意，反而投诉道：我们又不是办丧事，“穿白戴黑”什么意思！

正是由于服务产品质量评价的这种主观性和不确定性，要求服务员必须具有灵活性，在提供服务时要因人而异，见机行事，不可墨守成规。这也是熟练的服务员与新手之间的差别。有经验的服务员总是能够针对不同的客人，在不同的时间、不同的场合提供不同的服务。而缺乏经验的新手则往往机械地照搬服务规程、标准，缺乏灵活性。

6. 产品质量的不稳定性。工业产品是确定的、死的，只要工人按照确定的操作规程操作，就能生产出符合质量要求的合格产品；而服务产品则是不确定的、活的东西，产品质量容易受服务员情绪、服务的时间、环境以及服务的对象等的影响，在不同的时间、场合，不同的心境下，面对不同的客人，生产出不同质量的产品。再加上由于对服务质量评价的主观性和客人需求的多样性，即使对完全相同的服务，不同的客人也会有不同的评价。因此，服务质量也就具有了不稳定性的特点，从而决定了服务质量控制的难度。

二、“客人总是对的”

要求员工具有服务意识，首先就是要求员工牢牢树立“客人就是‘皇帝’”、“客人总是对的”的思想。

在酒店业乃至整个服务业流传着一句格言：客人总是对的。这句话对服务业产生了巨大的影响，对服务质量的提高起到了不可估量的促进作用。但在酒店中，下至普通服务员，上至总经理，很多人并不真正理解这句话：难道客人偷东西也是对的？客人打人也是对的？客人逃帐也是对的？对这句话，如果管理人员不理解，就无法说服服务员；服务员不理解，就无法以此指导自己的工作，于是便出现了与客人论“是”与“非”，争“对”与“错”，甚至打架的现象。

那么，应该如何理解“客人总是对的”这句话呢？

1.“客人总是对的”强调的是一种无条件为客人服务的思想。

“客人总是对的”这句话是由被誉为“酒店管理之父”的斯坦特勒（Ellsworth Milton Statler）先生首先提出来的，而后得到酒店业同行乃至旅游业和整个服务业的普遍认可。用它来指导服务工作，强调的是一种无条件地、全心全意为客人服务的思想，而不能教条地理解，否则，便会出现类似“客人偷东西也是对的？客人打人也是对的？客人逃帐也是对的？”这样的问题。

2.“客人总是对的”是指一般情况下，客人总是对的，无理取闹者很少。

客人离家在外，一般不愿惹事生非，找不愉快，一旦客人提意见，或前来投诉，就说明我们的服务或管理出了故障，重要的是赶快帮客人解决，而非争论孰对孰错。

3.“客人总是对的”，因为“客人就是‘皇帝’”。

必须承认，在服务业中，员工与客人之间，虽然在人格上是平等的，但在地位上是不平等的。对于包括酒店在内的任何企业来讲，其生产经营活动都是围绕顾客进行的，顾客是否满意，决定了企业能否生存和发展。企业的利润，乃至员工的工资都来自顾客的腰包，因此，顾客就是企业的衣食父母，顾客就是“皇帝”，你能与“皇帝”平起平坐吗？你能说“皇帝”

错了吗?!

如此说来，有人可能会对自己所从事的工作感到悲哀，认为服务工作低人一等。其实大可不必，因为每个人都在以不同的方式服务于他人，即便是国家主席或总统，也是公务员，是人民的公仆。而且，服务是相互的，今天我为你服务，明天你为我服务。比如，著名歌星叶倩文，当她住在酒店时，我们为她服务，她是我们的“皇帝”，而当她在体育馆演唱，我们作为观众观看她的演出时，她又得把我们当“上帝”对待。再说，服务行业已成为当今世界上发展最快、规模最大的行业，全世界有数十亿人从事着服务工作，我们有什么理由瞧不起自己的工作呢？事实上，服务业的产生和发展是社会进步的重要标志，是生产力发展的必然结果。轻视服务工作的观念是一种狭隘的小生产者的传统观念。

4.“客人总是对的”并不意味着“员工总是错的”，而是要求员工“把对让给客人”。

为此，要求员工必须宽宏大量，有时甚至要忍气吞声，无条件尊重客人，不要与客人争论“对与错”的问题。比如，在餐厅，常常有客人投诉某个菜做得不好，“不正宗”。其实，客观的讲，这道菜恰好可能是该酒店著名特级厨师做得最好、最正宗的菜，只是客人不懂或不合客人的口味而已。但无论是厨师本人，还是餐厅服务员或是餐厅经理都不能（也不必）与客人争论这道菜到底是否“正宗”，你所要做的就是尽快为客人换一盘菜，或按客人的要求重新烹调。正如一位餐厅经理所言:“在餐厅，客人‘指鹿为马’，你就‘认鹿为马’!”。

5.“客人总是对的”意味着管理人员必须尊重员工，理解员工。

既然，“客人总是对的”并不意味着“员工总是错的”，而是要求员工“把对让给客人”，那么，管理人员就必须尊重员工，理解员工，为员工理气。否则，将会极大地挫伤员工对客人服务的积极性。

【案例】一日，深夜1点多，某酒店酒吧服务员收拾完毕，正准备下班时，突然有几位客人来到酒吧，此时已到了下班时间，按理服务员可以不予接待，但为了不使客人失望，且考虑到酒店的利益，服务员二话没说，决定接待这几位客人。等客人落座后，服务员上前问客人要不要喝点什么。客人回答：不用了。服务员刚离开，客人又把服务员叫了回来，“小姐，过来一下!”，“每人来杯咖啡”。服务员马上拿来咖啡壶，为每位客人斟满一杯热气腾腾的咖啡。服务员转身正欲离开，客人又叫住了她，大声喊道：“我们要凉的，谁要热的了?”。小姐表示道歉（尽管客人一开始并没说要凉咖啡），并立即为每位客人换了一杯凉咖啡。刚离开，客人又喊道：“怎么搞的，杯子里怎么有头发!”。服务员回到餐桌旁，发现一位客人的杯子里果然有一根头发丝，但她可以肯定这不是她掉进去的，因为她是长发，而掉进客人杯里的是一截很短的头发丝，如果是服务员的头发，只能是男服务员的，而餐厅里唯一位男服务员早已下班，所以，只能是客人自己有意无意掉进去的。服务员觉得委屈，但又不好跟客人争辩，只好对客人说：“对不起，我帮您再换一杯吧。”说完，立刻帮客人又换了一杯咖啡。可客人至此还没有完，又找到餐厅经理投诉。餐厅经理不问青红皂白，将服务员训斥了一番，并按酒店规定，有客人投诉，一律“罚款10元”!

想一想，在这种情况下，服务员哪里还有为客人服务的积极性？要求为客人提供微笑服务，她怎么还笑得出来？

因此，能否正确理解“客人总是对的”这句话，对于搞好酒店经营管理和对客服务工作具有重要意义，是改善服务质量，提高管理水平的重要前提之一。只有正确理解了“客人总是对的”，服务员才能全心全意为客人服务，管理人员才能灵活、妥善地处理各种有关客人和员工的问题。

三、全心全意为客人服务

最后，要求员工具有服务意识，就是要求员工在“客人就是‘皇帝’”的思想指导下，无条件的、全心全意地为客人提供主动、热情、周到、耐心、细致的服务。

主动，就是要求服务员见到客人要主动打招呼，主动问候；想在客人的前面或想客人之未想，做到在客人未提出服务要求之前就服务到位。

热情，就是服务要发自内心，要真心诚意，面带笑容，并注意礼貌用语。

周到，就是全面、体贴，要能够满足客人的一切合理要求，并力图把工作做到前面。

耐心，即不厌其烦，要求服务人员在服务过程中要善于控制自己的情绪，站在客人的角度，理解客人，主动为客人解答各种疑问。

细致，就是要求服务工作一丝不苟，尽善尽美。

第二节　职业道德教育

职业道德就是具有自身职业特征的道德准则和规范，它告诉人们在工作中应该做什么，不应该做什么；应该怎样做，不应该怎样做。也就是从道义上要求人们以一定的思想、态度、作风和行为去待人、接物、处事，完成本职工作。职业道德是员工基本素质的重要组成部分，遵守职业道德是做好本职工作的基本保证，客房管理人员平时应做好员工的职业道德教育，向员工灌输职业道德思想，增强员工的职业道德意识，形成良好的职业道德规范。

客房员工的职业道德主要包括以下内容：

一、对待工作

1. 热爱本职工作

热爱本职工作是一切职业道德最基本的道德原则。客房部员工应该破除各种落后的旧观念，正确认识旅游业和酒店业，明确自己工作的目的和意义，明确客房部工作的重要性，热爱本职工作，乐于为旅游者服务，忠实地履行自己的职责，并以满足客人的需求为自己最大的快乐。

2. 遵守劳动纪律

不迟到，不早退，不随意旷工。严格遵守酒店的请假制度及各项规章制度。

3. 自洁自律

（1）不利用工作之便贪小便宜，谋取私利。

（2）不索要小费，不暗示客人赠送物品，客人主动赠送而又婉拒不了的物品，要及时上交。

（3）自觉抵制各种精神污染。

二、对待集体

1. 坚持集体主义

集体主义是职业道德的基本原则，是从业人员进行职业活动的总的指导思想，因而，是衡量酒店员工的最高道德准则。集体主义要求员工的一切言论和行为以符合集体利益为最高标准。客房员工必须以集体主义为职业道德的基本原则，正确处理个人利益、他人利益、班组利益、部门利益，甚至酒店与国家利益的相互关系。

2. 严格的组织纪律观念

严格的组织纪律是用以约束集体中的每个成员，使大家的活动互相协调，使集体发挥更大作用的有力保证。酒店的分工很细，不同岗位、不同部门的工作内容、规范要求不同，因此，需要一定的组织纪律来统一和协调。另外，如何使员工按照规范要求进行工作也需要组织纪律来保证，否则，这个集体就如同一盘散沙，无法进行集体活动，无法实现集体的目标。培养自己具有严格的组织纪律观念，是集体主义的具体表现，也是集体主义者应有的基本品德。因此，客房员工应具有强烈的组织纪律观念，自觉遵守部门及酒店的规章制度和员工守则，尤其要注意培养自觉的服从意识。

3. 团结协作精神

酒店的对客服务工作是一个有机的整体，并非某一部门或某一个人做好就能完成，因此，同事之间、部门之间、上下级之间要相互理解，相互支持，加强团结与协作。工作中出现问题时，要努力想办法去解决或弥补，而不是推诿、辩论或争吵；要养成乐于助人的习惯，主动帮助那些需要帮忙的同事，决不能袖手旁观。此外，为了增强团结协作精神，客房部员工要注意破除本位主义，培养严于律己、宽以待人的品质，善于宽容、理解、尊重和体谅他人，同时，还要注意掌握同事间沟通和协作的技巧。

4. 爱护公共财物

一个关心集体、热爱集体的人，都具有爱护公共财物的品德。爱护公共财物是职业道德的基本要求。为此，客房部员工必须了解客房部各种设施设备的特性及使用方法和使用时的注意事项，严格按要求进行操作，同时做好客房部设施设备的日常保养工作，养成勤俭节约的良好习惯。

三、对待客人

1. 全心全意为客人服务

客人是酒店所有员工的衣食父母，关心和爱护每一位客人，最大程度地满足客人一切合理、合法的需求，不断改善服务态度，提高服务效率，为客人提供优质服务，是客房部员工应尽的职责和义务。每一个客房部员工应该有意识地做到对客人笑脸相迎，文明礼貌，热情周到，从每个动作和每句语中展现出高尚的道德行为。在服务工作中时刻摆正自己与客人之间的主、客关系和服务与被服务的关系，贯彻“宾客至上，服务第一”的原则。

一般来说，客房部员工在心情舒畅、工作较顺利和没有利害冲突时，要做到热情友好，宾客至上，是比较容易的。但当个人遇到困难，心情不舒畅，工作不顺利或个人利益与客人利益发生矛盾时，要做到热情和宾客至上就不那么容易了。在这种情况下，尤其要克服个人情绪，顾全大局，理智地处理好主客关系。

2. 诚挚待客，知错就改

客房部员工在工作中，出现失误是难免的，对于因此而给客人造成的不便或损失，应主动承担责任，勇于认错，知错就改，决不能将错就错，敷衍搪塞。

3. 对待客人，一视同仁

具体来讲，客房部员工在接待服务中，要做到“六个一样”：

1.“高、低”一样。即对高消费客人和低消费客人一样看待，不能重“高”轻“低”。

2.“内、外”一样。即对国内客人和外国客人一样看待。不能重“外”轻“内”。

3.“华、洋”一样。即对境外华人（华侨、外籍华人和港、澳、台客人）和外国客人一样看待。不能重“洋”而轻“华”，重“黄发碧眼”者，而轻“黑发黑眼”者。

4.“东、西”一样。即对东方国家的客人和西方国家的客人一样看待。不能重“西”而轻“东”。

5.“黑、白”一样。即对黑人客人和白人客人一样看待。不能重“白”而轻“黑”。

6.“新、老”一样。即对新来的客人和老顾客一样看待。不能重“老”而轻“新”。

第三节　客房员工的培训

一、培训的意义与原则

（一）培训的意义

要想让客房员工的工作达到既定的规格水准，严格的培训是一种必需而有效的手段。培训的意义表现在以下几个方面：

1. 能够提高员工的个人素质

培训是员工获得发展的重要途径，通过培训，可以使员工增强服务意识，提高外语水平，获得专业知识，掌握服务技能和技巧，从而使员工的个人素质得到全面提高。

2. 提高服务质量，减少出错率

酒店员工，尤其是新员工，在工作中经常出错，这就是缺乏培训的表现。没人告诉员工该怎么做？服务质量的标准是什么？遇到一些特殊情况应该怎样处理？因而“错误”百出，客人投诉不断。

3. 提高工作效率

培训中所讲授或示范的工作方法和要领，都是经过多次的实践总结出来的，通过培训，掌握服务的技能技巧和科学的工作程序，不但能够提高服务质量，还可以节省时间和体力，提高工作效率，起到事半功倍的作用。

4. 降低营业成本

员工掌握正确的工作方法，能够减少用品的浪费，降低物件磨损，从而降低营业费用和成本支出。

5. 提供安全保障

培训可以提高员工的安全意识，掌握正确的操作方法，从而减少各种工伤等安全事故。

6. 减少管理人员的工作量

如果员工素质低下，工作中将不断出错，管理人员将被迫“四处灭火”，永无宁日。通过培训，将使员工素质得以提高，使客房部的工作有条不紊地进行，从而可以大大减少管理人员的工作量，也使管理者的管理工作变得轻松、愉快。

7. 改善人际关系

通过培训，使员工和管理层之间能够相互了解，建立起良好的人际关系。

8. 使酒店管理工作走向正规化

一家酒店设不设培训部，或一个部门是否组织培训工作，在很大程度上反映了该酒店或部门的管理工作是否正规。通过培训，可以使客房部的工作走向正规化、规范化，也可以增强客房部员工的服务质量意识。

值得说明的是，培训的作用是潜移默化的，它对员工和酒店的影响是长期的，可谓“润物细无声”，那种鼠目寸光，急功近利，要求培训取得立竿见影的效果的思想是不对的，也是不现实的。对此，客房部管理人员应该有个清醒的认识。

（二）培训的原则

1. 长期性

酒店业员工的流动性比较大，再加上酒店业也是在不断发展的，客人对酒店的要求也越来越高，科学技术在酒店的应用也层出不穷，因此，对员工的培训不是一朝一夕的事，必须长期坚持。

2. 系统性

培训工作的系统性表现在以下几个方面：

● 培训组织的系统性。对员工的培训，不仅是人事培训部的事，也是各个部门的重要工作。系统思想就是根据酒店的管理目标，把酒店的统一培训和部门自行培训结合起来，形成一个相互联系，相互促进的培训网络。部门培训与酒店人事培训部培训的内容和侧重点有所不同，客房部应该加强与酒店培训部的沟通、合作与协调。

● 培训参加者的全员性。即客房部员工，下至客房清扫员，上至客房部经理都必须参加培训，避免出现服务员经过培训而部门经理却是个“门外汉”，结果造成“外行管内行”的混乱局面。

● 培训内容的系统性。客房部每次活动应该是酒店及部门长、中、短期整体培训计划的一个组成部分，培训的内容应该与前一次及下次培训的内容相互衔接，避免培训工作的盲目性、随意性，以及培训内容上的相互冲突和不必要的重复。因此，客房部管理人员应该建立培训档案，做好培训记录。

3. 层次性

虽然客房部所有员工都必须参加培训，但由于岗位不同、级别不同、工作内容和要求不同，因此，培训工作要分层次进行。比如，服务员培训，督导人员培训，经理培训等，以便取得良好的培训效果。

4. 实效性

培训工作是提高员工素质和服务质量的重要保障，酒店为此需要投入可观的人力、物力、财力，因此，培训工作不能走形式，必须注重培训效果，客房部管理者必须认真组织，严格训练，严格考核。对于考核不合格的员工不允许上岗，不达要求决不放行。培训的内容要针对客房部服务和管理中存在的问题和薄弱环节加以确定，达到缺啥补啥的目的。

5. 科学性

要按照制定的岗位责任书的内容，利用科学的方法、手段进行培训，不能图省事，采取“师傅带徒弟”的简单、陈旧的方式。

二、培训的内容与类型

(一) 培训的内容

客房部员工的培训通常包括以下内容：

1. 酒店及部门规章制度；

2. 服务意识；

3. 职业道德；

4. 仪表仪容与礼貌礼节；

5. 服务程序、规范与技能技巧；

6. 英语；

7. 安全知识；

8. 管理人员的管理技能。

(二) 培训的类型

1. 岗前培训

岗前培训包括对新员工的入职指导（Job Orientation）和岗位工作所需要的操作程序、服务规范以及基本的服务技能技巧的训练。客房部必须贯彻“先培训，后上岗”的原则。

2. 日常训练

即针对工作中发现的问题随时进行培训。它可以在不影响日常工作的情况下，穿插进行一些个别指导或训示，也可利用各种机会对一定范围内的员工进行提示和研讨。其目的在于逐步强化员工良好的工作习惯，提高其工作水准，使部门工作趋向规范化和协调化。客房部的日常训练是一项长期的、无休止的工作，班前班后的会议、部门例会和工作检查等都应与此联系起来。

3. 下岗培训

对于上岗后，在业务、技术、职业道德等方面不称职的客房部员工，要撤下岗位进行培训，直至经严格考核合格后方能上岗。对于经二次下岗培训后，考核达不到要求的，则应考虑调离其岗位。

4. 专题培训

专题培训是对员工就某个专项课题进行的培训。随着工作要求的逐步提高，有必要对员工进行有计划的单项训练，以扩大员工的知识面，进一步提高员工的专业素质。

专题培训的方式和内容可以是灵活多样的，包括：

(1) 业务竞赛。可以是知识性的，也可以是操作性的。业务竞赛是激发员工自觉学习、训练和交流的好方法。

(2) 专题讲座。可根据工作需要，选一个主题，由本部门员工或聘请其他专业人员来讲授或示范，如：接听电话的技巧、处理客人投诉的方法、督导人员管理技巧等。

(3) 系列教程。如通过举办初、中、高级英语学习班，来满足不同员工学习英语的需求，提高员工的外语水平。

5. 管理培训（Management Training）

又称为“晋升培训”或“发展培训”。是一种针对有潜力的服务员和管理人员在晋升高一级的管理职位之前所设计的培训项目。以便使其能够有机会了解其它部门或岗位的工作内容、性质、特点，掌握必要的管理技能、技巧，以适应未来管理工作的需要。因此，管理培训实际上是员工在晋升前的热身运动。

三、新员工的入职指导（Job Orientation）

对新员工的入职指导（Job Orientation）是新员工岗前培训的重要组成部分。

新员工在刚步入单位或岗位时，总会有一种紧张和焦躁不安的感觉。因为对他而言，新单位在很多地方是个充满未知数的“黑箱”：这家酒店有发展前途吗？酒店的福利待遇如何？经理和督导人员很凶吗？我的工作职责是什么？我能和其他员工友好相处吗……。这种感觉必定会影响到新员工对付新工作的能力，妨碍他有效地投入工作，尤其是不能和周围的同事、管理人员、甚至顾客打成一片。在这种情况下，对工作很难具有信心，而没有信心是不大可能把工作干得出色的。此时，管理人员的职责就是向新员工表示欢迎，帮助他们了解酒店、所在的部门、工作岗位及所要从事的工作，使他们消除疑虑，树立信心。

新员工的入职指导通常包括两方面的内容：即酒店介绍（General Property Orientation）和具体工作指导（Specific Job Orientation）。

（一）酒店介绍（General Property Orientation）

"酒店介绍"帮助新员工了解整个酒店的管理机构，并为树立酒店的价值观和经营哲学打下良好的基础。同时，它也帮助新员工了解他所从事的工作对整个酒店的重要性，使员工热爱自己的工作。这部分工作是由酒店人力资源部组织实施的，他们会召集一次新员工会议。通常包括如下内容：

● 酒店总经理（或副总经理）致欢迎辞；

● 有关部门经理致欢迎辞；

● 播放有关酒店的录像或幻灯，发放有关酒店管理哲学的资料。帮助员工了解他们所扮演的角色对实现酒店管理任务和目标的重要性；

● 发放员工手册和其他有关资料；

● 讲述酒店有关方针政策和规章制度；

● 讨论酒店工作的好处；

● 讨论客人与员工的关系；

● 填写有关个人表格；

● 参观酒店。

（二）具体工作指导（Specific Job Orientation）

具体工作指导是由员工所在部门的督导人员执行的。作为客房部督导人员，应该认真做好具体工作指导的准备工作，为新员工提供充分的资料和信息，使他们对自己的工作充满信心，并让他们知道，您欢迎他们加入您所在的班组或部门。

具体工作指导的内容通常包括：

● 与新员工讨论员工手册的有关内容（包括奖励制度，酒店政策，工作程序以及何时休息，何时拿到工资单，当班时应该穿什么样的衣服等）；

● 让新员工了解他在酒店及客房组织机构中扮演的角色；

● 向新员工发放一本有关他所从事工作的“工作说明书”(Job description)，并与他一起讨论有关内容；

● 强调新员工将要从事的工作对整个酒店的重要性；

● 讨论新员工将要接受的培训；

● 向新员工发放“工作评估表”（Performance Evaluation Form）；

● 向新员工介绍酒店晋升机会（举在酒店内得到晋升的成功者的例子）；

● 带领新员工参观本部门（切记，在新员工参观的前一天，要通知老员工新员工何时将开始上班。在参观过程中，要向新员工介绍所有工作区和即将与他们一起工作的员工）。

为了重视对新员工的入职指导，使这项工作走向规范化，客房部管理人员或酒店可以设计一种“新员工入职指导检查表”（New Employee Orientation Checklist），发放给每一位新员工和负责进行入职指导的管理人员，以便确保完成所有入职指导活动（指导结束后，新员工和指导者都必须在表上签字）(参见表 10－2)。

表 10－2　New Employee Orientation Checklist
新员工入职指导检查表

New Employee Orientation Checklist
新员工入职指导检查表

Name of Employee ________________　Position ________________
新员工姓名　　　　　　　　　　　　工作岗位

Department ________ Supervisor ________
部门 督导

请在表中方框内打"√"，并在方框右边的短线上注明完成时期

PART Ⅰ: Introduction
介绍

□________ Welcome to new position (give your name, find out what name the employee prefers to be called, etc.)
欢迎到新的工作岗位（做自我介绍，问新员工如何称呼等）

□________ Tour of property
参观酒店。

□________ Tour of department work area
参观部门工作区域。

□________ Introduction to fellow employees
向老员工介绍新员工。

PART Ⅱ: Discussion of daily procedures
讨论日常工作程序

□________ Beginning/ending of work shift
每一班的上下班时间。

□________ Break and meal periods
工间休息和用餐时间。

□________ Uniforms
介绍工作服。

□________ Assignment of locker
安排更衣柜。

□________ Employee meals (if any)
介绍工作餐情况。

□________ Parking requirements
员工车辆停放要求。

□________ First aid and accident reporting procedures
急救及事故报告程序。

□________ Time clock or "sign-in-log" requirements
上班打卡及签到制度。

□________ Other
其他。

PART Ⅲ: Information about salary/wages
工资及奖金政策

□________ Rate of pay
工资。

□________ Deductions
扣减情况。

□________ Pay periods
工资发放日期。

□________ Overtime policies
加班政策。

□________ Other
其他。

PART Ⅳ: Review of policies and rules
讲解酒店有关政策规定

□________ Safety, fires, accidents
酒店安全/火灾/事故。

□________ Maintenance and use of equipment
设备的使用和维修。

□________ Punctuality
准时上班。

□________ Absenteeism
旷工的处理。

□________ Illness
病假政策。

□________ Emergencies
紧急情况的处理。

□________ Use of telephone
电话的使用。

□________ Leaving work station
脱离工作岗位。

□________ Smoking/eating/drinking
工作时间抽烟/吃东西/喝饮料。

□________ Packages
酒店福利政策。

□________ Vacations
休假制度。

□________ Other
其他。

PART V：Employee Handbook/Related Information
员工手册及有关资料

□________ Received and reviewed
收到且已看过。

□________ Review of employee appraisal process
讲述员工作评估过程。

□________ Review of orgnization chart
介绍酒店组织机构。

□________ Review of job description
讲述工作说明书。

□________ Review of department's responsibilities
介绍部门工作职责。

□________ Review of all benefit plans
介绍奖励计划。

□________ Discuss performance standards/expectations
讨论工作要求和标准。

□________ Discuss career path possibilities
讨论工作前途。

PART VI：Miscellaneous Orientation Procedures
其他项目

I certify that all the above activities were completed on the date indicated
兹证明上述项目均已在指定日期完成。

Employee ________________ Date ________________
员工 日期

Supervisor ________________ Date ________________
督导 日期

四、培训计划的制定

(一) 发现培训需求 (The need for training)

客房部管理人员通过分析工作中带有普遍性的问题和根据酒店或客房部制定的工作目标与现状之间的差距来确定是否需要培训、何时实施培训和怎样进行培训。

在下列情况下通常需要培训:

1. 酒店开业时;

2. 新的设备、工作程序和管理制度投入使用时;

3. 当员工从事一项新工作时 (无论是新员工, 还是老员工改变工作);

4. 当管理者想帮助员工在事业上得到发展时;

5. 工作效率降低;

6. 工作中不断出现差错;

7. 各岗位之间经常产生磨擦;

8. 顾客投诉较多, 或员工工作不符合酒店的质量和数量要求时 (在这种情况下, 可能需要培训, 但也可能不需要培训, 因为有些问题并不是因为缺乏培训引起的。比如, 对某个员工的工作安排不当或设备出现故障等都可能导致员工工作不符合酒店的质量标准和数量要求);

9. 酒店或客房部制定的工作目标与现状之间有较大的差距。

(二) 制定培训计划

确定培训需求以后, 就要制定培训计划。一个完整的培训计划应该包括以下内容:

1. 培训目标 (Objectives)

即通过培训, 受训者应该达到的要求。培训的目标要着眼于提高员工的实际工作能力。目标不能是笼统的，应该有具体、明确的要求，规定经过培训必须学会做哪些工作和达到什么要求。

2. 培训时间（When）

培训的时间应尽量安排在淡季进行，以不影响或少影响工作为原则。在培训计划中，应明确说明培训的开始日期、结束日期及每日培训的准确时间，以便部门或班组据此安排好工作。

3. 培训地点（Where）

培训地点可以在店外，也可以在店内；可以在培训课室，也可以在受训者的实际工作岗位。但一定要在不受人或物干扰的场所进行。

4. 培训内容（What）

培训内容应根据客房部工作的实际需要、酒店的要求和员工的自身特点、能力确定。

5. 接受培训者及对受训者的要求（Trainee）

说明接受培训的对象（Trainee）及对受训者在受训期间的要求。以确保培训工作取得良好的效果。

6. 培训者（Trainer）

根据培训的对象、培训的内容等实际情况，培训者可以由本部门或本酒店的优秀员工担任，也可聘请店外专业人士担任。

选择合适的人员来担任培训者，是保证培训效果和质量的关键环节之一。并非所有有能力、有技术专长的人都能担当此任。作为培训者，除了要具有自己熟知的所要传授的知识和技能外，还应具有培训他人的特殊素质和才能，具有一定的教学方法和技巧，明确对接受培训者的要求，善于发现受训者存在的问题，并进行及时分析，循循善诱，有计划、有准备，循序渐进地进行指导。此外，作为酒店的培训者，除了专业知识和高超的工作技能以外，还必须对部门和酒店的工作有一股热情，是员工学习的榜样。

7. 培训方式（How）

培训的方式通常有以下几种：

(1) 部门（酒店）内部培训或委托培训；

(2)“请进来”或“送出去”培训；

(3) 岗位培训或脱产培训；

(4) 课堂讲授或操作示范。

8. 培训所需要的设备、器材

根据培训的内容，培训工作可能需要幻灯机、录相机、电视机、电脑等电器设备和“白板”、白板笔等教学器材以及书、笔记本等教学资料。这些均需在培训计划中一一列明，以便做好培训的准备工作。

9. 培训组织

说明负责实施培训计划的机构和人员。

五、如何增强培训效果

培训计划制定好以后，就要按计划的内容和要求，用选定的培训方式来组织实施。

培训计划的实施关键是要提高培训效果。培训工作能否取得成效，取决于酒店领导及有关方面和人员的大力支持，取决于培训组织者的精心策划，取决于培训者的业务水平和培训艺术，同时也取决于受训者的合作。要使培训工作卓有成效，必须做到以下几点：

（一）有关人员能够正确认识培训的重要意义

要搞好培训，有关人员（包括部门管理人员、酒店领导及接受培训的员工）必须对培训的重要性和重要意义有充分的认识。这是做好培训工作的思想基础。

（二）部门及酒店领导重视培训，并能给予大力支持

部门及酒店领导不但要认识到培训的重要性，而且必须在人、财、物、时间、道义等方面给予大力支持。这是培训工作得以顺利进行的前提条件和物质保障。在很多情况下，需要部门及酒店领导亲自抓培训。

（三）做好培训的组织和管理工作

培训的组织和管理者要切实负起责任，认真制定培训计划，选择不受干扰的地点、最佳的培训时间，挑选高素质的、合格的培训者，确定恰当的培训方式和能够满足实际需要的培训内容。这是使培训取得实效的有力保证。

（四）运用培训的艺术

要使培训取得良好的效果，培训者（Trainer）必须具有较高的专业素质和培训技能。除了认真准备和讲授以外，还要讲究培训的艺术性。

1．频繁而短暂的授课，要比偶尔的、为时甚长的授课效果好。

2．所选用的学习材料的数量和类型都要适合于受训者的需要和水平。

3．尽量使用有助于教学的教具。

人的各种感官在学习时能起到的作用是不同的。据美国视听工联合会（Industrial Audio-visual Association）的一项研究资料：

通过“味觉”，可学到1%；

通过“触觉”，可学到1·5%；

通过“嗅觉”，可学到3·5%；

通过“听觉”，可学到11%；

通过“视觉”，可学到33%。

因此，当人的感官功能充分运用时，学习的效果就会好得多。所以，培训者在任何时候均应尽可能多的使用足以调动学员感官作用的教学用具（如黑板、幻灯机、投影机、录音机等）来辅助他的教学。以提高学员的兴趣，加深印象，增强学习效果。

4. 尽量增加实践课程，鼓励学员自己动手。

一个人记忆某项知识的相对可能性是不同的。研究表明：

通过阅读，可记住10%；

通过听课，可记住20%；

又看又听，可记住50%；

自己复述一遍，可记住80%；

一面复述，一面动手做，可记住90%。

由此可见，鼓励学员动手，对于帮助学员记忆，提高学习效果有极大作用。

5. 注意培养学员的学习兴趣。

一个人的学习效果，在很大程度上取决于对所学知识或事物的兴趣。提高学习效果的捷径在于激发和培养这种兴趣。为此，培训者必需了解学员的学习动机和内心想法，强调培训对于学员工作及个人发展的重要性。另外，对于受训者在培训中的良好表现，要不断给予正面表扬和支持，这不仅可以激发受训者的学习兴趣，而且有助于他们记住所学的东西，并鼓励他们在工作中加以运用。

6. 增强学员的信心。

由于学员的程度和知识背景及工作经验不同，各人掌握培训内容的难易程度就有所不同，有时会遇到挫折，这时，做为培训导师应给予理解和帮助，帮助学员树立信心。批评和失去耐心只能降低信心，延缓学习速度，甚至失去学习的兴趣。

7. 掌握授课的技巧

(1) 做好讲课的“开场白”。

“开场白”的目的主要是引发学员学习兴趣和自觉性。它能够密切培训导师与受训者之间的关系；消除受训者的紧张感和受训者心中的某些疑问（如培训者是谁？培训要持续多久？培训包括哪些项目？培训后要达到什么水平？等等)。如果开场白组织得不好，则以后的讲授也很难被受培训者所接受。

在组织开场白时，培训者可以采用一种行之有效的“INTRO”方法：

I－启发兴趣（Interest)。可以采用下列方法来引发学员的兴趣：

- 讲一个笑话。
- 援引一个有关的事件。
- 援引（或编造）一个令人感兴趣的“亲身经历”的事件。
- 向受训者提问。
- 操作示范或展示有关物品。

N－讲清培训的必要性（Need)。强调为何要开设培训课程和受训后对酒店及个人有什么好处。

T－阐明授课的主题（Title)。

R－说明授课的范围（Range)。

O－讲清培训的目标（Objective)。

虽然开场白应包括上述五个部分，培训者往往非常巧妙地把这五点结合在一起，用几句话即可以交待清楚。

(2) 在开始授课之前，先复述一下听课者已经学过的内容。

一是起复习和巩固所学内容的作用，二是可以使所学内容连贯起来，便于理解新的培训内容。

(3) 每一小节教学内容应该是“三明治”式的，即：一部分激励学员学习兴趣的材料，一部分激励学员运用已学知识的材料，中间夹一层佳肴——知识或技能的精华。

(4) 善于运用提问技巧。

提问有三种类型。

测试性提问：用来考察学员已达到的知识水平。

启发式提问：用来激励学员“自行思考”。

传递性提问：用来使所有学员在小组中互相问答，交换资料，增强相互了解。

适时、适当的提问，对于增强培训效果具有重要作用。提问在培训中的作用主要表现在以下几点：

- 在培训课程前，了解学员已有的水平和对培训内容掌握的程度，以便“对症下药”。
- 检查培训的效果。
- 启发学员自行思考。
- 鼓励学员在小组中相互交换知识和资料。
- 引起或集中学员的兴趣于某一点上。
- 保持学员的学习兴趣。
- 培训学员之间及学员与培训导师之间的相互了解。
- 确保培训内容和难度适中。

提问不仅要求学员回答“是”或“否”，而且要回答“何故”（Why）、“何处”（Where）、“何时”（When）、“何物”

(What)、“何人”（Who)、及“如何做”（How)。提问的重点应该放在所培训内容的“关键点”和“难点”上。

(5) 有幽默感，善于运用幽默生动的语言进行培训。

幽默的授课语言对于提高学员的学习兴趣和培训效果会起到意想不到的好作用。

(6) 一一列举或复述所有关键点，使学员得到再次巩固已学知识或技能的机会。

附：有效的培训者（参见表 10－3)。

表 10－3

有效的培训者
● 有自信心；
● 向员工表示自己喜欢培训工作；
● 鼓励员工思考如何将培训内容运用于其工作之中；
● 鼓励员工为自己树立培训目标（set goals in training)；
● 鼓励员工提问题；
● 鼓励员工寻找完成工作的更好的方法；
● 认真听取员工的意见；
● 对员工所取得的即使是很小的进步都予以赞扬；
● 把自己所取得的经验，甚至犯过的错误都拿来与员工交流；
● 要有幽默感，并将幽默作为一种培训工具。

（五）做好培训的考核和评估

培训结束后，还应通过笔试、口试或实际操作测试等方式对受训者进行考核，以确定是否达到了培训的目标，同时征求参加培训员工的意见，收集他们对培训的看法，并从培训的内容、方式、组织管理和培训效果等方面进行评估，总结经验和教训。

向员工提的问题可包括下列内容：

● 本次培训对您的工作有所帮助吗?
● 教材是否适用?
● 教学方法是否满意?
● 培训者是否鼓励你提问题?
● 你感兴趣的内容和不感兴趣的内容?
● 你对改进培训计划(课程)的意见?
● 您是否已有信心独立工作?
● 在您的工作岗位上,您感到紧张吗?

参见表 10-4

表 10-4　　培训课程评估表

培训课程评估表

请将你所接受的这期培训作一评估,您诚恳的意见将会帮助我们改进今后的培训工作,谢谢!

1. 目标:课程是否达到了目标

达到□　　部分达到□　　未达到□

2. 教材:教材是否适用

适用□　　一般□　　不适用□

3. 教学方式:教学方法是否满意

满意□　　比较满意□　　不满意□

4. 培训内容:培训内容是否于工作有利

是□　　一般□　　否□

5. 评论:

1) 你感兴趣的内容

2) 你不感兴趣的内容

3) 其它

(六) 做好培训的激励

为了提高培训效果,还应做好培训的激励工作:

1．做好培训的考勤工作。对于出勤情况好，听课认真的员工予以表扬，而对于迟到、早退，甚至无故不参加培训者，予以批评或惩罚。

2．将培训同使用相结合。根据每个员工的具体条件、个人愿望和工作需要，实行定向培养，定向使用，并把培训成绩作为使用的依据之一。

3．将培训同晋升相结合。对于积极参加培训，且培训成绩优异的员工，在晋升时，优先予以考虑。

第四节　客房员工的激励

一、什么是员工激励

客房部有些员工具有较高的文化水平和外语水平，掌握较好的服务技能和技巧，但在工作中就是不表现出来，工作缺乏积极性、主动性，服从性、合作性差，对待客人态度冷淡，影响服务质量，常常引起客人的投诉，这就是缺少激励的表现。

简单地说，员工激励就是充分调动员工的积极性和创造性，发挥员工潜能的过程。

人类的潜能是极为惊人的。有这样一个故事：一位平时连一部电视机都搬不动的英国妇人，在一场大火中，竟然奋不顾身左手扛电视机，右手抱保险箱，安然逃出火场。

前苏联心理学家曾对人的大脑的潜能进行过研究，结果表明：一般人只使用了他思维能力的很小一部分，如果一个人能使大脑发挥出一半的能力，他就能迅速学会 40 种语言，熟记《苏联大百科全书》的所有条目内容，并学完 10 所大学的课程。美国机能心理学派的先驱詹姆士（W·James）在 20 世纪初提出，一般健康的人只运用了他能力10%。后来心理学家通过研究，认为不是10%，而是6%，甚至4%。

在体力方面，研究表明，人体器官和结构能够经受得起10倍于日常生活中的负荷。第一个跑完马拉松全程的人，因精疲力竭倒地而死；在第一届奥运会上，只有17个最强壮和久经锻炼的人参加这项比赛，其中只有几个人跑完全程，而在1980年的纽约马拉松赛中，就有1.7万人参赛，其中3000人的速度超过了第一届奥运会冠军路易斯。

因此，做好客房员工的激励工作，充分发挥员工的潜能，调动员工的积极性，是提高客房服务质量的重要手段，也是客房部各级管理人员的重要职责。

二、客房部员工激励的方法

（一）目标激励

目标激励就是通过确立工作目标来激励员工。正确而有吸引力的目标，能够激发员工奋发向上，勇往直前的斗志。

运用目标激励，客房部管理人员应注意以下几个问题：

1. 目标要切合实际

目标的激励作用＝目标价值×期望概率。“目标价值”即目标本身的价值，“期望概率”就是实现目标的可能性。从理论上讲，目标的价值和期望概率越大，其激励作用就越强。但实际上，这是不可能的。因为目标价值和期望概率是成反比的，目标定得越高，价值越大，则实现的可能性，即期望概率就越小。反之，目标越低，价值越小，则实现的可能性，即期望概率就越大。因此，目标的制定，不能盲目地求高、求大，而应考虑其实现的可能性，要使员工通过努力能够实现。只有这样，才能使目标激励真正起作用，才能实现目标激励作用的最大化。否则，不但起不到激励作用，还可能起消极作用，使员工丧失信心，怨声载道。

2．目标的制定应该是多层次、多方向的

除了客房部的基本目标外，还应包括其它许多目标，如管理目标、培训和进修目标、技术考核目标等。

3．要将目标分解为阶段性的具体目标

有了总目标，会使员工看到前进的方向，鼓舞员工实现总目标的斗志。但只有总目标，会使人感到目标遥远，可望而不可即。如果同时又制定出阶段性的具体目标，就能使员工感到有实现的可能，就会将目标转化为工作压力和工作动力，既增大了期望值，也便于目标的实施和检查。

4．要将部门的目标转化为各班组以至员工个人的具体目标

部门目标不仅要分解为阶段性的具体目标，还要转化为各班组以至员工个人的具体目标，使目标和责任联系起来，再加上检查、考核、奖惩等一系列手段，才能保证部门总目标的实施，才能使目标起到应有的激励作用。

（二）角色激励

角色激励实际上就是责任激励，就是让个人认识并担负起应负的责任，激发其为扮演的角色献身的精神，满足其成就感。

但是，如果一个人认识不到自己应负的责任，就会放松对自己的要求，出现“油瓶子倒了也不去扶”的现象，角色激励也就失去了其作用。所以管理人员的责任之一就是要帮助服务员认识和重视自己的责任。著名华裔作家韩素音女士曾对上海锦江宾馆的职工讲：“你们不要轻视服务工作，这项工作很光荣。这也是外交工作，你们在外国人心目中代表了中国人，中

国人民的优秀品质是通过你们的工作来体现的。你们一定要有荣誉感，希望你们把服务工作搞得更好，希望你们把锦江宾馆办成世界第一流的宾馆，让更多的外国人来中国旅游”。

在利用角色激励时，客房部管理人员还应注意以下两点：

1. 交给下属以能力相当或稍大于其能力的责任

这样做会使他认为是上级管理人员对自己的重视，从而体会到自己工作的意义，激发出自己的工作热情，推动他积极努力地完成自己的任务。

2. 给服务员一定的自主权

必要时，要下放部分权力。职工在其职责范围内应有独立工作的权力，不一定都要听上级的指挥。只有这样，才能激发服务员的责任心。相反，如果管理人员事事都不肯放手，使下属感到管理者对自己的能力不够信任，自己也没有一点独立工作的权力，就会影响其积极性。

（三）物质激励

物质激励就是通过满足个人的物质利益需求，来调动个人完成组织任务、实现组织目标的积极性和主动性。

马克思说过：“人们奋斗所争取的一切，都同他们的利益有关。”可见物质激励的重要性。物质的需求不仅是人类赖以生存的基本前提，也是个人在精神、智力、和娱乐等各方面获得发展的基础。因此，在一定条件下，尤其是在市场经济条件下和在物质生活并不十分充裕的社会主义初级阶段，物质激励（包括工资、奖金、生活福利等）能够起到相当大的作用。

此外，管理者还应当清楚，物质奖励同时也是一种精神激励，是上级管理人员对下属的行为和所取得成就的肯定，能够满足下属的成就感，同时，也表明上级对下属的认可和赞赏。

客房部管理人员在对员工进行物质激励时，一定要注意公平原则，否则，不但起不到激励作用，反而会挫伤员工的积极性，甚至造成矛盾，影响团结。事实证明，下属对领导者的能力和工作水平低大都可以原谅，而对领导者不能一视同仁，处理问题不公平，则往往表现出不能容忍的态度。

按照美国心理学家亚当斯的公平理论，职工的工作积极性不仅受其所得绝对报酬的影响，而且受相对报酬的影响，职工不仅会把自己付出的劳动和所得的报酬与他人付出的劳动与所得的报酬进行比较，而且还会把自己现在付出的劳动和所得的报酬与自己过去付出的劳动与所得的报酬进行比较。此外，职工不仅在劳动报酬上会产生不公平感，在其他方面也会产生不公平感。他会把自己的投入（不仅指劳动量，而且连毕业早晚、工作迟早、工龄长短、文化水平高低、技术能力、年龄、身体与生理都看成为一种资本）和产出（不仅包括工资和奖金，还包括赞许、受重视程度、职务晋升等）与别人的投入和产出进行比较，一旦发现自己的“产出”与“投入”之比低于别人时，便会产生不公平感。因此，客房部管理人员在各个方面应当尽可能的做到公平合理。

在物质激励中，奖金的发放是一个重要的激励手段。毫无疑问，奖金的发放也必须做到公平合理，按“劳”、按“贡献”大小进行，决不能搞平均主义。值得一提的是奖金的发放方式问题，发放方式的选择，对员工的积极性和员工之间的团结会产生很大影响。现在国内一些酒店和单位仿照国外酒店的做法，奖金的发放采取“红包”（保密）的形式，对此，有成功的“经验”，也有失败的“教训”。酒店管理人员对此也莫衷一是。事实上，采取“红包”的形式发放奖金，需要具备一定的条件，包括经济体制、企业的所有制形式、企业所在地区改革开放的程度以及企业员工的文化层次和思想观念等。各单位或部门要根据自身的实际情况来决定。否则，员工会怨声载道，导致工作积极性的下降。

采取“红包”的形式发放奖金所应具备的条件：

1. 在经济体制方面，企业按市场机制建立。

2. 所有制方面，外资企业、合资企业、私营企业比较适合用“红包”的形式发放奖金。原因是在员工的心中，这类企业全部或部分地属于外方或私人所有，老板的钱，愿意给谁就给谁，别人管不着；而国有企业则不同，企业属于国家所有，人人有份，职工也是主人之一，因此，有权监督企业资产、包括奖金的使用。而且，公家的容易出现假公济私的不公平现象，而私有企业则不同，管理者必须对私人老板负责，否则，随时会丢掉饭碗。

3. 酒店员工具有较高的文化层次和素质。一般而言，员工的文化层次和素质高，观念比较新潮，接受新事物比较快，因而，对于用“红包”的形式发放奖金也容易接受，阻力较小。这也是外资企业、合资企业、私营企业适合发“红包”的原因之一（这类企业一般都比较重视人才，所以员工的文化层次和素质比较高）。

4. 酒店所在地区改革开放的程度。酒店所在地区改革开放的程度越高，人们的思想观念就越先进，容易接受新事物，对于发“红包”这类事情，也就会“以平常心待之”，即使不支持，也不会强烈反对，不会遇到很大阻力。（参见表 10－5）

表 10－5　“红包”发放的条件

适合发放	不适合发放
1. 市场经济。 2. 外资酒店、合资酒店、私营酒店。 3. 员工具有较高的文化层次和素质。 4. 酒店所在地区（城市）改革开放程度高。	1. 计划经济。 2. 国有酒店等公有制成份比较高的酒店。 3. 员工的文化层次和素质比较低。 4. 酒店所在地区（城市）改革开放程度较低。

（四）竞争激励

人自幼就有一种竞争心理。儿童时期，小孩子在一起玩，总是要超过别人。到了成年，不甘落后于他人的心理仍然存在。

竞争激励实际上也是荣誉激励。得到他人承认、荣誉感、成就感、受到别人尊重，是著名心理学家马斯洛需求层次中的高级需求。酒店客房部服务人员中主要是青年人，他们争强好胜，上进心强，对荣誉有强烈的需求，这是开展竞赛活动的心理基础。根据客房部的特点，客房部可以开展一些英语口语竞赛、服务知识竞赛、服务态度竞赛和服务技能技巧竞赛等。通过组织这些竞赛，不仅可以调动员工的积极，而且，还可以提高员工的素质。

（五）信息激励

一个人不与外界接触，闭目塞听，孤陋寡闻，必然自以为是，心安理得。如果迈开双脚到外边去走一走，看一看，让头脑得到新的信息，就会起到强大的激励作用。

【案例】

有一家酒店，管理者迫切希望改进和提高服务水平。所以，在店内积极推行服务的标准化、规范化和程序化。尽管管理者反复讲，亲自示范，然而收效甚微。后来，管理者改变了教育方法。他带领一批基层班组长和服务员去参观几家高标准的酒店，回来后，这批职工成为推行标准化、规范化、程序化服务的积极带头人，使该酒店的服务质量有了大幅度的提高。

这一案例清楚地说明了信息的激励作用。看到或听到别人的成就、别人的进步，才能发觉自己的落后，才能激发起奋起直追的热情。因此，客房部管理人员有条件时，应组织本部门员工去其它部门或酒店参观学习，或向员工传递这方面的信息。

（六）奖惩激励

在管理工作中，奖励是一种“正强化”，是对员工的某种行为给予肯定，使这个行为能够得以巩固、保持；而惩罚则是一种“负强化”，是对某种行为的否定，从而使之减弱、消退，恰如其分的惩罚不仅能消除消极因素，还能变消极因素为积极因素。奖励和惩罚都能对员工起到激励作用，两者相结合，则效果更佳。

运用奖惩这一强化激励方法，必须注意以下几个问题：

1. 及时性。拿破仑不仅是一名卓越的军事家，而且是位非常懂得激励艺术的管理者。他曾经说过：“最有效的奖励是立即给予的奖励”。这一点在酒店管理中，同样适用。一个职工工作表现好，取得良好成绩，或者提出了有效的建议，就应及时给予肯定；相反一个员工如果表现不好，犯了错误，则应及时予以惩罚或批评，否则，时过境迁，激励作用会大打折扣。

2. 准确性。奖惩的准确性，是它发挥作用的基础和前提。

不论是对员工的表扬奖励，还是批评、惩罚，管理人员都要做到实事求是，恰如其分，力求准确。表扬时不能为了突出某人的成绩而对之凭空拔高，否则会招来反感；批评时捕风捉影、任意上纲，也会产生不良后果。

3. 因人而异。要注意从不同员工的性格特点和心理特点出发，采取不同的方式方法。(参见本章第七节之内容："讲究表扬和批评的艺术")

(七) 参与激励

参与激励就是在酒店管理中，给予职工发表意见的机会，尊重他们的意见和建议，实现良好的沟通。比如，某酒店A部门的经理每月把所有职工集中起来召开一次部门会议，内容总是老一套：部门经理单方面向职工宣讲新的接待计划及操作程序，如果发生什么问题，则由管理者提醒下属注意。在会上，没有人提出问题，也很少有人发言，会议只要十多分钟就结束了。而B部门则不同，由部门经理把本部门职工按工作岗位分成三批，每月举行三次恳谈会，每次开会时间约三十分钟到一小时，会上，不仅由部门经理对各种问题进行宣讲或提出要求和希望，同时也鼓励职工们对工作积极发表意见，并提出自己的希望，上、下级能很好地通气。结果表明，A部门的职工情绪低落，对管理者不满，想调换工作，服务质量也很糟糕；而B部门的职工普遍情绪很高，对酒店满意，认为经理是好样的，职工在部门里朋友很多，工作也有意思，B部门的服务质量在全酒店最好。

(八) 情感激励

在一个部门里，如果大家情投意合，互相关心，互相爱护，互相帮助，就一定会形成一个强有力的战斗集体，从而为客人提供良好的服务。因此，客房管理者必须重视"感情投资”。

在运用情感激励这一规律时，客房管理人员要注意做好以下两方面的工作：

1. 注意启发和诱导职工创造一个互相团结、互相帮助的环境。

2. 以身作则，对员工热情关怀、信任、体贴。对他们做出的成绩，要及时给予肯定；对他们的缺点，诚恳地帮助改正；对他们工作中遇到的困难，要尽力帮助解决。特别是当员工家庭或个人生活遇到什么不幸或困难时，要给予同情、关怀，以至于在经济上予以支持和帮助，员工对此会铭记在心，感恩戴德，从而起到极大的激励作用。在关键时刻，对员工伸出同情与援助之手，比平时说上一千句，一万句激励的话要管用得多！

（九）晋升与调职激励

人人都有上进心理，所谓“不想当元帅的士兵不是好士兵！”。利用人们的上进心理，给予员工职位的晋升，无疑是一种极为有效的激励方法。但晋升激励并非一定要“升官”，因“官位”毕竟是有限的，不可能让员工都当经理，但级别是无限的，比如在酒店的厨房可设厨师长、大厨、二厨、三厨和四厨等，客房服务员也可设实习生、初级服务员、中级服务员、高级服务师等。

除了对工作表现好的员工晋升以外，还可以通过在部门或酒店内部调换员工的工作岗位来激励员工。通常有两种情况：一是个别管理者与职工之间由于下意识的偏见、古怪习性或意外事故的发生而引起尖锐的矛盾，如通过协调或其他方式仍无法解决，可将该职工调离本部门（岗位），以调动矛盾双方的工作积极性；二是职工与管理者之间虽然不存在矛盾，但目前的工作岗位不适合他本人，不能充分发挥其个人专长和才干，通过调换工作岗位，不仅可以充分利用人力资源，还可以激励员工，极大地调动员工的工作积极性。如某大酒店曾经有位员工英语很突出，做服务员时，工作表现一般，但后来自荐到酒店培训部做英语教师，工作积极性得到极大地提高，表现非常突出，到年终时，还被酒店评为“优秀员工”。

（十）示范激励

“没有良将就没有精兵”。客房管理人员要以身作则，以自己的工作热情、干劲去影响和激励下属员工。

“榜样的作用是无穷的”，一个组织的士气和精神面貌很大程度上取决于其领导成员。有什么样的管理者，就有什么样的下属员工。没有一流的管理人员，就不可能有一流的酒店和一流的服务员，因此要造就一流的员工，管理人员首先应该从各方面严格要求和提高自己，把自己塑造成为一流的管理者。

三、员工激励应注意的问题

在员工激励中，客房部各级管理人员要特别注意以下问题：

（一）要尊重、理解和关心职工

对员工在工作上要严格要求，但在生活上则要关心员工、尊重员工，以“情”动人。所谓尊重职工，就是要尊重职工在酒店的主人翁地位；理解职工，就是要理解职工的精神追求和物质追求；关心职工，就是要心系职工，尽可能解决职工的实际困难。只有职工真正意识到自己受到了尊重，真正是酒店的主人，他们才会以主人翁的精神积极工作。

【案例】北京建国饭店的总经理连续两个钟头站在职工食堂门口，一次又一次地拉开大门，向来参加春节联欢会的职工点头致意，说：“您辛苦了！”中外方经理们头戴白帽，腰系围裙，一溜站在自助餐台后，微笑着为职工们盛菜打饭，使职工心里涌起阵阵暖流，使员工的心与企业贴得更紧。被誉为超五星级的福建悦华酒店规定：管理者见到员工时必须首先向员工打招呼或问好，从总经理到部门经理概莫能外，总经理数十年如一日，几乎每天早晨坚持在酒店门口迎候员工上班，送去清晨最美好的祝愿，“悦华给了员工一个家的氛围和环境，员工也把悦华当成了家”。

(二) 要经常为职工“理气”，使职工“气顺”

有些员工之所以[illegible]热情，主要是因为“气不顺”，一怨分配不公；二怨[illegible]搞特殊化；三怨官僚主义令干群关系疏远。对此，[illegible]管理者应根据实际情况，认真分析，采取改进措施，为职工“理气”。

(三) 多一些培训、指导与实干，少一些指责、惩罚与埋怨

常常听到一些客房管理者埋怨服务员没有清理好房间，引起客人的投诉；埋怨设备维修差，以致经常出现问题；埋怨某处卫生差，从而影响了酒店形象；埋怨服务员素质不高，从而使酒店软件管理跟不上……如此种种，好像我们的管理人员有许多理由“横挑鼻子竖挑眼”，于是，埋怨、指责与惩罚便成了家常便饭。殊不知苦口并非都是良药，埋怨、指责与惩罚只能在管理者与员工之间竖起一道墙壁。正如一位酒店员工所言：

“试想，我们背井离乡、千里南下，以极大的热情投身酒店行业，哪一个不想将工作干得出色、圆满？哪一个不想得到领导和宾客的认可与赞扬？又有哪一个不想让自己的青春年华闪耀光芒？出现问题、客人投诉，服务人员本已在自责愧疚之

中，若我们的管理人员不问青红皂白，劈头盖脸地埋怨、指责，岂不让人乱了方寸，增加精神包袱，产生逆反心理？”

因此，工作中出现问题，客房部管理者首先应进行自查、自纠，对自己的管理工作进行反省，问问自己到底给予员工多少培训、多少指导？管理中还有哪些失误？哪些漏洞？而不是一味地去埋怨、指责与惩罚员工。

（四）慎用“惩罚”

虽说惩罚是一种“负强化”激励手段，在一定条件下能够起到一定的积极作用，但管理者要记住：惩罚只是一种手段，而非目的，不能滥用，否则，不仅起不到激励作用，反而会引起对抗情绪，不利于团队精神的形成。有些客房部管理人员工作方法简单粗暴，不管三七二十一，动不动就使用手中“惩罚”的大棒，结果使部门（班组）内一片怨声载道。因此，管理者在管理实践中应该遵循的原则是：在“正强化”能解决问题的情况下，尽量少用或不用惩罚手段。比如在酒店经营过程中餐具的损耗是难免的，在我国，很多酒店都是靠惩罚或赔偿手段来控制损耗率的。但在日本很多酒店，在各餐厅、厨房、备餐间贴有一张损耗表，员工损坏了餐具，只需如实填上，写明原因，主管部门不是根据损耗数量简单惩罚，而是和员工一起研究损耗的原因和如何减少损耗的办法，办法提得合理，即给予精神和物质奖励（当然故意损坏者例外）。

至于开除员工，则更应慎重。一些酒店管理者误认为外国人管理的酒店只所以好，就是因为“严”，而所谓“严”就是可以随便开除员工，其实并非如此。曾经被美国《饭店》杂志评为最杰出酒店经理的里茨－卡尔顿集团总经理舒尔茨先生就坚决反对对员工动辄炒鱿鱼的做法，他认为“反复培训新手是最大的浪费，”而且“老主顾也不喜欢新面孔”。而员工们则欣赏里茨集团宽松的气氛和安全感。

(五) 正确处理物质激励与精神激励的关系

客房部管理人员应该正确认识物质激励和精神激励作用，正确处理二者之间的关系。

1. 物质激励与精神激励是相辅相成的关系，其中精神激励满足员工“自我实现”等高级需求，而物质激励则主要满足员工的生理等基本需求，但物质需求是基础，物质激励中包括有精神激励的因素。

2. 不可厚此薄彼。片面强调某一方面的作用都是不对的，客房部管理者应将物质激励与精神激励结合起来使用，方能取得最佳的激励效果。

3. 物质激励与精神激励在不同的时代背景等条件下，其激励作用有所不同。虽然物质激励与精神激励都很重要，但应该承认，二者在不同的历史时期，不同的社会制度和经济体制下，以及对于不同的个人，其激励作用也是不同的。比如，在“一切向钱看”的资本主义社会，物质激励比精神激励的作用可能要大得多，而在社会主义社会，物质激励的作用就不会有那么大；在改革开放前的计划经济条件下，精神激励的作用就非常突出，而在当前的市场经济条件下，酒店越来越多的员工开始看重物质奖励；对于个人及家庭经济条件比较好的职工来说，一定量的物质奖励对他可能无足轻重，他更看重的是精神激励；而对于家庭困难的职工而言，物质激励则犹如雪中送炭，能够起到极大的激励作用。另外，与精神激励相比，物质激励作用的大小，也要看所给予员工物质奖励本身的大小。奖励员工一套住房或一辆小汽车，与只发给员工 20 元奖金的激励作用显然是不同的。

第五节　客房部员工的过失与纪律处分

针对客房部员工工作中的过失，给予一定的纪律处分，也是员工激励的方法和组成部分。一方面，客房部员工应该按照酒店的规定，严格要求自己，避免工作中出现过失。另一方面，客房部管理人员也可以运用酒店赋予的管理权限，根据酒店的规定，给予过失员工一定的纪律处分，对员工进行“负激励”，以消除或减少工作中的各种过失。

客房部员工在工作中的过失，根据其严重程度的不同和所造成危害的大小，分为“轻微过失”和“严重过失”，可分别给予“口头警告”、“书面警告”、“辞退或开除”等不同的纪律处分。

一、轻微过失：口头警告

凡犯有以下过失者，可给予口头警告。员工若第二次出现轻微过失，则应由客房部主管或领班向过失员工签发“过失单”，并记录在案。

1. 当值时，不保持仪表的整洁及制服整齐。

2. 当班期间聚堆聊天、打闹、高声喧哗或发出不必要之声浪。

3. 工作时间听收音机、录音机、看报纸、吸烟。

4. 在员工食堂以外进餐。

5. 不使用酒店指定之员工通道。

6. 搭乘客用电梯。

7. 下班后，无故逗留在酒店内。

8. 不遵守更衣室或值班宿舍的规定。

9. 当班时吃东西。

10. 工作散漫，粗心大意。

11. 当班时，办理私人事务，打私人电话。

12. 随地吐痰或乱丢杂物。

13. 对客人无礼（视严重程度可列为严重过失）。

14. 迟到或早退。

15. 未按规定佩戴员工证。

16. 上下班不打卡。

17. 违反规定携带私人物品上岗。

18. 偷带酒店物品出店。

19. 拒绝酒店授权之有关人员检查手袋等。

20. 在酒店范围内粗言秽语。

21. 因疏忽或过失损坏酒店财物程度较轻。

22. 违反酒店有关制服管理的规定，穿酒店制服上街或回家。

23. 挑拨打架事件，情节较轻。

24. 提供假情报、假资料或隐瞒事实，情节较轻。

25. 擅自标贴、涂改酒店各类通告及指示。

26. 未经许可，擅自将酒店物品搬往别处。

27. 酒后当班，带有醉态。

28. 散布虚假或诽谤言论，影响酒店、客人或其他员工声誉。

29. 擅取酒店物品自用。

二、严重过失：书面警告

凡犯有下列过失之一者，可由客房部经理向过失员工签发

“警告通知书”，如再次出现严重过失，则向其发出“最后警告”。对于犯有严重过失的员工（三次以上的轻微过失，将被视作严重过失），可视情节轻重分别给予临时停职、降职、降薪、记过、留店察看、劝退或辞退处理。客房部员工的严重过失由客房部经理签批后，报酒店人事部备案。

1. 旷工。

2. 擅自脱岗。

3. 当班时打瞌睡。

4. 对上司不礼貌，违背或不服从主管或上司合理的工作安排或指令。

5. 因疏忽搞坏酒店或客人财物，罚款1－10倍。

6. 擅自使用专供客人使用的设备及物品。

7. 对客人粗暴或不礼貌，与客人争辩。

8. 向客人索取小费或其他报酬。

9. 偷食酒店及客人之食物。

10. 委托他人或代他人打钟卡。

11. 私自配制酒店钥匙。

12. 拾遗不报。

13. 在酒店内赌博或变相赌博。

三、极端过失：即时辞退或开除

客房部员工如犯有下列过失，将被酒店立即辞退或开除。另外，如员工被“最后警告”后，再次出现严重过失，也将视为极端过失。对员工的辞退、除名由酒店人事部签批后，报总经理批准；开除则由总经理批准后报职代会通过。

1. 贪污、盗窃、索贿、受贿、行贿。

2. 侮辱、谩骂、恐吓、威胁他人，与客人吵架。

3. 私换外汇。

4. 招接嫖客，介绍暗娼。

5. 利用或参加黑社会组织。

6. 组织、参加或煽动罢工、斗殴聚众闹事。

7. 使用毒品、麻醉剂或兴奋剂。

8. 蓄意损坏酒店及客人财物。

9. 玩忽职守，违反操作规程，造成严重损失。

10. 经常违反酒店规定，屡教不改。

11. 连续旷工三天或一个月内累计旷工二次。

12. 触犯国家法律，造成刑事责任。

第六节　客房员工的工作评估

对员工的工作评估，就是按照一定的程序和方法，根据管理者预先确定的内容和标准，对员工的德、才表现和工作业绩进行的考察和评价。客房部员工的工作评估可以定期进行，也可以不定期进行。

一、评估的作用

1. 能够激励员工更好地工作。

通过工作表现评估，能充分肯定员工的工作成绩及良好表现，这是对员工所做工作的肯定，能够激发员工的进取心。

2. 有助于发现员工工作中的缺点和不足，以便采取相应的管理措施。

如果属于员工工作态度不端正、努力程度不够，应分析原因，解决问题，帮助员工端正，改进工作。如属于缺乏专业知识或技能技巧不熟练的问题，则应确定进一步培训的需要，并纳入下一步的培训计划。

3. 为今后员工的使用安排提供了依据。

评估可发现各方面表现突出，并有发展潜力的员工。可对这类员工制定发展计划，提出更高的要求，为今后提升职务或担任更多更重要岗位的工作打好基础。通过评估，也可发现不称职、不合格的员工，为保证工作质量和服务质量，应调动或解聘其工作或职务。

4. 有助于改善员工和管理人员的关系。

评估能够加强员工与管理者之间的双向沟通，促进他们的相互了解。认真、客观、公正的评估，能够对员工起到激励作用。但上级管理人员对下属带有偏见的、不够客观公正的评估，也会恶化员工和其上级管理者之间的关系，对于日后工作的开展造成不利的影响。

二、评估的依据和内容

对员工评估的依据是酒店“岗位责任制”或“工作说明书”中对该岗位员工的基本要求（包括工作职责、标准、任务等）以及员工对岗位职责的履行情况。

评估的内容包括被评估者的基本素质、工作业绩、工作态度等：

1. 专业知识
2. 理解能力
3. 语言能力
4. 进取精神
5. 责任感
6. 工作的自觉性

7. 工作数量
8. 工作质量
9. 服务态度（有无微笑服务）
10. 礼节礼貌
11. 仪容仪表
12. 与上司之关系
13. 与同事之关系
14. 个人品德
15. 考勤及守时
16. 合作性
17. 服从性
18. 工作能力
19. 其它

对于上述内容，在考核时，可以根据其重要性的不同，给予不同的权数，进行打分，以全面、客观地反映该员工的整体素质。

三、评估的程序和方法

（一）做好观察与考核记录

客房部各级管理人员平时应做好对属下员工工作表现的观察与考核记录。这是对员工进行客观、公正地评估的基础。考核的内容包括员工的出勤情况、服务态度、客人投诉情况、工作差错情况、违反店规店纪情况、与其他员工的合作程度、对管理人员的服从性以及工作的责任心与自觉性等。

（二）填写评估表

对员工的评估通常为每年一次，评估的表格一般由酒店统一设计和印制（参见表 10－6）。为了为年度评估提供依据，使年度评估更为准确，同时也为了进一步激励员工努力工作，客房部也可以对员工进行月度评估，月度评估的形式和内容以简单为宜。

表 10－6　　　　员工工作表现评估表

姓名_______　员工编号_______　部门_______　班组_______

职位_______　评估日期　自_____年___月___日至_____年___月___日

1	工作守时与考勤	员工是否守时及经常保持出勤？ 员工是否经常迟到或请病假、事假？
	A	员工保持很好的考勤记录，在评估期限内绝无迟到或缺席
	B	员工能基本保持良好的考勤记录，在评估期内曾有少于三天的缺勤记录
	C	员工保持平平的考勤记录，在评估期内，偶有迟到并有超过四天的缺勤记录
	D	员工考勤记录甚差，在评估期内常迟到并有缺勤超过五天的记录
2	仪容仪表	员工是否修饰整洁？
	A	对个人清洁卫生非常注重，并经常保持适当的修饰
	B	通常注意修饰整洁
	C	偶然有不整洁或不适当的修饰
	D	衣着不清洁及错误的修饰
3	工作知识	员工对本职工作的应有认识如何？ 员工是否了解自己工作的一切功能，要求与责任？
	A	对本职工作各方面有充分认识，极少需要指导
	B	对本职工作多方面基本上有足够的认识，偶尔需要引导
	C	对本职工作某方面缺乏认识，经常需要引导，并需继续培训
	D	对本职工作多方面缺乏认识，经常需要引导，并需继续培训

（续上表）

4	工作质量		员工是否处事精确及不易出差错？ 员工的工作是否有条不紊，容易使人接受
	A	工作做得很好，极少发生差错	
	B	工作良好，只稍有些错处，极少犯相同错误	
	C	工作表现平平，工作要经审核才能被接受	
	D	处事十分粗心大意，经常犯同样错误	
5	可信赖程度		员工是否值得信赖并对委派工作谨慎尽责
	A	非常值得信赖，经常准时按要求完成指定工作，极少需要督导	
	B	大多数情况都可以信赖，只是偶尔需要督导	
	C	在完成工作前经常查核	
	D	不可以信赖，需要经常密切监督	
6	进取态度		员工是否有创业精神及具有善于应变能力？ 即使没有提醒员工，能否主动负起自己的职责？
	A	能主动应付工作，善于发挥能力及智慧去完成工作	
	B	基本能够主动地完成经常性的工作，偶然会有疏忽	
	C	工作中需要提醒才能完成本职任务	
	D	需要经常催促，不能主动完成工作任务	
7	礼貌与合作态度		员工对公司、同事及客人是否谦恭有礼？ 员工是否十分乐意地与上司、同事及下属协调地工作。
	A	非常注重礼貌待人接物，经常保持和颜悦色，乐于助人	
	B	基本能做到彬彬有礼，乐于与人合作	
	C	只对喜欢的人有礼貌及愿意分工合作	
	D	没有礼貌及不愿意分工合作	
8	管理能力（如运用）		员工是否具有启发下属工作热情与工作目标的能力？ 员工是否具有指引、监督及对下属提供技术指导的能力
	A	能有效地激励与引导下属去完成工作	
	B	基本能够保持良好的工作环境	
	C	需要改善个人的领导作风，使下属更好协调工作	
	D	不能监管下属使其完成工作	

（续上表）

总评分		适合晋升		降职		予以转正
		表现满意		表现一般		延长试用期/不予录用
	A	是一位工作表现非常良好的员工，有一贯卓越的工作表现				
	B	是一位工作表现良好的员工，具有能力去完成预期的工作				
	C	是工作表现颇好的员工，在若干方面具有长处，但仍需改进以收到更佳的工作效果				
	D	是一位工作表现平平的员工，需要继续努力以求达到最佳工作表现				
	E	员工需要改善工作表现才能达到基本的工作要求				

为了使评估更加客观、准确，可以采用定性和定量相结合的方法。比如，可对上述评估表中的每个项目确定权数，对A、B、C、D、E不同档次，确定不同的分值，最后加总，就可得到该员工的整体评估分。再按照总评分的多少划分为不同的档次，作为月度或年度奖励的依据。

（三）评估面谈

评估表填写好以后，评估者（客房部经理或主管）要与被评估者进行见面，就评分表上的各个项目及评分情况逐条向被评估的员工解释说明。被评估者可以在面谈时对他的评估意见提出不同的看法，并与评估者进行深入的讨论。如不能取得一致意见时，可由人事部约见该员工，听取其意见，并做适当的处理。

另外，为了取得良好的面谈效果，评估者应当掌握一些面谈的方法和技巧：

1. 批评应注意对事不对人，切不可进行人身攻击。

2. 尽量不要涉及其他员工，尤其不要在面谈的员工面前批评其他员工，以免人为地制造矛盾和员工之间的不团结。

3. 面谈时要集中思想，注意聆听职工的谈话，以便建立起双方相互信任的沟通渠道。面谈时心不在焉，会使员工对评估者的诚意产生怀疑，继而失去信任。

4. 谈话的用词要合适，尤其是在对职工进行批评时，必须注意选用恰当的词汇。切忌在被评估者情绪激动时，对其提出对抗性的指责，以免双方情绪对立而使面谈无法进行。

5. 评估应该实事求是，当被评估者对评估结果感到不满意时，应向职工解释清楚。如属必要，可以修改评估结论并再作讨论。

6. 面谈过程中，要强调职工的长处，即使是表现欠佳的职工在结束面谈时也应该用积极的话语加以鼓励。但是，对于职工的不足之处，也应该严肃地向他指出。

7. 评估者应该极力创造轻松和谐的面谈气氛，以利于双方的自由沟通。

四、评估注意事项

1. 评估必须客观、公正。

评估者对评估工作必须严肃认真、客观公正，以日常考核和员工的工作表现为依据，决不能主观臆断，凭印象或个人好恶进行。

2. 与被评估者进行面谈时，选择的地点要安静，不受其他人或各种噪音的干扰。

3. 鼓励对话。

评估过程本身就是为酒店经营管理活动提供反馈信息的途径和上、下级之间的沟通渠道。单向性的评估容易引起职工的不满，最终使员工的工作情绪与评估的宗旨背道而驰。因此，与被评估者面谈时，应当鼓励被评估者提不同意见或看法，而不能压制。

4. 不能有报复思想。

评估的目的是向被评估者实事求是地指出缺点，提出改进的方法和努力的方向，热情地肯定优点，提出发展要求和希望。切忌将评估当成整人的“秋后算帐”。有些管理者平时对员工工作中出现的缺点和毛病，不及时指出和提出善意的批评，而是积累起来，在评估时进行“秋后算总帐”，这样做是极其错误的，难以实现评估的目的，无法对员工起激励作用。

第七节　客房部管理人员的管理艺术

有一则深具哲理的寓言，描述北风与太阳斗智的情形：

北风自恃风力高强，要太阳俯首称臣，太阳不甘示弱，争论不休，最后看到前面有一行人徐徐而来，于是以行人作为比斗的对象，看谁能使行人脱衣即为赢家。北风杀气腾腾，不断施展其强烈骠悍的雄风，但只见行人把衣领愈拉愈紧，虽然几乎不堪折磨，却死活不肯轻易松手，最后北风眼见无功，只得罢手。接着轮到太阳施展身手，只见太阳露出笑脸，缓缓施展其魅力，于是寒气消失，光辉普照，但见这位路人愉快地将大衣脱了下来。

由此可见，要实施有效的管理，仅靠权力（北风）是不够的，客房管理人员在管理工作中应该像太阳一样，注意掌握和运用管理艺术，这样才能进行有效的管理，才能实现你的管理意图和管理目标。同时，也会使您的管理工作变得轻松愉快，甚至成为一种乐趣，而不是一种枯燥无味，甚至十分痛苦的负担。

客房管理人员可从以下几个方面掌握和运用管理艺术：

一、善于树立自己的威信

1．全面提高自身的素质

包括专业水平、管理才能和个人修养，只有这样，员工才会佩服你、尊敬你，继而服从你。

（1）专业素质：包括专业知识和专业技能。一般来讲，管理人员的专业水平应在服务员的前10%之列。

（2）言、谈、举止等方面的个人修养。

（3）管理水平：客房部管理人员必须掌握一定的管理理论和管理知识，并不断总结经验，提高自己的管理水平。

2．以身作则，靠榜样影响下属

榜样的力量是无穷的。要求员工做到的，自己首先做到，规定员工不能做的事，自己也绝不“越轨”。

3．不搞官僚主义

官僚主义只能使干群关系疏远，有百害而无一利。有位客房领班在服务员工作时，竟然让其放下手中的活，命令她为自己打开水喝，这样的领班怎么能让员工心服、口服，进而在行动上服从呢？

4．有敢于承担责任的勇气

管理人员越是设法推卸责任，就越得不到员工的敬重。

5．希望并支持下属取得突出的成绩

希望并支持下属取得突出的成绩，不仅能够赢得服务员对你的敬重，树立个人的威信，而且能够调动员工的工作积极性。

二、发扬民主，重视与员工的沟通

有位酒店管理者曾经说过：如果你把员工当牛看待，他想做人；如果你把他当人看待，他想当牛。因此，为了激发员工的工作积极性和主人翁精神，必须发扬民主，重视与员工的沟通。

客房部管理者不仅要把上级的指示传达到下属，而且要注意倾听下属的心声，把下属的意见和建议及时、准确地反映给上级管理者。在做决策时，要多与员工沟通，因为决策的最终执行者还是下属员工，经过员工充分讨论的、科学合理的决策，有利于员工的贯彻执行，也有利于提高员工的服从性。

除此而外，客房管理者还应该通过举办文、体等多种类型的活动，加强与员工的感情交流。

三、创造良好的人际关系环境

客房部管理人员要有良好的人际关系能力，不仅自己要与员工建立良好的关系，而且要努力在自己所管的班组或部门内创建良好的人际关系环境，使服务员之间建立良好的关系。从而使自己所在的部门内部有一种团结、合作、轻松、愉快的工作环境和气氛，这对工作的开展有极大的好处。

四、秉公办事，不偏不倚

管理人员在工作中要防止有亲有疏，办事不公，否则，将使员工产生怨气，引发不服和对抗心理。

此外，秉公办事，不偏不倚也是树立个人威信的一个重要方面。因此，无论是分配工作还是分配福利，管理人员都要做到有根有据，不感情用事。

五、关心员工的工作和生活

很多酒店员工，尤其是新员工，工作出差错，并不是有意的，而是由于他们缺乏培训，缺乏经验和技术造成的，因此，管理者对他们应多一点培训与指导，少一些指责与惩罚，使员工感觉到管理者是在真正关心自己，帮助自己成长，获得事业上的成功，而非跟自己过不去，有意整自己。这样，员工的服从性就会大大增强。

除了关心员工的工作以外，还应关心员工的生活。在员工失恋、生病或家里发生困难时，管理者若能伸出援助之手，往往会起到意想不到的效果。

六、善于运用语言艺术

客房管理人员要有良好的语言表达能力，善于运用语言艺术。要能够轻松地利用简洁明确的，甚至是十分动听的语言进行商讨、动员、指挥、劝导同事或员工，使下属能够在感情上发生共鸣，进而采取你所要求的行动。相反，如果管理人员说话枯燥乏味，只知单调的重复上级指示，再加上令人厌烦的口头语，必然会引起同事们的反感和员工的逆反心理，甚至最后把事情办糟。

此外，客房部管理人员还应该具有一定的幽默感，善于利用幽默的语言和幽默感来增进与员工的关系。幽默感是人际关系的润滑剂，它以善意的微笑代替抱怨，避免争吵；幽默使人活得更轻松、愉快。所以，“美国人可能相信自己这样，或不相信自己那样，但每个人都相信自己具有幽默感。”安东·契诃夫也曾说过：“不懂得开玩笑的人是没有希望的人，这样的人即使额高七寸，聪明绝顶，也算不上真正有智慧。”幽默会使员工更喜欢你、信任你。员工希望与幽默的人一起工作，乐于为这样的人做事，因为与他们一起工作有一种如沐春风之感。

七、讲究表扬和批评的艺术

表扬和批评属于奖惩激励的方法。使用这一方法时，要注意艺术性。

1. 表扬和批评的方法，要因人而异。

对员工的表扬和批评，要根据不同对象的心理特点，因人而异，采取不同的方式方法。有的人爱面子，口头表扬就有作用；有的人讲实惠，希望有点物质刺激；有的人脸皮薄，会上批评受不了，有的人相反，不狠狠的触动就满不在乎……。因此，为了收到好的效果，就得讲究方式方法。有的人听到会上表扬他，很高兴，但也有人就怕在大小会上表扬他，担心大家从此对他高要求，或另眼相看，或打击讽刺，因而，压力太大，对这种人只要拍拍肩膀，说一句"你工作得不错"，他就会明白上级对自己是了解的、满意的、信任的、赏识的，也就满足了，这种方法叫做"个别认可"，此外，还有"间接认可"、"会议认可"、"家庭认可"、"张榜认可"等多种形式，只要运用适当，便可收到良好的效果。在采用批评等负强化措施时，也要注意因人而异。对于惰性大、依赖心理强的人，采用"触动式批评"，对于自尊心强的人，采用"渐进式批评"；对于经历少、不成熟、较幼稚的人，采用"参照式批评"；对于性格内向、善于思考、比较成熟的人，采用"发问式批评"。(参见表 10－7)

表 10－7　　　　　表扬和批评的艺术

员工类型	表扬（批评）的方式
爱面子	口头表扬
讲实惠	物质奖励
脸皮薄	私下批评
脸皮厚	会上批评
惰性大、依赖心理强	“触动式批评”
自尊心强	“渐进式批评”
经历少、幼稚、不成熟	“参照式批评”
性格内向、善于思考、比较成熟	“发问式批评”

2．批评要掌握好时机。

批评要在自己和员工都情绪稳定时进行。但批评也不能拖得时间太长，以免使员工有“秋后算帐”之错觉。

3．批评员工时，要注意态度诚恳，语气委婉。

作为客房部管理人员，经常要对下属员工针对其工作进行批评教育，但批评一定要语气委婉，态度诚恳，尤其要注意尊重员工的人格，杜绝一切粗言烂语和不文明的管理行为。比如，领班在查房时，经常会发现某处不符合卫生标准，如果领班当着服务员的面把它擦拭干净，并且告诉他：“这儿很容易积灰，要多抹几遍，明天做房时就不会再有这么多灰了”，第二天检查房间时，你会发现他接纳了意见，并特别注意把昨天检查的那个地方擦拭得十分光洁。相反，如果不尊重员工，一味训斥，员工也不会尊重你，得到的往往是不服气的争执或沉默，你将因此而失去威望，失去员工对你工作的支持与合作，甚至有些员工可能还会用欺诈的手段与你暗斗，消极怠工。

4．批评要对事而不对人。

不要对员工有意无意地进行人身攻击，或借题发挥。

5．批评员工时，要注意听对方的解释。

最后，帮助对方分析问题，提出期望。

6．勿在下属和客人面前批评员工。

批评员工一定要注意时间、地点和场合，尤其不能当着其下属的面和客人的面批评员工，否则将极大地挫伤员工的积极性，伤害员工的自尊心，使其无“脸”管理下属，严重的还会因此而失去人才。

【案例】

毕业于上海某大学的硕士生阿虹，在任广州开发区某公司经理助理时，工作出色。就是老板的脾气大，甚至开口骂人。某日，公司来了客人，阿虹给客人倒水喝，不小心洒了些水在茶几上，老板当场骂了起来，并责令阿虹当面拿布抹干净茶几并重新给客人倒茶。阿虹一气之下放弃了这份4500元的工作，另觅新职了。

7．学会“保留批评”。

对于部下的缺点、错误，不一定都要运用批评的武器，有时候，不批评比批评能收到更多好的效果。在下列情况下，通常需要“保留批评”：

● 缺点是偶尔发生的，且员工本人已经意识到自己的错误；

● 你的用意旨在伤害、打击对方，或藉此一泄心中之恨

总而言之，批评的结果，是“成功”还是“失败”，有三条标准可以衡量：

1）部下行为的改变是朝着我们想要的方向进行。

2）能保证被批评者的自尊。

3）与部下的关系仍完好无损。

八、掌握委派工作的艺术

由于各种原因，客房部管理人员在对下属员工委派工作时，常常会遇到员工的抵触，因此，应该讲究委派工作的艺术。比如，可以对员工说：

“小李，你是我们这里最棒的小伙子，你把布草房整理一下好吗?”

“阿丽，客房要配备一个真正顶用的文员，你愿意在别人休假时顶这个班吗?”

【案例】

我是如何委派工作的

行李部工作忙闲不均，临时交办的事情很多，如何技巧地委派工作任务呢?

9月初，我们接待了一个百人日本大团，该团有144件又大又重的行李。出行李那天，接待旅行社要求早上6:30开始收集，7:30一定要装车开走。由于客人住的楼层比较分散，未必都会准时将行李放在门外，而且，其他团队与散客也都在这段时间出行李，任务很艰巨。

我了解到这个团分住6个楼层。为了尽快完成任务，每个楼层需安排一名行李员，行李收集后集中在货梯口，逐层用货梯装走。货梯需1人，下楼层后协助装上行李车需1人，另外，保证行李部正常工作需1人，一共9人。由于第二天早班只有4名行李员，因此，当天中班人员第二天上午必须全部来加班。有的行李员第二天休息，或早有安排或想睡觉，他们肯不肯一大早都来加班呢?

我先放出风声说今天中班行李员明早6:20要到岗加班，侧面了解了一下行李员的反映。心里有数之后，我在交接班会上布置任务，并有针对性地谈了应以酒店工作为重。会上多数员工表示愿意加班，但也有个别员工面露难色，说已约好办事情不能来。由于人手有限，缺一人都不行，我让愿意加班的员工先走，请不愿加班的员工留下来单独谈。这样给他们面子，免得在会上难堪，也避免主管与员工在会上的直接冲突，大家都下不了台。

第二天安排工作时，我把表现好的员工分配在行李多的楼层，勉强来加班的员工在行李少的楼层，并明确告诉他们必须完成任务的时间，不得拖延。时间上我留有一定的余地，以便有意外变动，还来得及弥补。另外我随时督导，促其按时按量地完成任务。

原来需要一小时的工作，半小时就完成了，旅行社的一位经理惊喜地说："我们前一站的一家饭店，2小时出不来行李，想不到在你们这儿，这么快就出齐了"。

完成任务后，我对积极合作的员工进行公开表扬。对勉强来加班的员工私下表示感谢，感谢他们在主管工作困难的时候给与支持。这样缓解了可能产生的上下级的紧张关系，有利于今后工作的开展。

由此可见，这位行李员很注意委派工作的方式方法，讲究委派工作的艺术性：

首先，他在正式布置工作前，先放出第二天要加班的风声。以便需要加班的员工有个心理准备。

其次，当他了解到个别员工加班有困难时，强调"应以酒店工作为重"，暗示员工在这种情况下，个人利益应该服从集体利益。

第三，让愿意加班的员工先走，请不愿加班的员工留下来单独谈。正如这位主管所言："这样给他们面子，免得在会上难堪，也避免主管与员工在会上的直接冲突，大家都下不了台。"

第四，把表现好的员工分配在行李多的楼层，勉强来加班的员工在行李少的楼层。这样做一方面可以照顾那些勉强来加班的员工的情绪，同时又可保证工作任务能够按时顺利完成。

第五，完成任务后，对积极合作的员工进行公开表扬；对勉强来加班的员工私下表示感谢。从而"缓解了可能产生的上下级的紧张关系，有利于今后工作的开展。"

九、注意工作方法

1. 严格而不是一味严厉。

格者，规范、标准也。酒店首先要有"格"，管理中则要严守其"格"。任何一支队伍，严明的纪律、规范都是它力量之所在。没有制度、职责、规范，或者虽有而并不认真执行，势必一盘散沙。这样的酒店是不会成功的。但严格不等于严厉。领班对服务员常常疾声厉色，稍不满意，便发雷霆之怒，动辄以处分相威胁，甚至听见风，便是雨，情况并未搞清楚，就作结论，也不给部属以申辩、说明的机会，过分追求言出如山的效果，误以为这便是果断、有魄力，因而伤害了员工，走入了管理的误区。

事实上，任何一个员工都十分关注上司对他的印象与态度，因为这对他的工作与发展是十分重要的。也都有在团体内获得友谊与尊重的需要，有些人还特别看重"面子"，训斥无疑会使他觉得遭受重大的挫折，当训斥的依据又非事实时，这种挫折感会变得格外沉重，如果领班与服务员建立起相互信任、相互尊重的关系，就会使对方都感到轻松，获得一种安全感，增加工作的热情、信心与情趣，领班的愤怒，对部属的训诫有时是必要的，但要慎重、慎用，一味严厉则不可取。

2. 发号施令但不要忽略给与帮助。

酒店要保持高的服务水准，当然会对各部门、各岗位提出各种工作要求，而且，客房部常常会有许多临时性的工作，要求服务员在规定的时间内高质量地完成，领班在分配任务、发布指令时，不应忽略帮助服务员排除工作中的困难，有些困难并非是服务员可以解决的，忽略了帮助，常使服务员感到领班对他们不关心，不体谅，造成一种心理压力，甚至误认为领班有意刁难，造成上下之间的信任危机。

3. 维护权威，但不要拒绝听取员工意见

强调坚决执行指令，维护领导者的权威，决不能导致忽视倾听员工的意见。客房领班应鼓励员工进言，以改进管理。倾听服务员的抱怨，让服务员有发泄不满的渠道，远比压制好。连任曼谷东方饭店总经理 24 年的库尔特·瓦赫特意先生认为：曼谷东方饭店之所以一直被列为世界十佳饭店之冠，是因为有三大法宝。其中之一便是培养员工的忧店意识，倾听愉快的牢骚，鼓励员工对旅馆提出各种问题，他说："管理需要有一种愉快的不满情绪，否则大家都将会睡着"。

4. 做好解释与沟通。

与倾听同样重要的是解释，重大的问题，固然要向服务员作出解释，一些看似细小的问题，也应注意与有关人员交换意见，进行充分的沟通，以免使服务员不理解或产生误解和挫折感，影响工作积极性和工作任务的完成。

十、与员工保持一定的距离

客房部管理者在其管理活动中，要反对官僚主义，因为官僚主义会使上、下级关系疏远，但这并不意味着要使官兵“打成一片”，“溶为一体”。有位美学家曾经说过：审美要有“审美距离”。同样，管理工作也要有“管理距离”，即：管理者与被管理者之间应该保持一定的距离，以维护自己的权威，只有这样，管理者才会摆脱干扰，放心管理；被管理者也不会认为管理者不够“哥儿们”。

第十一章

二十一世纪酒店客房服务与管理发展趋势

第一节　二十一世纪客房卫生间发展趋势

一、功能上的多元化

卫生间最基本的功能是满足客人盥洗入厕、淋浴等个人卫生要求，而在 21 世纪，除了这些基本功能外，卫生间将成为健身与享受温馨的空间，其设施性能、室内装修等都有了相应的改变。

在卫生间的诸多功能中，化妆功能将得到进一步强化。很多客人将洗脸台兼作化妆台使用，台面上可供客人摆放各种自带的梳洗、化妆用品。为此，要求台面要宽阔，此外，一些酒店化妆台除正面使用大面积的镜子外，侧面还设有供化妆、剃须用的放大圆镜，豪华饭店的卫生间镜面后还装有加热导线，以提高温度，消除镜面霉气。

此外，豪华饭店还在卫生间放置磅秤和安置吹风机，以满足客人保健和美容美发的需要。

二、设施的现代化

现代化的卫生间设施设备将为客人提供更加方便、舒适的享受：

1. 具有保健功能的按摩浴缸。

很多高档饭店竞相在豪华套间设置冲浪式浴缸，以显示档次，其四周与下部设有喷头，喷射水流冲击人体肌肉，起按摩作用，以消除疲劳，恢复体力。

2. 将出现方便、舒适的自动化马桶。

客人入厕时，可根据需要调节坐盖的温度。入厕结束后，可自动冲洗下身（水温要自动调节），并带有自动烘干装置。

3. 在卫生间安装音响。

为了使客人在使用卫生间（如在浴缸沐浴时）时得到彻底的放松和享受，越来越多的酒店除了在卧室内安装音响以外，还将在客房卫生间安装音响设施，以便为客人提供更加舒适的享受和高标准的服务。

三、独立的淋浴装置将在客房卫生间装修中大行其道

越来越多的酒店将在其客房卫生间设独立的箱式淋浴间，且多为拼装结构，采用玻璃或有机玻璃箱体。这一趋势将从很多豪华酒店及套间发展到普通酒店的普通房间。在一些热带国家和地区，还可能出现用这种独立的淋浴装置替代传统的浴缸的趋势。

四、卫生间的空间扩大化

总的趋势是面积越来越大，我国饭店星级评定将卫生间的面积定为4～6平方米，这与国际上三件套（洗盆、浴缸、马

桶）设施卫生间的面积相同，但对5件套设施（增加净身盆和箱式淋浴器）的卫生间来说，需约8～10平方米。豪华卫生间的经典之作当属香港丽晶酒店的海景套间，其卫生间面积达36平方米，拥有豪华的按摩浴缸及独立的桑拿浴室，卫生间三面采用大面积镜子，将迷人的维多利亚港湾风景采用借景的手段尽收眼底，沐浴在按摩浴缸之中，仿佛置身于蔚蓝的大海，令人心旷神怡。

五、节能型洁具将在卫生间普遍采用

为了节约经营成本，建设绿色环保型酒店，各种节能型卫生洁具将在卫生间普遍采用。不少坐便器将注明用水量。广东佛陶集团最近展出一种1W－34彩金节水型卫生瓷座便器，每次冲洗的用水量只需4.5～5升，比国家标准节约用水50％以上。

六、卫生间的“开放化”

迄今为止，酒店客房的卫生间基本上都是一个“小黑箱”（Little Black Box），而今后的设计将更趋向于有联通外部空间的窗户和回归自然的气氛。北京友谊宾馆的卫生间就是这种超前意识的典范。

第二节　酒店客房的绿色管理

美国著名管理大师乔格·温特在其《企业与环境》一书中指出：“总经理可以不理会环境的时代已经过去了，将来公司必须善于管理生态环境才能赚钱。”

的确，企业经营不仅要追求经营效益，而且要追求环境效益和社会效益，要为环境负责，为社会负责，实现社会、经济的可持续发展。

一、酒店实行绿色管理势在必行

近年来，绿色管理已“风靡”全球酒店业，犹如一股势不可挡的世纪浪潮，席卷世界各地。国内外不少酒店纷纷实施绿色管理战略，成效显著。香港的 ISL 酒店制定了 100 多条酒店绿色管理条例，严格绿色管理操作程序，成为亚太地区首家通过国际标准 ISO14001 的酒店；国际酒店与餐馆业协会将绿色管理列为 99 年热点议题；一批为酒店“绿色化”提供咨询服务的专业机构、专业刊物也应运而生；互联网上的一些有关酒店业的著名站点，如 Lodgingresearch，Hospitalitymet 等均将绿色酒店作为重要介绍内容……。80 年代后期，开始席卷全球酒店业的绿色浪潮，正一浪高过一浪，跨入新世纪，绿色管理不再仅仅是一种时尚选择，而是酒店为取得竞争优势，赢得顾客、占领市场所必须采取的一项管理战略。

此外，政府为了保护环境，走可持续发展道路，制定了一系列法规政策，限制了企业为单纯追求经济效益而忽视环境效益的种种做法，使得酒店必须调整管理战略，重视环境管理，实施能实现长期利润最大化的绿色管理战略。

实行绿色管理，企业可能需要添置一定的设备，增加一定的成本和费用，但另一方面，实行绿色管理，也可以在许多方面为企业节约很多费用，带来可观的经济效益。特别对于酒店来说，更是如此。

最后，绿色消费的兴起，使得旅游消费者对“绿色”情有独钟。消费者的绿色偏好对酒店来说，既是市场压力，又是市场卖点，酒店实施绿色战略既迎合现代顾客的“绿色”需求，又可为酒店创造经济效益。

因此，从环境成本和风险、政府法规、市场力量、公众压力等外部因素分析，酒店实施绿色管理战略势在必行。世界旅游组织“可持续发展委员会”已在全世界酒店行业推广“持久旅游证书”（又称“绿色图章”），规定“酒店必须在周围环境、硬件设施、服务质量等各方面都符合保护环境和生物多样化的要求之后才能获得这个证书。一旦获得此证书，酒店的等级和名望将得到更好的认可”。

二、酒店客房绿色管理的基本内容

（一）客房的绿色管理

绿色客房主要表现在以下几个方面：

● 选择那些同意将其产品废弃物减少到最小程度的供应商，或者坚持生产厂商将非必要的包装减少到最少或重新利用；

● 注意回收旧报纸、易拉罐和玻璃瓶等，并将有机物垃圾专门堆放在一起；

● 合理安装各种设施设备，减少能源浪费现象；

● 在客房中注意使用各种节能设施设备及节能新技术。如节能灯以及各种自动化控制的节能设施和技术。

● 节约用水。严格控制客房淋浴喷头、洗脸盆龙头以及马桶抽水每分钟的出水量。在酒店建设、客房装修和改造时，注意选用节水型卫生洁具。

● 鼓励住宿超过一天的客人，继续使用原有的毛巾，或不更换床单，以减少清洗所需的水和洗涤剂用量。为此，可向旅游者推出“能源节约卡”，告诉客人：“本酒店是世界环保计划的支持者。为响应‘节约能源，保护环境’之倡导，我们希望尽可能减少床上卧具的洗涤次数，以节约水电消耗和减少排污量。如果您认为您床上卧具无需更换，请于早上将此卡置于枕头上。对此，我们酒店全体员工将十分感激您的举动。”（参见图 11－1）

Using My Linens Twice
Is Just As Nice

Sheets are customarily changed daily, but if you feel it is unnecessary, please leave this card on your pillow in the moming and your sheets will not be changed that day. Thanks very much.

シェラトンホテルは毎日客室のシーッをお取り替え致しておりますが、シーッを取り替える必要がない場合は、朝、このカードを枕の上に置いて下ちい。この日にはお客ちまのシーッをお取り替え致しません。ご協力に心から感謝致します。

通常我们每天都对客人的被单进行换洗，如您觉得不必要时，请于早上将此卡放在枕头上，这一天您的被单将不再更换。多谢合作！

图 11－1

● 减少客房整理次数。国内一些酒店为了体现档次和“服务质量”，盲目地要求服务员每日多次进房进行无谓的整理，结果不仅增加了服务成本，造成资源的浪费，而且还常常引起客人投诉（妨碍和影响了客人的工作和休息）。其实，每天整理一次客房，就足够了。国外有些酒店只在客人招呼整理时，服务员才进房整理。这些酒店或在床头柜上明显处立牌告示，或在服务指南中予以说明。大致内容是：为了不打扰您的休息，我们尽量减少服务人员的进房次数，您需要我们服务人员派人整理房间时请将门后“请进房整理”的牌子挂在门外的门把手上（或电话通知或请按床头柜控制板上的呼叫键）。其实，不少客人住几天时间，不仅床单、枕套以及卫生间浴巾等不必天天更换，香皂、牙具、梳子等用品也根本没有必要天天丢弃换新。

● 对于预计当天离店的客人所住的房间，要求当班服务员在客人离店后整理。特别是有的客人下午离店，如果上午整理好，换上新床单及易耗品，午休后即成了走客房，还得再清扫一次，并更换有关物品，造成不必要的浪费，而客人也不会“领情”。

● 减少使用含氯氟烃的产品、含氯漂白剂和漂白过的布草。

● 尽可能使用有利于环境保护的商品和可再生利用的产品。如将客房放置的洗衣袋从塑料制品改为纸制品，或用可多次使用的竹篮或布袋代替。

● 改变客房卫生用品的供应方式。传统酒店的卫生间每天都要为客人配备肥皂、罐装浴液、洗发液等卫生清洁用品，凡客人用剩的都要扔掉，既浪费了资源，又污染了环境。未来酒店应将客房内惯用的肥皂和沐浴液小罐子，改为可添加的固定容器，既可减少浪费，也能避免丢弃用剩的肥皂，以减少资源浪费。

（二）洗衣房的绿色管理

洗衣房实施绿色管理可从以下几方面入手：

● 节约洗涤用水。酒店是用水大户，洗衣房更是酒店的用水大户，因此，洗衣房作好节约用水工作对于酒店实施绿色经营具有重要意义。

● 在洗衣房安装水回收器，对废水回收处理，重复使用。

● 对洗涤剂的使用量加以控制。

● 尽可能减少含氯漂白剂的使用。

三、光电幕墙——酒店客房的绿色装修

“绿色客房”不仅表现在客房的日常经营管理中，还体现在酒店客房的外装修方面。

21世纪的酒店将在其建设和装修中，大量采用一种能够将太阳能转变为电能的能源生产型幕墙，即光电幕墙。

众所周知，能源是人类社会得以生存和发展的基础，传统的能源生产是以消耗地球上有限的自然资源，同时污染人类生存环境为代价的，如何找到一种既不无限消耗地球资源、又不会污染我们得以生存的自然环境的资源，一直是技术研究和科学发展的方向！太阳能是一种取之不尽、用之不竭的能源，所以，如何把太阳能无污染地转化成可利用能源，就成为包括建筑行业在内的各个行业发展的目标。

光电幕墙是一种能够将太阳能转变为电能的幕墙。这是因为在光电幕墙中使用了光电池、光电板技术。光电板是用特殊的透明度极高的树脂薄膜将光电池镶嵌在两片玻璃之间，组成光电模块，光电模块通过其背面的导线相连，组成光电板。在太阳的照射下，光电板将光能转化为电能。

与普通能源相比，光电幕墙产生的电能不会排放 CO_2 及 SO_2 等会产生温室效应的有害气体，不会产生污染，也不会过度消耗地球上有限的自然资源。因此，进入 21 世纪，随着人们环保观念的增强，光电幕墙将在酒店业及其它建筑行业得到广泛地推广应用，出现越来越多的“绿色酒店”、“绿色建筑”。(参见图 11－2)

图 11－2　21 世纪酒店使用的“光电幕墙”

第三节　二十一世纪酒店客房经营管理的发展趋势

进入21世纪，酒店客房的经营管理和服务将发生如下变化。

一、服务和管理的高科技化

进入21世纪，高科技在酒店客房服务与管理中将得到广泛的应用。客房内将为客人提供网络浏览、E－mail收发、FTP文件下载、Telnet远程登录、网络游戏等多项INTERNET服务。客房管理将完全实现电脑化、自动化，客人所需要的一切服务只要在电脑或电视屏幕上按键选择即可，更可坐在屏幕前与异地商家进行可视的面对面会议或洽谈，从而可真正使客人“运筹帷幄之中，决胜千里之外”；房内拥有可视电话，电动按摩床、椅，使客人真正体会到方便和舒适。客房内的设施设备也将完全由电脑控制，出现智能型客房：客人在客房内可以随心所欲地变换四季景色，也可以将“窗户”按照自己的意愿通过遥控器转变为美丽的沙滩，或是绿色的草原……；客房叫醒钟将由叫醒光代替；甚至连席梦思床都可以由客人遥控弹性和硬度……。

根据世界最负盛名的旅游院校之一、美国休斯顿大学酒店和餐饮管理学院的专家们的研究成果，“21世纪的酒店客房”将具有如下特征：

● 光线唤醒。由于许多人习惯根据光线而不是闹钟来调整起床时间，新的唤醒系统将会在客人设定的唤醒时间前半小时逐渐增强房间内的灯光，直到唤醒时刻时灯光亮得如同白昼。

● 无匙门锁系统。客房将以指纹或视网膜鉴定客人身份。

● 虚拟现实的窗户。提供由客人自己选择的窗外风景：他看到的将不再是千篇一律的停车场或是没有任何特色的城市街道，而可能是自家的小院，森林草地，绿色的田野，迷人的沙滩或其它任何能够使他感到宁静舒适、赏心悦目的风景。

● 自动感应系统。光线、声音和温度都可以根据每个客人的喜好来自动调节。

●“白色噪音”。客人可选择能使自己感到最舒服的背景音响。

● 客房内虚拟娱乐中心。客人可在房间内参加高尔夫球、篮球等任何自己喜爱的娱乐活动。

● 客房内健身设备。供喜爱单独锻炼的客人使用。

● 电子控制的床垫。客人可根据自己的喜好随意调整床垫的硬度。

二、客房服务将更加突出人情味和个性化

服务产品是无形的，服务质量最终是由客人评价的，客人评价旅游服务质量优劣的标准是能否满足客人的需求。而客人的需求又是千差万别的，既有共性的部分又有个性化的部分，因此要使服务质量上一个台阶，必须满足客人的个性化需求，为客人提供个性化服务（Personalized Service OR Individualized Service）。与此相适应，21 世纪酒店客房服务模式将从“标准化”走向“定制化”。

标准化的特征是：酒店生产什么，客人消费什么，以一种模式面对所有客人。而定制化的特征是根据每个客人的不同情况和需求，生产不同的产品，强调：你需要什么，我就做什么。因此，“定制化服务”实质上就是以标准化为基础的个性化服务，包括针对服务、灵活服务、超常服务、心理服务等基

本内容。

如果说服务的标准化、规范化是保障酒店服务质量的基础，那么，“个性化”服务就是服务质量的灵魂，要提高客房服务质量，必须为客人提供更加富有人情味的、突破标准与规范的“个性化”服务，这是服务质量的最高境界，是酒店服务的发展趋势。

泰国曼谷的“东方饭店”曾连续十多年获得世界最佳饭店称号。有位香港客人谈到在这家酒店下榻的经历时，赞不绝口：

“有一次，我乘机抵达曼谷，酒店机场代表来机场接我，一见面，他就说：

‘××先生，您好！要是我没记错的话，您有一年多没来我们饭店住了，是不是我们服务不好，什么地方得罪您了？’

‘不，不，饭店挺好，主要是这段时间在泰国没业务。来泰国肯定住你们饭店！’

……

等到了饭店后，从门迎到总台接待员，再到客房服务员，见到我好像见到老朋友一样，第一句话都是‘××先生，您好！’，我好生奇怪，他们怎么都知道我的姓名呢？我多长时间没来酒店他们都知道。但不管怎么说，我感到非常高兴，就好像回到家里一样。”

上述事例充分说明富有人情味的个性化服务对客人是何等重要。21世纪的酒店客房将充分考虑客人的这一需求，为客人提供个性化服务。

三、客房的设计经营和服务将走向无障碍化

21世纪，人类社会将进入老龄化社会。据新加坡《联合

早报》（1999.7.12）报道：由于人均寿命的延长和人口出生率的下降，21世纪老年人人数将大为增加。到2030年，新加坡65岁以上的老年人将从现在的22.59万，增加到79.59万。目前，每14个新加坡人中，有一个老年人。而到了2030年，每5个新加坡人中，就有一个老年人。另据预测，到2012年，超过65岁以上的老年人将占美国总人口的一半以上。而“中国到2000年，60岁以上的老年人口将达到1.29亿，在总人口中的比例将突破10%，达到10.15%，按照联合国的划分标准，我国这时将变成老年型人口的国家，进入老龄化社会”①。因此，21世纪的酒店客房在其建设、经营、管理和服务等方面必须考虑老年人的需求，除了为残疾人提供无障碍服务以外，将充分考虑老年人的需求特点，向他们提供能够满足其特殊需要的服务设施和服务项目，同时调整客房部的服务内容和服务方式。

四、行政楼层（EFL）将在未来酒店中大行其道

行政楼层也叫“商务楼层”，是专门接待酒店商务客人及公司高级行政管理人员，并为他们提供特殊服务的楼层。

一般来说，商务客人希望所住客房内的设施、物品等适合办公及洽谈。虽然各酒店都为商务客人设有商务中心，但是这些人为了有效利用时间，希望在离客房较近的地方办公。并且也很想避开那些混乱的观光旅游客，寻找幽静而舒适的环境，并且想从内心感觉一下自己与普通游客不一样的心理。为满足他们的要求，酒店要努力做好以下几方面的工作：第一，为EFL客人提供与众不同特殊服务；第二，为他们提供更好、

① 姜虹“一个年轻人要养几个老人”，《广州日报》，1999.8.15

更便利的生活以及办公用设施设备和物品等。

行政楼层通常设在四星级以上的高档酒店，但近年来，一些三星级酒店也纷纷效仿，在其客房部为光顾酒店的普通商务客人设置商务楼层，提供有别于其他客人的特殊服务，取得了较好的效果。未来，将有更多的酒店加入这一行列。

五、客房服务和管理中将更加注重客人的人身安全和健康问题

在 21 世纪，旅游者将更加注重自身的安全与健康，因此，客房服务和管理中将充分考虑客人的这一需求，采取各种有效的措施和手段，防止恐怖活动、各类犯罪分子、爱滋病以及各种新、旧类型传染病等对客人的袭击等，确保客人在酒店住宿期间的安全与健康。

六、"时权经营"将对酒店客房服务和管理方式产生重大影响

时权经营（Time Share）又称时段所有权（Interval Ownership），是指以一定的价格将酒店或度假村的服务设施（如一定面积的房间等）在一定时间内的所有权出售给度假者的一种经营方式。这种经营方式对于酒店特别是度假村来说，既可以较快的收回投资，又可解决因旅游业的季节性所造成的设施闲置问题。

自 20 世纪 70 年代在旅游业引入时权经营理念以来，时权经营这种新颖的经营方式已在很多国家和地区迅速发展起来。从 80 年代到 90 年代初期，全球引入时权经营的旅游目的地增长了 6 倍，其销售量增长了 3 倍，销售额达 40 亿美元。据 RAGATZ 预测，到 2004 年，时权经营的销售额将达 300 亿美

元（RAGATZ，1992）。另据世界旅游组织1996年的报告，全球时权经营从1986年到1995年，年平均增长15.8%，到1995年，已有3.5万个家庭在全球81个国家的4，000个旅游目的地购买了时权（WTO，1996）。毫无疑问，进入21世纪，时权经营这种既受业主欢迎，又受度假者青睐的灵活新颖的经营方式将得到进一步的推广和发展。与此相适应，酒店客房的服务和管理方式也将发生重大变化。

七、客房的装修和布置将更加注重文化品味

21世纪，世界范围内（包括中国在内）市场经济将日趋成熟，竞争也将更加激烈，但竞争的层次将不断提高，酒店的竞争将从低层次的价格竞争逐渐转向高层次的文化和品牌竞争。有文化品味、鲜明的个性和特色的酒店将受到顾客的青睐，因此，酒店客房在装修、布置和服务方面，将注重文化、艺术品味，追求个性和特色。那种千篇一律的、毫无个性和特色的酒店客房将被市场所抛弃。

八、对“单人房”的需求将大幅增加

进入21世纪，各国（特别是第三世界国家）的城市化进程以及经济的发展速度将进一步加快，与此相适应，从事商务旅游活动的旅游者人数将空前增加，商务旅游在旅游业中所占的比重将大幅提高。而商务旅游者的基本需求特点之一，就是喜欢住单人房。这一方面是为了不受他人干扰，保护个人隐私和追求安全感，另一方面，公务性质的商务旅游也决定了他们与观光旅游者相比，不太在乎客房的价格。在这种背景下，客人对单人房的需求将大幅增加，酒店（尤其是以接待商务客人为主的商务型酒店）在建设和改造中，应大量增加单人房的数

量和比例。

我国酒店业是在1978年改革开放后才真正开始发展起来的，当时，为了接待潮水般涌入的外国旅游者，修建了一批旅游饭店，其中90%以上的房间都是双人房，这对于接待观光旅游者还是比较适合的。但是，近年来，随着经济的发展和国内外商务客人的增多，这种房间结构已越来越不适应市场需求的特点，满足不了市场需要。国内很多酒店都是双人房大量闲置，而客人所需要的单人房却总是供不应求，尽管客人也可以将双人房“包”下来，作为单人房使用，但是，谁又愿意出双人房的价格住“单人间”呢？

九、“绿色客房”将大受欢迎

“可持续发展”是未来人类所追求的自然、社会、经济、文化等的发展模式和发展目标，社会进入21世纪，符合可持续发展思想的绿色酒店、绿色客房将受到酒店经营者及顾客的普遍推崇和欢迎。

附录1 客房部常用英语

（一）客房部常用术语

A

adjoining room	相邻房
adapter	插座
all - purpose cleaner	多功能清洁剂
arrival time	抵达时间
air conditioner	空调
ash tray	烟灰缸
attendant	客房服务员

B

baby sitting service	照看婴儿服务
bath tub	浴缸
bath mat	脚巾
bath robe	浴袍
bath room	卫生间
basin	洗脸盆
bed board	床头板
bed pad	床褥
bedstead	床架
bedspread	床罩
bed - side table	床头柜
bed - side lamp	床头灯

bell boy	行李员
black tea	红茶
blackout drapes	厚窗帘
blanket	毛毯
brochure	小册子
bulb	灯泡
business centre	商务中心

C

captain	领班
carpet	地毯
cashier	收银员
check-in	入住登记
check-out	结帐离店
chemical fabrics	化纤服装
cleaning bucket	清洁桶
cloak room	衣帽间
clothes hangers	衣架
comb	梳子
complain	投诉
commercial rate	商务房价
connecting room	连通房
cotton cloth	棉布服装
coupon	票证

D

day use	非全天用房
DDD (Domestic Direct Dial)	国内直拨电话
departure time	离店时间
dining room	餐厅
DND (Do Not Disturb)	请勿打扰
double room	双人房

double - double room	两张双人床的房间
deluxe suite	豪华套房
double locked (DL)	双锁房
dry cleaning	干洗
desk lamp	台灯

E

electric shaver	电动剃须刀
executive floor	行政（商务）楼层
eiderdown	鸭绒被

F

fadeless	不褪色的
FIT	散客
Front Office	前厅部
Front Desk	总台
full house	房间客满

G

group	团队

H

hair dryer	吹风机
handkerchief	手绢
house credit limit	赊帐限额
house use	酒店内部用房

I

IDD (International Direct Dial)	国际直拨电话
iron	熨斗
ironing board	熨衣板

J

jasmine tea	茉莉花茶
job description	工作说明书

L

lamp shade	灯罩
laundry service	洗衣服务
laundry bag	洗衣袋
laundry list	洗衣单
late check－out	逾时离店
lobby	大堂
log book	工作日记
long staying guest（LSG）	常住客
lounge	休息室
	M
maid's cart	客房清扫工作车
MUR（make up room）	请速打扫房
message	留言
mop	拖把
mattress	床垫
	N
no show	没有预先取消又无预期抵店的订房
night table	床头柜
	O
occupied（Occ.）	住客房
Out of Order（OOO）	待维修房
over－booked	超额预订
	P
package	包价服务
pick up service	接车服务
pillow case	枕套
plug	插头
presidential suite	总统间
pressing	熨烫

Q

quilt	被子

R

rack rate	客房牌价
razor	剃刀
rooming list	团体分房名单
rollaway bed	折叠床
room attendant	客房服务员
room status	房间状态
room change	换房
rotary floor scrubber	洗地机
rubber glovers	防护手套

S

sewing kit	针线包
service directory	服务指南
sheer curtain	纱窗帘
sheet	床单
shirt	衬衫
shoe shine paper	擦鞋纸
shoe polishing	擦鞋服务
shower curtain	淋浴帘
shower head	淋浴喷头
shrinkable	缩水的
silk fabrics	丝绸织品
skipper	逃帐者
skirts	裙子
sleep out	外宿客人
slippers	拖鞋
single room	单人间
socks	袜子

socket	插座
soiled linen	脏布草
sprinkler	花洒
stain	污迹
stationery folder	文具夹
suit	西服
supervisor	主管
sweater	毛衣
switch	开关
	T
tap	水龙头
tariff	房价单
tea table	茶几
tie	领带
towel rail	毛巾架
twin room	双张单人床的双人房
transformer	变压器
triple room	三人房
	U
unshrinkable	不缩水的
underpants	内裤
	V
vacant dirty	未清扫之空房
vacuums	吸尘器
VIP（very important person）	贵宾
	W
wake－up call	叫醒电话
wall lamp	壁灯
wet vacuums	吸水机
woolen fabrics	毛料织品

（二）客房部日常接待用语

- Welcome to our floor!
  欢迎光临我们楼层。
- May I clean your room now or I'll come again later?
  我现在打扫您的房间呢还是呆会儿再来打扫？
- We have hair dryers on loan.
  我们有吹风机可供出租。
- Are you going to extend your stay?
  请问您要续住吗？
- Are you going to check out today?
  请问您今天离店吗？
- Have a pleasant stay.
  祝您住店愉快。
- I'm sorry to disturb you.
  很抱歉打扰您了。
- This way, please.
  请这边走。
- Our hotel is a four－star hotel.
  我们酒店是四星级酒店。
- Our hotel overlooks a fine lake.
  我们酒店毗临一个美丽的湖泊。
- What kinds of amusement do you offer?
  你们提供哪些娱乐设施？
- Our hotel has a nightclub，Finnish sauna，a swimming pool，tennis courts，billiards，etc.
  我们酒店有夜总会、芬兰浴、游泳池、网球场、台球等等。
- The rooms are spacious，airy，and they command very nice view.
  客房特别宽大，空气新鲜，窗口风景优美。
- After you，sir.

您先走，先生。

- Here is your baggage, please check and see if it is the right one.
  这是您的行李，请检查一下是否有误。
- The extension number is just the same as your room number.
  房间的分机号码与房号刚好相同。
- Can you tell me the way to the restaurant?
  能告诉我到餐厅怎么走吗？
- Where can I send a fax?
  请问在哪儿发传真？
- Wait a while, I'll check for you.
  请稍等，我给您看一下。
- You can do some shopping in Beijing Road. That's the most famous commercial street in Guangzhou.
  您可以在北京路逛逛商店。北京路是广州最著名的商业街。
- Is it your first trip to China, sir?
  您是第一次来中国吗？
- Are you here for a holiday or on business?
  您是来度假还是出差？
- I'd like to be woken up tomorrow morning
  明天早上请叫醒一下.
- You can arrange a wake-up call with the operator.
  请您与总机联系，安排叫醒服务。
- What fitness facilities do you have here?
  你们这儿有哪些健身设施？
- Sorry, you'll have to pay extra for express service.
  对不起，快洗服务要另外收费。
- Sorry for the inconvenience.
  抱歉，给您添麻烦了。

（三）酒店各部门、各岗位名称英汉对照

董事总经理	Managing Director
总经理	General Manager
副总经理	Deputy General Manager
驻店经理	Resident Manager
总经理行政助理	Executive Assistant Manager
总经理秘书	Executive Secretary .
总经理室	Executive Office
机要秘书	Secretary
接待文员	Clerk
人力资源开发部	Human Resources Division
人事部	Personnel Department
培训部	Training Department
督导部	Quality Inspection Department
计财部	Finance and Accounting Division
财务部	Accounting Department
成本部	Cost - control Department
采购部	Purchasing Department
电脑部	E. D. P.
市场营销部	Sales & Marketing Division
销售部	Sales Department
公关部	Public Relation Department
预订部	Reservation Department
客务部	Rooms Division
前厅部	Front Office Department

管家部	Housekeeping Department
餐饮部	Food & Beverage Department
康乐部	Recreation and Entertainment Department
工程部	Engineering Department
保安部	Security Department
行政部	Rear－Service Department
商场部	Shopping Arcade
人力资源开发总监	Director of Human Resources
人事部经理	Personnel Manager
培训部经理	Training Manager
督导部经理	Quality Inspector
人事主任	Personnel Officer
培训主任	Training Officer
财务总监	Financial Controller
财务部经理	Chief Accountant
成本部经理	Cost Controller
采购部经理	Purchasing Manager
采购部主管	Purchasing Officer
电脑部经理	EDP Manager
总出纳	Chief Cashier
市场营销总监	Director of Sales and Marketing
销售部经理	Director of Sales
宴会销售经理	Banquet Sales Manager
销售经理	Sales Manager
宴会销售主任	Banquet Sales Officer

销售主任	Sales Officer
客务总监	Rooms Division Director
前厅部经理	Front Office Manager
前厅部副经理	Asst. Front Office Manager
大堂副理	Assistant Manager
礼宾主管	Chief Concierge
客务主任	Guest Relation Officer
接待主管	Chief Receptionist
接待员	Receptionist
车队主管	Chief Driver
出租车订车员	Taxi Service Clerk
行政管家	Executive Housekeeper
行政副管家	Assistant Executive Housekeeper
办公室文员	Order Taker
客房高级主管	Senior Supervisor
楼层主管	Floor Supervisor
楼层领班	Floor Captain
客房服务员	Room Attendant
洗衣房经理	Laundry Manager
餐饮总监	F & B Director
餐饮部经理	F & B Manager
西餐厅经理	Western Restaurant Manager
中餐厅经理	Chinese Restaurant Manager
咖啡厅经理	Coffee Shop Manager
餐饮部秘书	F&B Secretary
领班	Captain
迎宾员	Hostess

服务员	Waiter, waitress
传菜	Bus Boy, Bus Girl
行政总厨	Executive chef
中厨师长	Sous Chef (Chinese Kitchen)
西厨师长	Sous Chef (Western Kitchen)
西饼主管	Chief Baker
工程总监	Chief Engineer
工程部经理	Engineering Manager
值班工程师	Duty Engineer
保安部经理	Security Manager
保安部副经理	Asst. Security Manager
保安部主任	Security Officer
保安员	Security Guard
商场部经理	Shop Manager
商场营业员	Shop Assistant

附录2 “旅游涉外饭店”星级划分条件

——不同星级酒店的硬件设施和软件服务要求

（前厅及客房部分）

Ⅰ. 中华人民共和国国家标准（GB/T 14308—1997）旅游涉外饭店星级的划分及评定（国家技术监督局1997—10—16发布，1998—05—01实施）

6 星级划分条件

6.1 一星级

6.1.4 前厅

a. 有前厅和总服务台；

b. 总服务台有中、英文标志，18h有工作人员在岗，提供接待、问询和结帐服务；

c. 提供留言服务；

d. 定时提供外币兑换服务；

e. 总服务台提供饭店服务项目宣传品、饭店价目表、市交通图、各种交通工具时刻表；

f. 有贵重物品保存服务；

g. 有供客人使用的行李推车，必要时提供行李服务。有小件行李存放服务；

h. 设值班经理，16h接待客人；

i. 设客人休息场所；

j. 能用英语提供服务。各种指示用和服务用文字至少用中英文同时表示。

6.1.5 客房

a. 至少有 20 间（套）可供出租的客房；

b. 装修良好，有软垫床、桌、椅、床头柜等配套家具；

c. 至少 75% 的客房有卫生间、装有抽水恭桶、面盆、淋浴或浴缸，配有浴帘。客房中没有卫生间的楼层设有间隔式的男女公用卫生间。饭店有专供客人使用的男女分设公共浴室，配有浴帘。采取有效的防滑措施。24h 供应冷水，16h 供应热水；

d. 有遮光窗帘；

e. 客房备有饭店服务指南、价目表、住宿规章；

f. 客房、卫生间每天全面整理 1 次，隔日更换床单及枕套；

g. 16h 提供冷热饮用水。

6.2 二星级

6.2.4 前厅

a. 有与饭店规模、星级相适应的前厅和总服务台；

b. 总服务台有中英文标志，24h 有工作人员在岗，提供接待、问询和结帐服务；

c. 提供留言服务；

d. 定时提供外币兑换服务；

e. 总服务台提供饭店服务项目宣传品、饭店价目表、市交通图、本市旅游景点介绍、各种交通工具时刻表、与住店客人相适应的报刊；

f. 能接受国内客房、餐饮预订；

g. 有可由客人自行开启的贵重物品保险箱；

h. 有供客人使用的行李推车，必要时提供行李服务。有小件行李存放服务；

i. 设值班经理，16h 接待客人；

j. 设客人休息场所；

k. 能用英语提供服务。各种指示用和服务用文字至少用中英文同时表示；

l. 总机话务员能用英语为客人提供电话服务。

6.2.5　客房

a. 至少有20间（套）可供出租的客房；

b. 装修良好，有软垫床、桌、椅、床头柜等配套家具，照明充足；

c. 有卫生间，装有抽水恭桶、面盆、梳妆镜、淋浴或浴缸，配有浴帘。采取有效的防滑措施。24h供应冷水，18h供应热水；

d. 有电话，可通过总机拨通国内与国际长途电话。电话机旁备有使用说明；

e. 有彩色电视机；

f. 具备防噪音及隔音措施；

g. 有遮光窗帘；

h. 有与饭店本身星级相适应的文具用品。有饭店服务指南、价目表、住宿规章、本市交通图和旅游景点介绍；

i. 客房、卫生间每天全面整理1次，每日更换床单及枕套；

j. 24h提供冷热用水；

k. 提供一般洗衣服务；

l. 应客人要求提供送餐服务。

6.3　三星级

6.3.5　前厅

a. 有与接待能力相适应的前厅。内装修美观别致。有与饭店规模、星级相适应的总服务台；

b. 总服务台有中英文标志，分区段设置接待、问讯、结帐，24h有工作人员在岗；

c. 提供留言服务；

d. 提供一次性总帐单服务（商品除外）；

e. 提供信用卡服务；

f. 12h提供外币兑换服务；

g. 总服务台提供饭店服务项目宣传品，饭店价目表，中英文本市交通图，全国旅游交通图，本市和全国旅游景点介绍、各种交通工具时刻表、与住店客人相适应的报刊；

h. 有完整的预订系统，可接受国内和国际客房和国内餐饮预订；

i. 有饭店和客人同时开启的贵重物品保险箱。保险箱位置安全、隐蔽，能够保护客人的隐私；

j. 设门卫应接员，16h迎送客人；

k. 设专职行李员，有专用行李车，18h为客人提供行李服务。有小件行李存放处；

l. 设值班经理，24h接待客人；

m. 设大堂经理，18h在前厅服务；

n. 在非经营区设客人休息场所；

o. 提供店内寻人服务；

p. 提供代客预订和安排出租汽车服务；

q. 门厅及主要公共区域有残疾人出入坡道，配备轮椅。有残疾人专用卫生间或厕位，能为残疾人提供特殊服务；

r. 能用英语服务。各种指示用和服务用文字至少用中英文同时表示；

s. 总机话务员至少能用2种外语（英语为必备语种）为客人提供电话服务。

6.3.6 客房

a. 至少有40间（套）可供出租的客房；

b. 房间面积宽敞；

c. 装修良好、美观，有软垫床、梳妆台或写字台、衣橱及衣架、座椅或简易沙发、床头柜、床头灯及行李架等配套家具。室内满铺地毯，或为木地板。室内采用区域照明且目的物照明度良好；

d. 有卫生间，装有抽水恭桶、梳妆台（配备面盆、梳妆镜）、浴缸并带淋浴喷头（有单独淋浴间的可不带淋浴喷头），配有浴帘、晾衣绳。采取有效的防滑措施。卫生间采用较高级建筑材料装修地面、墙面，色调柔和，目的物照明度良好。有良好的排风系统或排风器、110/220V电源插座。24h供应冷、热水；

e. 有可直接拨通国内和国际长途的电话。电话机旁备有使用说明及市内电话簿；

f. 有彩色电视机、音响设备，并有闭路电视演播系统。播放频道不少于16个，其中有卫星电视节目或自办节目，备有频道指示说明和节目单。播放内容应符合中国政府规定。自办节目至少有2个频道，每日不少于2次播放，晚间结束播放时间不早于零点；

g. 具备有效的防噪音及隔音措施；

h. 有遮光窗帘；

i. 有单人间；

j. 有套房；

k. 有残疾人客房，该房间内设备能满足残疾人生活起居的一般要求；

l. 有与饭店本身星级相适应的文具用品。有饭店服务指南、价目表、住宿规章、本市旅游景点介绍、本市旅游交通图、与住店客人相适应的报刊；

m. 客房、卫生间每天全面整理1次，每日更换床单及枕套，客用品和消耗品补充齐全；

n. 提供开夜床服务，旋转晚安卡；

o. 24h提供热饮用水及冰块并免费提供茶叶或咖啡；

p. 客房内一般要有微型酒吧（包括小冰箱），提供适量饮料，并在适当位置放置烈性酒，备有饮酒器具和酒单；

q. 客人在房间会客，可应要求提供加椅和茶水服务；

r. 提供叫醒服务；

s. 提供留言服务；

t. 提供衣装干洗、湿洗和熨烫服务；

u. 有送餐菜单和饮料单，18h提供中西式早餐或便餐送餐服务，有可挂置门外的送餐牌；

v. 提供擦鞋服务。

6.3.10 选择项目（共79项，至少具备11项）

6.3.10.1 客房（10项）

a. 客房内可通过视听设备提供帐单等的可视性查询服务，提供语音信箱服务；

b. 卫生间有饮用水系统；

c. 不少于50%的客房卫生间淋浴与浴缸分设；

d. 不少于50%的客房卫生间干湿区分开（有独立的化妆间）；

e. 所有套房分设供主人和来访客人使用的卫生间；

f. 设商务楼层，可在楼层办理入住登记及离店手续，楼层有供客人使用的商务中心及休息场所；

g. 商务楼层的客房内有收发传真或电子邮件的设备；

h. 为客人提供免费店内无线寻呼服务；

i. 24h提供洗衣加急服务；

j. 委托代办服务（金钥匙服务）。

6.4　四星级

6.4.7　前厅

a. 面积宽敞，与接待能力相适应；

b. 气氛豪华，风格独特，装饰典雅，色调协调，光线充足；

c. 有与饭店规模、星级相适应的总服务台；

d. 总服务台有中英文标志，分区段设置接待、问讯、结帐，24h有工作人员在岗；

e. 提供留言服务；

f. 提供一次性总帐单结帐服务（商品除外）；

g. 提供信用卡服务；

h. 18h提供外币兑换服务；

i. 总服务台提供饭店服务项目宣传品、饭店价目表、中英文本市交通图、全国旅游交通图、本市和全国旅游景点介绍、各种交通工具时刻表、与住店客人相适应的报刊；

j. 可18h直接接受国内和国际客房预订，并能代订国内其他饭店客房；

k. 有饭店和客人同时开启的贵重物品保险箱。保险箱位置安全、隐蔽，能够保护客人的隐私；

l. 设门卫应接员，18h迎送客人；

m. 设专职行李员，有专用行李车，24h 提供行李服务。有小件行李存放处；

n. 设值班经理，24h 接待客人；

o. 设大堂经理，18h 在前厅服务；

p. 在非经营区设客人休息场所；

q. 提供店内寻人服务；

r. 提供代客预订和安排出租汽车服务；

s. 门厅及主要公共区域有残疾人出入坡道，配备轮椅。有残疾人专用卫生间或厕位，能为残疾人提供特殊服务；

t. 至少能用 2 种外语（英语为必备语种）提供服务。各种指示用和服务用文字至少用中英文同时表示；

u. 总机话务员至少能用 2 种外语（英语为必备语种）为客人提供电话服务。

6.4.8 客房

a. 至少有 40 间（套）可供出租的客房；

b. 70%客房的面积（不含卫生间）不小于 20 平方米；

c. 装修豪华，有豪华的软垫床、写字台、衣橱及衣架、茶几、座椅或简易沙发、床头柜、床头灯、台灯、落地灯、全身镜、行李架等高级配套家具。室内满铺高级地毯，或为优质木地板等。采用区域照明且目的物照明度良好；

d. 有卫生间，装有高级抽水恭桶、梳妆台（配备面盆、梳妆镜）、浴缸并带淋浴喷头（有单独淋浴间的可以不带淋浴喷头），配有浴帘、晾衣绳。采取有效的防滑措施。卫生间采用豪华建筑材料装修地面、墙面，色调高雅柔和，采用分区照明且目的物照明度良好。有良好的排风系统、110/220V 电源插座、电话副机。配有吹风机。24h 供应冷、热水；

e. 有可直接拨通国内和国际长途的电话。电话机旁备有使用说明及市内电话簿；

f. 有彩色电视机、音响设备，并有闭路电视演播系统。播放频道不少于 16 个，其中有卫星电视节目或自办节目，备有频道指示说明和节目单。播放内容应符合中国政府规定。自办节目至少有 2 个频道，每日不少于 2 次播放，晚间结束播放时间不早于凌晨 1 时；

g. 具备十分有效的防噪音及隔音措施；

h. 有内窗帘及外层遮光窗帘；

i. 有单人间；

j. 有套房；

k. 有至少 3 个开间的豪华套房；

l. 有残疾人客房，该房间内设备能满足残疾人生活起居的一般要求；

m. 有与饭店本身星级相适应的文具用品。有饭店服务指南、价目表、住宿规章、本市旅游景点介绍、本市旅游交通图、与住店客人相适应的报刊；

n. 客房、卫生间每天全面整理 1 次，每日更换床单及枕套，客用品和消耗品补充齐全，并应客人要求随时进房清扫整理、补充客用品和消耗品；

o. 提供开夜床服务，放置晚安卡、鲜花或赠品；

p. 24h 提供冷热饮用水及冰块并免费提供茶叶或咖啡；

q. 客房内设微型酒吧（包括小冰箱），提供充足饮料，并在适当位置放置烈性酒，备有饮酒器具和酒单；

r. 客人在房间会客，可应要求提供加椅和茶水服务；

s. 提供叫醒服务；

t. 提供留言服务；

u. 提供衣装干洗、湿洗、熨烫及修补服务，可在 24h 内交还客人。16h 提供加急服务；

v. 有送餐菜单和饮料单，24h 提供中西式早餐、正餐送餐服务。送餐菜式品种不少于 10 种，饮料品种不少于 8 种，甜食品种不少于 6 种，有可挂置门外的送餐牌；

w. 提供擦鞋服务。

6.5.12　选择项目（共 79 项，至少具备 28 项）

6.4.12.1　客房（10 项）

a. 客房内可通过视听设备提供帐单等的可视性查询服务，提供语音信箱服务；

b. 卫生间有饮用水系统；

c. 不少于50%的客房卫生间淋浴与浴缸分设；

d. 不少于50%的客房卫生间干湿区分开（有独立的化妆间）；

e. 所有套房分设供主人和来访客人使用的卫生间；

f. 设商务楼层，可在楼层办理入住登记及离店手续，楼层有供客人使用的商务中心及休息场所；

g. 商务楼层的客房内有收发传真或电子邮件的设备；

h. 为客人提供免费店内无线寻呼服务；

i. 24h提供洗衣加急服务；

j. 委托代办服务（金钥匙服务）。

6.5 五星级

6.5.7 前厅

a. 面积宽敞，与接待能力相适应；

b. 气氛豪华，风格独特，装饰典雅，色调协调，光线充足；

c. 有与饭店规模、星级相适应的总服务台；

d. 总服务台有中英文标志，分区段设置接待、问讯、结帐，24h有工作人员在岗；

e. 提供留言服务；

f. 提供一次性总帐单结帐服务（商品除外）；

g. 提供信用卡服务；

h. 18h提供外币兑换服务；

i. 总服务台提供饭店服务项目宣传品、饭店价目表、中英文本市交通图、全国旅游交通图、本市和全国旅游景点介绍、各种交通工具时刻表、与住店客人相适应的报刊；

j. 可18h直接接受国内和国际客房预订，并能代订国内其他饭店客房；

k. 有饭店和客人同时开启的贵重物品保险箱。保险箱位置安全、隐蔽，能够保护客人的隐私；

l. 设门卫应接员，18h迎接客人；

m. 设专职行李员，有专用行李车，24h提供行李服务。有小件行李存放处；

n. 设值班经理，24h接待客人；

o. 设大堂经理，18h在前厅服务；

p. 在非经营区设客人休息场所；

q. 提供店内寻人服务；

r. 提供代客预订和安排出租汽车服务；

s. 门厅及主要公共区域有残疾人出入坡道，配备轮椅。有残疾人专用卫生间或厕位，能为残疾人提供特殊服务；

t. 至少能用2种外语（英语为必备语种）提供服务。各种指示用和服务用文字至少用中英文同时表示；

u. 总机至少能用3种外语（英语为必备语种）为客人提供电话服务。

6.5.8 客房

a. 至少有40间（套）可供出租的客房；

b. 70%客房的面积（不含卫生间和走廊）不小于20平方米；

c. 装修豪华，有豪华的软垫床、写字台、衣橱及衣架、茶几、座椅或简易沙发、床头柜、床头灯、台灯、落地灯、全身镜、行李架等高级配套家具。室内满铺高级地毯，或为优质木地板等。采用区域照明且目的物照明度良好；

d. 有卫生间，装有高级抽水恭桶、梳妆台（配备面盆、梳妆镜）、浴缸并带淋浴喷头（有单独淋浴间的可以不带淋浴喷头），配有浴帘、晾衣绳。采取有效的防滑措施。卫生间采用豪华建筑材料装修地面、墙面，色调高雅柔和，采用分区照明且目的物照明度良好。有良好的排风系统、110/220V电源插座、电话副机。配有吹风机和体重秤。24h供应冷、热水；

e. 有可直接拨通国内和国际长途的电话。电话旁备有使用说明及市内电话簿；

f. 有彩色电视机、音响设备，并有闭路电视演播系统。播放频道不少于16个，其中有卫星电视节目或自办节目，备有频道指示说明和节目单。播放内容应符合中国政府规定。自办节目至少有2个频道，每日不少于2次播放，晚间结束播放时间不早于凌晨1时；

g. 具备十分有效的防噪音及隔音措施；

h. 有内窗帘及外层遮光窗帘；

i. 有单人间；

j. 有套房；

k. 有至少5个开间的豪华套房；

l. 有残疾人客房，该房间设备能满足残疾人生活起居的一般要求；

m. 有与饭店本身星级相适应的文具用品。有饭店服务指南、价目表、住宿规章、本市旅游景点介绍、本市旅游交通图、与住店客人相适应的报刊；

n. 客房、卫生间每天全面整理1次，每日更换床单及枕套，客用品和消耗品补充齐全，并应客人要求随时进房清扫整理、补充客用品和消耗品；

o. 提供开夜床服务，旋转晚安卡、鲜花或赠品；

p. 24h提供冷热饮用水及冰块并免费提供茶叶或咖啡；

q. 客房内设微型酒吧（包括小冰箱），提供充足饮料，并在适当位置放置烈性酒，备有饮酒器具和酒单；

r. 客人在房间会客，可应要求提供加椅和茶水服务；

s. 提供叫醒服务；

t. 提供留言服务；

u. 提供衣装干洗、湿洗、熨烫及修补服务，可在24h内交还客人。18h提供加急服务；

v. 有送餐菜单和饮料单，24h提供中西式早餐、正餐送餐服务。送餐菜式品种不少于10种，饮料品种不少于8种，甜食品种不少于6种，有可挂置门外的送餐牌；

w. 提供察鞋服务。

6.5.12 选择项目（共78项，至少具备35项）

6.5.12.1 客房（10项）

a. 客房内可通过视听设备提供帐单等的可视性查询服务，提供语音信箱服务；

b. 卫生间有饮用水系统；

c. 不少于50%的客房卫生间淋浴与浴缸分设；

d. 不少于50%的客房卫生间干湿区分开（有独立的化妆间）；

e. 所有套房分设供主人和来户客人使用的卫生间；

f. 设商务楼层，可在楼层办理入住登记及离店手续，楼层有供客人使用的商务中心及休息场所；

g. 商务楼层的客房内有收发传真或电子邮件的设备；

h. 为客人提供免费店内无线寻呼服务；

i. 24h提供洗衣加急服务；

j. 委托代办宜备服务（金钥匙服务）。

附录3　星级饭店客房客用品质量与配备要求

中华人民共和国旅游行业标准（LB/T 003—1996）星级饭店客房客用品质品质量与配备要求（国家旅游局1996—07—11发布，1997—01—01实施）

1　范围

本标准提出了星级饭店客房客用品的品种、数量、规格、包装、标志和技术指标。

本标准适用于我国各档次、类别的星级饭店。尚未评定星级的旅游涉外饭店可参照本标准执行。

2　引用标准

见附录A（标准的附录）。

3　定义

本标准采用下列定义。

3.1　星级饭店 star-rated hotel

经旅游行政管理部门依照GB/T 14308进行评定，获得星级的旅游涉外饭店。

3.2　客房用品 guestroom supplies and amenities

客房中配备的，与宾客生活、完全密切相关的各种日用品和提示用品。其中日用品的基本特征是一次性、一客一用或一天一换。

4　一、二星级饭店的配备要求

4.1　毛巾

4.1.1 浴巾

每房二条。

4.1.2 面巾

每房二条。

4.1.3 地巾

每房一条。

4.2 软垫

每床一只。

4.3 床上用品

4.3.1 床单

每床二条。

4.3.2 枕芯

每床二个。

4.3.3 枕套

每床二只。

4.3.4 毛毯

每床一条。

4.3.5 床罩

每床一条。

4.3.6 备用薄棉被（或备用毛毯）

每床宜备一条。

注：视地区而定。

4.3.7 衬垫

每床可备一条。

4.4 卫生用品

4.4.1 香皂

每房不少于二块，每块净重不低于 18g。

4.4.2 浴液、洗发液

每房二套，每件净重不低于 20g。

4.4.3 牙刷

每房二把。

4.4.4　牙膏

每房二支，每支净重不低于6g。

4.4.5　漱口杯

每房二只。

4.4.6　浴帽

每房二只。

4.4.7　卫生纸

每房一卷。

4.4.8　卫生袋

每房一只。

4.4.9　拖鞋

每房二双。

4.4.10　污物桶

每房一只，放于卫生间内。

4.4.11　梳子

每房宜备二把。

4.4.12　浴帘

每房一条。

4.4.13　洗衣袋

二星级每房二只。

4.5　文具用品

4.5.1　文具夹（架）

每房一只。

4.5.2　信封

每房普通信封、航空信封各不少于二个。

4.5.3　信纸、便笺

每房各不少于三张。

4.5.4　圆珠笔

每房一支。

4.6 服务提示用品

4.6.1 服务指南、电话使用说明、住宿须知

每房各一份。

4.6.2 电视节目表、价目表、宾客意见表、防火指南

每房各一份。

4.6.3 提示牌、挂牌

应分别有“请勿打扰”、“请打扫房间”、“请勿在床上吸烟”的说明或标识。

4.6.4 洗衣单

二星级每房备二份。

4.7 饮品、饮具

4.7.1 茶叶

每房可备袋装茶四小袋，也可用容器盛装。

4.7.2 茶杯（热水杯）

每房二只。

4.7.3 暖水瓶

每房不少于一个。

4.7.4 凉水瓶、凉水杯

每房可备一套。

注：视地区而定。

4.8 其他

4.8.1 衣架

每房不少于八个。

4.8.2 烟灰缸

每房二只。

4.8.3 火柴

每房二盒。

4.8.4 擦鞋用具

以擦鞋纸为主，每房二份。

4.8.5 纸篓

每房一只，放于卧室内。

4.8.6　针线包

每房一套。

5　三星级饭店的配备要求

5.1　毛巾

5.1.1　浴巾

每房二条。

5.1.2　面巾

每房二条。

5.1.3　地巾

每房一条。

5.1.4　方巾

每房二条。

5.2　软垫

每床一只。

5.3　床上用品

5.3.1　床单

每床不少于二条。

5.3.2　枕芯

每床二个。

5.3.3　枕套

每床二只。

5.3.4　毛毯

每床一条。

5.3.5　床罩

每床一条。

5.3.6　备用薄棉被（或备用毛毯）

每床备一条。

注：视地区而定。

5.3.7　衬垫

每床一条。

5.4 卫生用品

5.4.1 香皂

每房不少于二块，每块净重不低于25g，其中至少一块不低于35g。

5.4.2 浴液、洗发液、护发素

每房二套，每件净重不低于25g。

5.4.3 牙刷

每房二把。

5.4.4 牙膏

每房二支，每支净重不低于8g。

5.4.5 漱口杯

每房二只。

5.4.6 浴帽

每房二只。

5.4.7 卫生纸

每房一卷。

5.4.8 卫生袋

每房一只。

5.4.9 拖鞋

每房二双。

5.4.10 污物桶

每房一只，放于卫生间内。

5.4.11 梳子

每房宜备二把。

5.4.12 浴帘

每房一条。

5.4.13 防滑垫（若已采取其他防滑措施可不备）

每房一块。

5.4.14 洗衣袋

每房二只。

5.4.15　面巾纸

每房可备一盒。5.5　文具用品

5.5.1　文具夹（架）

每房一只。

5.5.2　信封、明信片

每房普通信封、航空信封和国际信封各不少于二只。明信片二张。

5.5.3　信纸、便笺、传真纸

每房信纸、便笺各不少于三张，传真纸宜备二张。

5.5.4　圆珠笔

每房不少于一支。

5.5.5　铅笔

每房宜备一支，与便笺夹配套。

5.5.6　便笺夹

每房一只。

5.6　服务提示用品

5.6.1　服务指南、电话使用说明、住宿须知、送餐菜单

每房各一份。

5.6.2　电视节目表、价目表、宾客意见表、防火指南

每房各一份。

5.6.3　提示牌、挂牌

应分别有“请勿打扰”、“请打扫房间”、“请勿在床上吸烟”、“送餐服务”的说明或标识。

5.6.4　洗衣单、酒水单

每房洗衣单二份，酒水单一份。

5.7　饮品、饮具

5.7.1　茶叶

每房备二种茶叶，每种不少于二小袋。也可用容器盛放。

5.7.2　茶杯（热水杯）

每房二只。

5.7.3　暖水瓶

每房不少于一只。

5.7.4　凉水瓶、凉水杯

每房备一套。

注：视地区而定。

5.7.5　小酒吧

烈性酒不少于三种，软饮料不少于五种。

5.7.6　酒杯

每房不少于二只，配调酒棒。

5.8　其他

5.8.1　衣架

每房西服架四只、裤架四只、裙架四只。

5.8.2　烟灰缸

每房不少于二只。

5.8.3　火柴

每房不少于二盒。

5.8.4　擦鞋用具

以亮鞋油为主，每房二件。

5.8.5　纸篓

每房一只，放于卧室内。

5.8.6　针线包

每房一套。

5.8.7　杯垫

小酒吧必备，其他场合，酌情使用。

5.8.8　礼品袋

每房备二只。

5.8.9　标贴

每房可备二只。

5.8.10　晚安卡

每房一卡

6 四、五星级饭店的配备要求

6.1 毛巾

6.1.1 浴巾

每房二条。

6.1.2 面巾

每房二条。

6.1.3 地巾

每房一条。

6.1.4 方巾

每房不少于二条。

6.1.5 浴衣

每床一件。

6.2 软垫

每床一只。

6.3 床上用品

6.3.1 床单

每床不少于二条。

6.3.2 枕芯

每床不少于二只。

6.3.3 枕套

每床不少于二只。

6.3.4 毛毯

每床一条。

6.3.5 床罩

每床一条。

6.3.6 备用薄棉被（或备用毛毯）

每床备一条。

注：视地区而定。

6.3.7 衬垫

每床一条。

6.4　卫生用品

6.4.1　香皂

每房不少于二块，备皂碟，每块净重不低于30g，其中至少一块净重不低于45g。

6.4.2　浴液、洗发液、护发素、润肤露

每房二套，每件净重不低于35g。

6.4.3　牙刷

每房二把。

6.4.4　牙膏

每房二支，每支净重不低于10g。

6.4.5　漱口杯

每房二只。

6.4.6　浴帽

每房二只。

6.4.7　卫生纸

每房二卷。

6.4.8　卫生袋

每房一只。

6.4.9　拖鞋

每房二双。

6.4.10　污物桶

每房一只，放于卫生间内。

6.4.11　梳子

每房二把。

6.4.12　浴帘

每房一条。

6.4.13　防滑垫（若采取其他防滑措施可不放）

每房一块。

6.4.14　洗衣袋

每房二只。

6.4.15 面巾纸

每房一盒。

6.4.16 剃须刀

每房可备二把。可配备须膏。

6.4.17 指甲挫

每房可备一把。

6.4.18 棉花球、棉签

每房宜备一套。

6.4.19 浴盐（泡沫剂、苏打盐）

五星级可配备。

6.5 文具用品

6.5.1 文具夹（架）

每房一只。

6.5.2 信封、明信片

每房普通信封、航空信封和国际信封各不少于二只。明信片二张。

6.5.3 信纸、便笺、传真纸

每房信纸、便笺各不少于四张，传真纸不少于二张。

6.5.4 圆珠笔

每房不少于一支。

6.5.5 铅笔

每房宜备一支，与便笺夹配套。

6.5.6 便笺夹

每房一只。

6.6 服务提示用品

6.6.1 服务指南、电话使用说明、住宿须知、送餐菜单

每房各一份。

6.6.2 电视节目表、价目表、宾客意见表、防火指南

每房各一份。

6.6.3 提示牌、挂牌

每房备“请勿打扰”、“请打扫房间”、“请勿在床上吸烟”、“送餐服

务”各一份，正反面内容宜一致。

6.6.4　洗衣单、酒水单

每房备洗衣单二份，酒水单一份。

6.7　饮品、饮具

6.7.1　茶叶

每房备两种茶叶，每种不少于二小袋。也可用容器盛放。

6.7.2　茶杯（热水杯）

每房二只。

6.7.3　暖水瓶

每房不少于一只。

6.7.4　凉水瓶、凉水杯

每房一套。

注：视地区和客源需要而定。

6.7.5　小酒吧

烈性酒不少于五种，软饮料不少于八种。

6.7.6　酒杯

不同类型的酒杯每房不少于四只，配调酒棒、吸管和餐巾纸。

6.7.7　咖啡

五星级宜备咖啡二小盒及相应的调配物，也可用容器盛放。

6.7.8　冰桶

每房一只，配冰夹。

6.7.9　电热水壶

五星级宜备

6.8　其他

6.8.1　衣架

优质木制品为主，每房西服架、裤架、裙架各不少于四只。五星级另可配备少量缎面衣架或落地衣架。

6.8.2　烟灰缸

每房不少于二只。

6.8.3　火柴

每房不少于二盒。

6.8.4　擦鞋用具

以亮鞋器为主，每房二件，宜配鞋拔和擦鞋筐。

6.8.5　纸篓

每房一只，放于卧室内。

6.8.6　针线包

每房一套。

6.8.7　杯垫

每杯配备一只。

6.8.8　礼品袋

每房配备二只。

6.8.9　标贴（或标牌）

每房不少于二只。

6.8.10　晚安卡

每床一卡

7　基本质量要求

7.1　毛巾

全棉，白色为主，素色以不褪色为准，无色花，无色差，手感柔软，吸水性能好，无污渍，无明显破损性疵点。符合 FZ/T 62006 的规定。普通毛巾纱支：地经纱 21s/2，毛经纱 21s/2，纬纱 21s；优质毛巾纱支：地经纱 32s/2，毛经纱 32s/2，纬纱 32s。

注：21s＝29tex，32s＝18tex。

7.1.1　浴巾

a）一、二星级规格：不小于 1200mm×600mm，重量不低于 400g。

b）三星级规格：不小于 1300mm×700mm，重量不低于 500g。

c）四、五星级规格：不小于 1400mm×800mm，重量不低于 600g。

7.1.2　面巾

a）一、二星级规格：不小于 550mm×300mm，重量不低于 110g。

b）三星级规格：不小于 600mm×300mm，重量不低于 120g。

c）四、五星级规格：不小于 700mm×350mm，重量不低于 140g。

7.1.3　地巾

a）一、二星级规格：不小于 650mm×350mm，重量不低于 280g。

b）三星级规格：不小于 700mm×400mm，重量不低于 320g。

c）四、五星级规格：不小于 750mm×450mm，重量不低于 350g。

7.1.4　方巾

a）三星级规格：不小于 300mm×300mm，重量不低于 45g。

b）四、五星级规格：不小于 320mm×320mm，重量不低于 55g。

7.1.5　浴衣

棉制品或丝绸制品。柔软舒适，保暖。

7.2　软垫

平整，弹性适宜，无污损。

7.2.1　一、二星级

规格：不小于 1900mm×900mm。

7.2.2　三星级

规格：不小于 2000mm×1000mm。

7.2.3　四、五星级

规格：不小于 2000mm×1100mm。

7.3　床上用品

7.3.1　床单

全棉，白色为主，布面光洁，透气性能良好，无疵点，无污渍。应符合 FZ/T 62007 的规定。

a）一、二星级：纱支不低于 20s，经纬密度不低于 6060，长度和宽度宜大于软垫 600mm。

b）三星级：纱支 20s 以上，经纬密度不低于 6060，长度和宽度宜大于软垫 700mm。

c）四、五星级：纱支不低于 30s，经纬密度不低于 6080，长度和宽度宜大于软垫 700mm。

注：20s＝29tex，32s＝18tex。6060＝236/236，6080＝236/318.5

7.3.2　枕芯

松软舒适，有弹性，无异味。

a）一、二星级：规格不小于650mm×350mm。

b）三星级：规格不小于700mm×400mm。

c）四、五星级：规格不小于750mm×450mm。

7.3.3　枕套

全棉，白色为主，布面光洁，无明显疵点，无污损，规格与枕芯相配。

a）一、二星级：纱支不低于20s，经纬密度不低于6060

b）三星级：纱支20s以上，经纬密度6060以上。

c）四、五星级：纱支不低于32s，经纬密度不低于6080。

7.3.4　毛毯

素色为主，手感柔软，保暖性能良好，经过阻燃、防蛀处理，无污损。规格尺寸与床单相配。应符合FZ 61001的规定。

a）一、二星级：毛混纺或纯毛制品。

b）三星级：纯毛制品为主。

c）四、五星级：精纺纯毛制品。

7.3.5　床罩

外观整洁，线型均匀，边缝整齐，无断线，不起毛球，无污损，不褪色，经过阻燃处理，夹层可使用定型棉或中空棉。

a）一、二星级：装饰布面料为主。

b）三星级：优质装饰布面料为主。

c）四、五星级：高档面料，以优质装饰布或丝绸面料为主。

7.3.6　备用薄棉被（或备用毛毯）

优质被芯，柔软舒适，保暖性能好，无污损。

7.3.7　衬垫

吸水性能好，能有效防止污染物质的渗透，能与软垫固定吻合，可使用定型棉或中空棉。

a）一、二星级：规格不小于1900mm×900mm。

b）三星级：规格不小于2000mm×1000mm。

c）四、五星级：规格不小于2000mm×1100mm。

7.4　卫生用品

7.4.1　香皂

香味纯正，组织均匀，色泽一致，图案、字迹清晰，无粉末颗粒，无软化腐败现象，保质期内。应符合 GB 8113 的规定。

a）一、二星级：简易包装。

b）三星级：精制包装，印有中英文店名及店标，或用精致皂盒盛放。

c）四、五星级：豪华包装，印有中英文店名及店标，或用豪华皂盒盛放。

7.4.2　浴液、洗发液、护发素、润肤露

粘度适中，无异味，包装完好，不益漏，印有中英文店名及店标，保质期内。应符合 GB 11432、ZBY 42003、GB 11431 的规定。

a）一、二星级：简易包装或简易容器盛放。

b）三星级：精致包装或精致容器盛放。

c）四、五星级：豪华包装或豪华容器盛放。

7.4.3　牙刷

刷毛以尼龙丝为主，不得使用对人体有害的材料，如聚丙丝。刷毛洁净柔软、齐整，毛束空满适宜；刷头、刷柄光滑，手感舒适，有一定的抗弯性能。标志清晰，密封包装，印有中英文店名及店标。其他技术指标应符合 QB 1659 的规定。

a）一、二星级：简易包装。

b）三星级：优质牙刷，精致包装。

c）四、五星级：优质牙刷，豪华包装。

注：三星级（含三星级）以上的饭店不宜使用装配式牙刷。

7.4.4　牙膏

香味纯正，膏体湿润、均匀、细腻，色泽一致，使用的香精、色素必须符合 GB 8372 及其他有关规定。图案、文字清晰，无挤压变形，无渗漏污损。保质期内。

7.4.5　漱口杯

玻璃制品或陶瓷制品，形体美观端正，杯口圆润，内壁平整。每日清洗消毒。

7.4.6 浴帽

以塑料薄膜制品为主，洁净，无破损，帽沿松紧适宜，耐热性好，不渗水。

a）一、二星级：简易包装。

b）三星级：纸盒包装为主，宜印有中英文店名及店标。

c）四、五星级：精致盒装，印有中英文店名及店标。

7.4.7 卫生纸

白色，纸质柔软，纤维均匀，吸水性能良好，无杂质，无破损，采用 ZBY 39001 中的 A 级和 A 级以上的卫生纸。

7.4.8 卫生袋

不透明塑料制品或防水纸制品，洁净，不易破损，标志清晰。

7.4.9 拖鞋

穿着舒适，行走方便，具有较好的防滑性能，至少印有店标。

a）一、二星级：一次性简易拖鞋，有一定的牢度。

b）三星级：以纺织品为主，视原材料质地，一日一换或一客一换。

c）四、五星级：高级优质拖鞋，一客一用。

7.4.10 污物桶

用于放置垃圾杂物，污物不泄漏，材料应有阻燃性能。

7.4.11 梳子

梳身平整、平滑，厚薄均匀，齿头光滑，不宜过尖。梳柄印有中英文店名及店标。

a）一、二星级：简易包装。

b）三星级：精致密封包装。

c）四、五星级：豪华包装。五星级可分粗、细梳齿。五星级宜使用木质梳子。

7.4.12 浴帘

以塑料薄膜或伞面绸为主，无污损，无霉斑。

7.4.13 防滑垫

橡胶制品为主，磨擦力大，防滑性能良好。

7.4.14 洗衣袋

塑料制品或棉麻制品为主，洁净，无破损，印有中英文店名及店标。

7.4.15　面巾纸

白色为主，纸质轻柔，取用方便，采用 ZBY 32032 中的 A 等品。

7.4.16　剃须刀

刃口锋快平整，剃刮舒适、安全、密封包装，印有中英文店名及店标。

7.4.17　指甲锉

砂面均匀，颗粒细腻，无脱砂现象，有套或套封。

7.4.18　棉花球、棉签

棉花经过消毒处理，棉头包裹紧密，密封包装。

7.4.19　浴盐（泡沫剂、苏打盐）

香味淡雅，含矿物质，发泡丰富。

7.5　文具用品

7.5.1　文具夹（架）

完好无损，物品显示醒目，取放方便，印有中英文店名及店标。

a）一、二星级：普通材料

b）三星级：优质材料。

c）四、五星级：高级材料。

7.5.2　信封、明信片

信封应符合 GB/T 1416 的规定。印有店标及中英文店名、地址、邮政编码、电话号码、传真号码。明信片宜有旅游宣传促销意义。

7.5.3　信纸、便笺

纸质均匀，切边整齐，不洇渗墨迹，印有店标及中英文店名、地址、邮政编码、电话号码、传真号码。

a）一、二星级：纸质不低于 50g 的纸。

b）三星级：纸质不低于 60g 的纸。

c）四、五星级：纸质不低于 70g 的纸。

7.5.4　圆珠笔

书写流畅，不漏油，笔杆印有店名及店标。

7.5.5 铅笔

石墨铅笔，笔芯以HB为宜，卷削后供宾客使用。

7.5.6 便笺夹

完好无损，平整，使用方便，可印有中英文店名及店标。

7.6 服务提示用品

7.6.1 服务指南、电话使用说明、住宿须知，送餐菜单

印刷美观，指示明了，内容准确，中英文对照。五星级宜备城市地图。

7.6.2 电视节目表、价目表、宾客意见表、防火指南

栏目编排清楚完整，中英文对照。

7.6.3 提示牌、挂牌

印刷精美，字迹醒目，说明清晰，悬挂方便，中英文对照。

7.6.4 洗衣单、酒水单

无碳复写，栏目清晰，内容准确，明码标价，中英文对照。

7.7 饮品、饮具

7.7.1 茶叶

干燥洁净，无异味，须有包装或容器盛放，标明茶叶品类。

7.7.2 茶杯（热水杯）

以玻璃制品和陶瓷制品为主，形体美观，杯口圆润，内壁平滑。

7.7.3 暖水瓶

公称容量不少于1.6L，应符合GB 11416中的优等品的质量规定。

注：标题名称与GB/T 14308一致。

7.7.4 凉水瓶、凉水杯

凉水瓶须有盖，无水垢，内存饮用水。凉水杯按7.7.2。

7.7.5 小酒吧

酒和饮料封口完好，软饮料须在保质期内。

7.7.6 酒杯

玻璃制品为主，杯口圆滑，内壁平滑，应与不同的酒类相配。

7.7.7 咖啡

以速溶咖啡为主，干燥洁净，包装完好。

7.7.8 冰桶

洁净，取用方便，保湿性能良好。

7.7.9 电热水壶

绝缘性能良好，公称容量不宜大于 1.7L，须配备使用说明。应符合 IB 4189 的规定。

注：标题名称与 GB/T 14308 一致。

7.8 其他

7.8.1 衣架

塑料制品或木制品为主，无毛刺，光滑。

7.8.2 烟灰缸

安全型。非吸烟楼层不放置。

7.8.3 火柴

采用 GB/T 393 中的 MG—A 型木梗火柴，以优质纸盒或木盒为主，印有中英文店名及店标。火柴梗支、药头平均长度和火柴盒尺寸由饭店自行决定。非吸烟楼层不配备。

7.8.4 擦鞋用具

含亮鞋器、擦鞋皮、擦鞋布、擦鞋纸等，使用后起到鞋面光亮洁净的效果。

7.8.5 纸篓

存放非液体性杂物。

7.8.6 针线包

配有线、钮扣、缝衣针，搭配合理，封口包装。

7.8.7 杯垫

精致，美观，应起隔热作用，可印有店标。

7.8.8 礼品袋

塑料制品或优质纸制品为主，无破损，印有中英文店名及店标。

7.8.9 标贴（或标牌）

标贴为不干胶制品，标牌为纸制品或塑料制品。精致美观，富有艺术性，可印有店标。

7.8.10 晚安卡

印刷精致，字迹醒目，中英文对照。

引用标准

下列标准所包含的条文，通过在本标准中引用而构成为标准的条文。在标准出版时，所示版本均为有效。所有标准都会被修订，使用本标准的各方应探讨、使用下列标准最新版本的可能性。

GB/T 393—1994　日用完全火柴

GB/T 1416—1993　信封

GB 8113—1987　香皂

GB 8372—1987　牙膏

GB 11416—1989　日用保温容器

GB 11431—1989　润肤乳液

GB 11432—1989　洗发液

GB/T 14308—1993　旅游涉外饭店星级的划分及评定

FZ 61001—1991　纯毛、毛混纺毛毯

FZ/T 62006—1993　毛巾

FZ/T 62007—1994　床单

JB 4189—1986　电水壶

QB 1659—1992　牙刷

ZBY 32032—1990　纸巾纸

ZBY 39001—1988　绉纹卫生纸

ZBY 42003—1989　护发素

附录 4

ISO 9004－2:《质量管理和质量体系要素》第 2 部分:服务指南

中华人民共和国旅游行业标准

GB/T 19004.2－1994
idt ISO 9004－2:1991

质量管理和质量体系要素 第 2 部分:服务指南

Quality management and quality
system element－Part 2:
Guidelines for servies

1994—11—29 发布　　1995—06—01 实施

ISO 前　言

ISO(国际标准化组织)是由各国标准化团体(ISO 成员团体)组成的世界性的联合会。制定国际标准的工作通常由 ISO 技术委员会完成。各成员团体若对某技术委员会确定的项目感兴趣,均有权参加该委员会的工作。与 ISO 保持联系的各国际组织(官方的或非官方的)也可参加有关工作。在电工技术标准化方面,ISO 与国际电工委员会(IEC)保持密切合作关系。

由技术委员会通过的国际标准草案提交各成员团体表决。需取得至少 75%参加表决的成员团体的同意，才能作国际标准正式发布。

国际标准 ISO 9004－2 是由 ISO/TC 176 国际标准化组织质量管理和质量保证技术委员会制定的。

ISO 9004 的总题目是质量管理和质量体系要素，包括下列部分：

第 1 部分：指南

第 2 部分：服务指南

第 3 部分：流程性材料指南

第 4 部分：质量改进指南

第 5 部分：质量计划指南

第 6 部分：项目管理的质量保证指南

第 7 部分：技术状态管理指南

第 1 部分将是 ISO 9004：1987 的修订本。第 3 部分至第 6 部分正在准备中。

ISO 9004 本部分的附录 A、B 和 C 作为提示性资料。

前　言

本标准等同采用国际标准 ISO 9004－2（1993 年重印版）质量管理和质量体系要素　第 2 部分：服务指南。

本标准是 GB/T 19000－ISO 9000 系列标准的组成部分，与 GB/T 19000－ISO 9000 系列标准相协调。

本标准的附录 A、附录 B、附录 C 均为提示的附录。

本标准由中国标准化与信息分类编码研究所提出。

本标准由全国质量管理和质量保证标准化技术委员会归口。

本标准主要起草单位：中国标准化与信息分类编码研究所、北京理工大学、国内贸易部、铁道部、交通部、邮电部、国家民航局、国家旅游局。

1　范围

本标准为在组织内建立和实施质量体系提出了指导。它基于在 GB/T19004－ISO 9004 中所描述的内部质量管理的一般原则，并专门为服务的质量体系提供了一个综合性的概貌。

本标准可应用于新的或改进的服务项目的服务质量体系的开发工作。它也可以直接用于现有服务质量体系的实施。质量体系包含为提供有效服务所必须的所有过程，从市场开发到服务提供，并包括对顾客提供的服务的分析。

本标准所阐述的概念、原则和质量体系要素适用于所有的服务类型，不论是只提供单一性质的服务，还是产品制造和供应产品双重性质的综合体。这可以用一个连续的区间来表示，从直接与产品相关的服务到几乎不涉及产品的服务的情况。图 1 表示三种服务类型的概念。

注：1. 有关设备或设施也可直接包括在所提供的服务中，例如售货机或自动取款机。

本标准的概念和原则适用于大型和小型组织。虽然小型服务组织不会有也不需要有较大企业所需要的复杂结构，但也适用同样的原则。其差异仅是规模的不同。

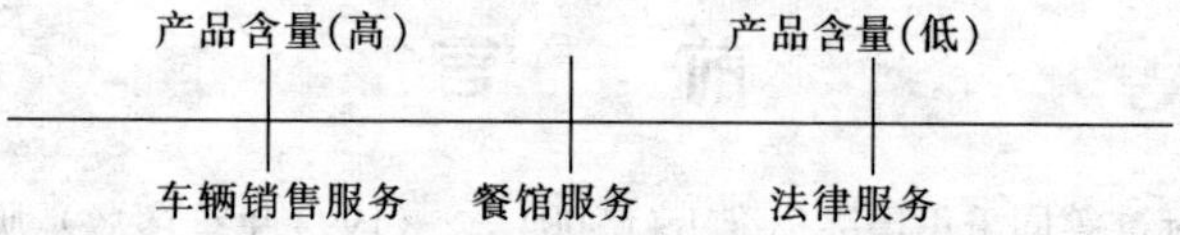

图 1　服务连续区间内的产品内涵

首先，顾客是指组织外部的最终服务接受者。虽然顾客常常可能是组织内部的成员，特别是较大组织中更是如此，这里顾客可以是现行过程中的下一阶段成员。本标准原则上是指外部顾客，不过为了完全达到所要求的质量，它也可用于内部顾客。

对动作要素的选择及其应用的程度取决于这样的因素，如所服务的市场、组织的选择、服务的性质、服务的过程和顾客的需要。

附录 A 给出了可以运用本标准的服务业例子，仅供参考。这些例子包括了产品制造工业中所规定的固有的服务活动。

2　引用标准

本标准引用下列标准的有关条文。本标准发布时，这些引用标准均为有效版本。所有的标准都将修订，因此，鼓励依据本标准达成协议的各方尽可能采用下列标准的最新版本。IEC 和 ISO 成员均持有现行有效的国际标准。

GB/T 6385 - 1992　质量——术语（idt ISO 8402：1986）

GB/T 19000 - 1992　质量管理和质量保证标准——选择和使用指南（idt ISO 9000：1987）

GB/T 19004 - 1992　质量管理和质量体系要素——提南（idt ISO 9004：1987）

3　定义

GB/T 6583 - ISO 8402 中给出的定义与下列定义适用于本标准。

注：2. “服务组织”这个术语在适当的场合也可表示“供方”。

3. 为提供明确的指导，重复出现的一些定义不加注释，用括号给出其出处。

3.1　组织 organization

无论联营或独营、公营或私营的具有自身职能管理机构的公司、社团、商所、企业或组合体，或它们的一部分。

3.2　供方 supplier

向顾客提供产品或服务的组织。

注：4. 有时称供方为“商务第一方”。

3.3　分供方 sub-contractor

在合同情况下，服务组织的供方。

3.4　顾客 customer

产品或服务的接受者。

注：5. 顾客可以是最终消费者、使用者、受益者或购买者。

6. 有时称顾客为“商务第二方”。

7. 顾客可以是服务组织内部的一个单元。

3.5　服务 service

为满足顾客的需要，供方与顾客接触的活动和供方内部活动所产生的结果。

注：8. 在接触面上，供方或顾客可能由人员或设备来代表。

9. 对于服务提供，在与供方接触面上顾客的活动可能是实质所在。

10. 有形产品的提供或使用可能成为服务提供的一个部分。

11. 服务可能与有形产品的制造和供应连在一起。

3.6　服务提供 service delivery

提供某项服务所必需的供方活动。

3.7　质量（品质）quality

反映产品或服务满足明确或隐含需要能力的特征和特性的总和。(GB/T 6583-ISO 8402)

3.8　质量方针 quality policy

由组织的最高管理层正式颁布的该组织总的质量宗旨和质量方向。(GB/T 6583-ISO 8402)

3.9　质量管理 quality management

制定和实施质量方针的全部管理职能。(GB/T 6583-ISO 8402)

3.10　质量体系 quality system

为实施质量管理的组织结构、职责、程序、过程和资源。（GB/T

6583 - ISO 8402)

4　服务特性

4.1　服务和服务提供的特性

服务的要求必须依据可以观察到的和需经顾客评价的特性加以明确规定。

提供服务的过程也必须依据顾客不能经常观察到的但又直接影响服务业绩的特性加以规定。

两类特性都必须都被服务组织对照所规定的验收标准作出评价。

服务或服务提供的特性可以是定量的（可测量的）或者是定性的(可比较的)，这取决于如何评价以及是由服务组织还是由顾客进行评价。

注：12. 许多由顾客作主观评价的定性特性，也是服务组织作定量测量的选择对象。

在服务要求文件中可能指定的特性实例包括：

——设施、能力、人员的数目和材料的数量；

——等待时间、提供时间和过程时间；

——卫生、安全性、可靠性和保密性；

——应答能力、方便程度、礼貌、舒适、环境美化、胜任程度、可信性、准确性、完整性、技艺水平、信用和有效的沟通联络。

4.2　服务和服务提供特性的控制

在多数情况下，服务和服务提供特性的控制只能由控制提供服务的过程来达到。因此，过程业绩的测量和控制对达到和维持所要求的服务质量是不可缺少的。运用最终检验的方法来影响与顾客接触中的服务质量通常是不可能的，顾客评定任何不合格常常是直接的，然而，在一些情况下，在服务提供时采取补救措施是可能的。

服务提供过程的范围可以从高度机械化的服务（如直拨电话）到高度人工化的服务（如法律、医疗或咨询服务等)。无论通过机械化还是通过详细程序所进行的服务，对过程规定得越具体，则越需要运用结构化的和严密的质量体系原则。

5 质量体系原则

5.1 质量体系的关键方面

图2表示出顾客是质量体系三个关键方面的焦点，它还表示，只有当管理职责，人员和物质资源，以及质量体系结构三者之间相互配合协调时，才能保证顾客满意。

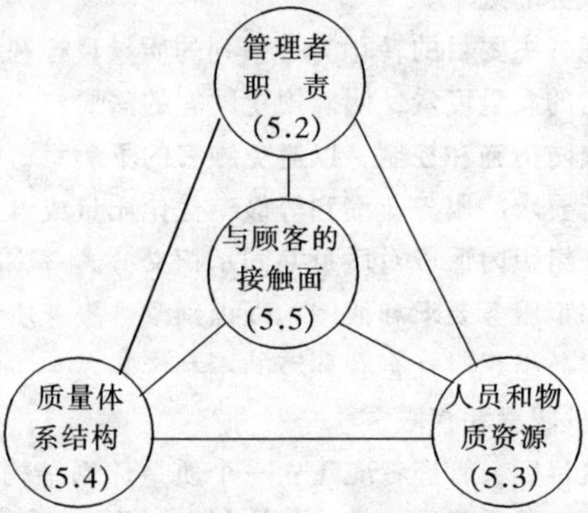

图2 质量体系的关键方面

5.2 管理职责

5.2.1 概述

管理职责是制定使顾客满意的服务质量方针。成功地实施这个方针取决于管理者对质量体系的开发和有效运行负责。

5.2.2 质量方针

服务组织的最高层管理者对服务组织的质量方针负责并作出承诺。管理者应提出以下诸方面的质量方针，并形成文件：

——所提供服务的等级；

——服务组织在质量方面的形象和信誉；

——服务质量的各项目标；

——在追求质量目标中所采取的措施；

——负责实施质量方针的全体人员的作用。

5.2.3 质量目标

实现质量方针，需要明确建立质量目标的主要目的。

主要目的应包括：

——顾客满意与职业标准和道德相一致；

——服务的持续改进；

——考虑社会和环境方面的要求；

——提供服务的效率。

管理者应把各主要目的转化为一系列的质量目标和活动。例如：

——用适当的质量度量，明确规定顾客的需要；

——采取预防措施和控制，以避免顾客的不满意；

——针对所要求的服务业绩和等级，优化质量成本；

——在服务组织内形成对质量共同承担义务。

——不断评审服务要求和成绩，以识别改进服务质量的机会；

——预防服务组织对社会和环境的不利影响。

5.2.4 质量职责和权限

为达到质量目标，管理者应建立一个质量体系结构，以便对提供服务的所有阶段的服务质量进行有效的控制、评价和改进。

应对其活动影响服务质量的所有人员明确地规定一般的和专门的职责和权限。应包括确保服务组织内部和外部所有接触面上的顾客/供方有效的相互关系。所规定的职责和权限都应该与为达到服务质量所必须的手段和方法相一致。

高层管理者应负责确保对质量体系要求的制定。他们应直接负责或任命一个管理代表负责，以确保质量体系的建立、审核，以及为了改进而进行持续的测量和评审。

虽然专门指定负责的人员能有助于达到质量要求，但应强调指出，他们不是创造质量的人，他们仅仅是质量体系的一部分。质量体系的范围包括全部职能，并需要服务组织内部的全体人员参与、承担义务，并有效地合作，以实现持续的质量改进。

5.2.5 管理评审

管理者应对质量体系进行正式的、定期和独立的评审，以便确定质量体系在实施质量方针和实现质量目标中是否持续稳定和有效。应特别强调改进的必要性和可能性。评审应由管理者中的适当成员或能胜任的、独立的人员进行，他们能直接向高层管理者报告工作。

管理评审应由一系列有组织的、综合性的评价构成，该评价应包含全部有关信息的来源，包括：

——服务业绩分析结果，即在达到服务要求和顾客满意方面，有关服务提供过程的全面效果和效率的信息（见 6.4）；

——质量体系所有要素的实施和有效性是否符合所规定的服务质量目标的内部审核结果（见 6.4.4）；

——由于新技术、质量概念、市场战略、社会或环境等各种情况带来的变化。

应该把观察结果、结论和建议作为评审和评价的结果，并以文件的形式提交管理者，以便在制定服务质量改进计划时采取必要的措施。

5.3　人员和物质资源

5.3.1　概述

为实施质量体系和达到质量目标，管理者应提供足够的和适当的资源。

5.3.2　人员

5.3.2.1　激励

任何组织中最重要的资源是该组织中的每一个成员。这对一个服务组织尤为重要，组织的每一个成员的行为和业绩都直接影响服务质量。

作为对人员的激励、提高、沟通和业绩的一种促进，管理者应该：

——基本满足规定工作规范的能力来选择人员；

——提供一个促进良好的和稳定的工作关系的工作环境；

——通过协调一致的、创造性的工作方法和更多的参与机会来发挥组织内每个成员的潜力；

——保证理解所要完成的任务和达到的目标，包括它们是如何影响质量的；

——要使全体人员意识到他们都参与并影响提供给顾客的服务的质量；

——通过给于赏识和对成绩的奖励来鼓励员工在提高质量方面作出

贡献；

——定期对激励人员提高服务质量的因素进行评定；

——实施人员的职业策划和开发；

——制定有计划的提高人员技能的措施。

5.3.2.2 培训和开发

教育可提高对变革必要性的意识，并提供能进行变革和开发的方法。

人员开发的重要因素包括：

——质量管理负责人的培训，包括质量成本和质量体系有效性的评价；

——人员培训（不应局限于仅与质量职责有关的人员）；

——对人员进行本组织的质量方针、目标和顾客满意的概念等方面的教育；

——质量意识教育大纲，包括对新人员的入门教育和培训课程，以及对从事较长时期的人员的定期知识更新教育；

——用于规定和验证人员接受了适当培训的程序；

——进行过程控制、数据收集和分析、问题的识别和分析、纠正措施和改进、小组工作和沟通联络方法等方面的培训；

——对需要有正式资格的人员，必须对其要求进行慎重的评定，必要时给于适当的帮助和鼓励；

——对人员的业绩进行评价，以评定他们的发展需要和潜力。

5.3.2.3 沟通联络

服务人员，特别是那些与顾客直接交往的人员，应具备沟通联络方面的适当知识和必要的技能，他们应能形成一个自然的工作小组，能与外部组织和代表适当地协作，以提供及时的和运转流畅的服务。

小组活动，诸如质量改进讨论会，能有效地增进人员之间的沟通联络，并能提供一个支持员工参与并合作解决问题的机会。

服务组织内部定期沟通联络应该是各级管理的一个特色。一个适当的信息系统的存在是沟通联络和服务动作的基本工具。沟通联络的方法可包括：

——管理简报；
——信息交流会；
——形成文件的信息；
——信息技术设施。

5.3.3 物质资源

服务动作所要求的物质资源可包括：
——提供服务用的设备、运输和信息系统；
——运作必须的诸如设备、运输和信息系统；
——质量评定用的设施、仪器仪表和计算机软件；
——动作和技术文件。

5.4 质量体系结构

5.4.1 概述

服务组织应开发、建立、实施和保持一个质量体系并形成文件，作为能够实现规定的服务质量方针和目标的手段。质量体系的动作要素见第6章中描述。

各质量体系要素应组织起来，以便对影响服务质量的全部运作过程

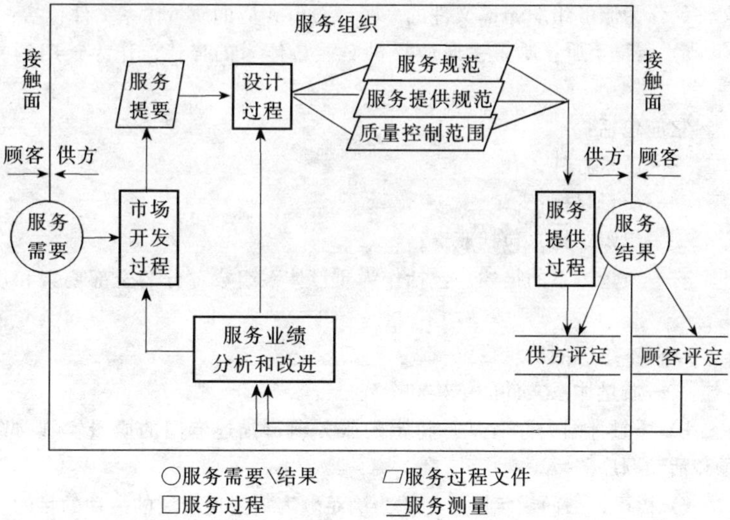

进行恰当的控制和保证。

质量体系应该强调预防性活动以避免发生问题，同时在一旦发生故障时，不丧失作出反应和加以纠正的能力。

5.4.2　服务质量环

应建立质量体系程序以便规定服务全过程，其中包括三个主要过程（市场开发、设计和服务提供）的要求。图3表示出在服务质量环中三个主要过程的运转情况。

顾客所感受到的服务质量直接受到这些过程的影响，也受那些有助于服务质量改进的服务质量反馈测量的影响，即：

——供方对所提供服务的评定；

——顾客对所接受服务的评定；

——对质量体系全部要素的实施和有效性所作的质量审核。

在质量环各相互影响的要素之间，也应该建立质量反馈。

5.4.3　质量文件和记录

5.4.3.1　文件体系

组成质量体系的全部服务要素、要求和规定均应加以确定，并形成文件，作为服务组织全部文件的一个部分。相应的质量体系文件包括：

a）质量手册：质量手册应提供对质量体系的描述，作为长期的文件。

它应包括：

——质量方针；

——质量目标；

——组织结构，包括职责；

——质量体系的描述，包括作为质量体系组成部分的全部要素和规定；

——本组织的质量措施；

——质量体系文件的结构和分发。

b）质量计划：针对某一特定的服务项目描述专门的质量实施、资源和活动顺序。

c）程序：书面规定服务组织为满足顾客需要所开展的活动的目的和

范围，以及这些活动如何实施、控制和记录。

程序应得到同意，为有关人员所拥有，并被所有那些与其作业有接口关系的人员所理解。

d）质量记录：它提供以下信息：

——质量目标达到的程度；

——顾客对服务满意和不满意的程度；

——有关质量体系评审和服务改进的结果；

——为识别质量趋势所进行的分析；

——纠正措施及其效果；

——相应区分供方的业绩；

——人员的技能和培训；

——与竞争对手的比较。

质量记录应：

——被核实是有效的；

——迅速获得的；

——按指定的时间保留；

——防止在贮存中损坏、丢失和变质。

管理者应建立存取质量记录的制度。

5.4.3.2　文件控制

所有文件都应字迹清楚、注明日期（包括修订日期）、清晰、易于识别和具有权威性。

应制定控制文件的发布、分发和修定的办法。这些办法应保证所有文件能做到：

——由授权人员批准；

——在需要此资料的范围内发放并保证其可用性；

——使用者能够理解和接受；

——对任何必要的修订进行评审；

——文件作废时给予撤销。

5.4.4　内部质量审核

为了验证质量体系的实施情况和有效性，以及是否坚持遵守服务规范（见 6.2.3）和服务提供规范（见 6.2.4）及质量控制规范（见 6.2.5），应定期进行内部质量审核。

内部质量审核应按照已形成文件的程序由与受审核活动和领域无关的、能胜任的人员有计划地完成并记录归档。

审核结论应形成文件并提交给上级管理者。对被审核活动，管理者应负责确保采取必要的、和审核结论相适应的纠正措施。

应当评定由前次审核产生的纠正措施情况和效果。

注：13. 有关质量审核的更详细的资料和指南可参阅 GB/T 19021.1－ISO 10011－1。

5.5　与顾客的接触

5.5.1　概述

管理者应在顾客与服务组织的人员之间建立有效的相互协作关系。这对顾客所感受到的服务质量是极为重要的。

管理者基于满足顾客需要而采取措施的实际行动来创造良好的形象影响这种感受。这种由各层次人员所体现的形象对服务组织与顾客之间的关系有着最重要的影响。

同顾客直接接触的人员是获得质量改进过程信息的重要来源。管理者应定期评审用于促进与顾客联络的方法。

5.5.2　与顾客的沟通联络

与顾客的沟通联络包括倾听顾客的意见，并保持向顾客通报。应关注与顾客（其中包括内部顾客）沟通联络或接触中的困难。在服务提供过程的改进方面，这些困难可提供重要的信息。与顾客有效的沟通联络包括：

——关于服务、服务范围、可用性和提供及时性的描述；

——说明服务费用的多少；

——解释服务、服务提供和费用三者之间的相互关系；

——一旦发生问题，向顾客解释每个问题的后果和解决它们的方法；

——保证顾客意识到他们对服务质量的作用；

——提供适当的、容易接受的、有效的沟通联络和设施；

——确定所提供的服务与顾客的真正需要之间的关系。

顾客地服务质量的感受，常常是通过与服务组织的人员和设施的沟通联络获得的。

注：14．与顾客的沟通联络可能由于资源不适宜而受到影响。

6 质量体系动作要素

6.1 市场开发过程

6.1.1 市场研究和分析的质量

市场开发职责是确定和促进对服务的需要和要求。有用的方法包括为收集市场信息所进行的调查和访问。

管理者应制定有关策划和实施市场开发活动的程序。与市场开发质量有关的因素应包括：

——确定顾客对提供的有关服务的需要和期望（例如消费者的喜好、服务等级和所期望的可靠性、可用性、顾客未指明的期望或倾向)；

——各种辅助性服务；

——竞争对手的活动和业绩；

——评审法规（例如卫生、安全和环境）和有关的国家、国际标准及规范；

——分析和评审已经收集到的顾客的要求、服务数据及合同信息(有关分析数据的汇总结果应通知设计和服务提供人员)；

——与所有影响服务组织的职能部门协商，以确认他们为满足服务质量要求的承诺和能力；

——对变化着的市场需要进行调查，对新技术和竞争对手的影响进行研究；

——质量控制的应用。

6.1.2 供方的义务

供方对顾客的义务可以在服务组织与顾客之间用明显的或含蓄的方式来表达。供方的明显义务，例如保单，应适当地形成文件。文件在发布前应经过审查，以便与下列方面取得一致：

——有关的质量文件；

——供方的能力；

——有关的规章和法律要求。

这些义务应作为服务提要（见 6.1.3）的参考。当供方义务正式规定后，与顾客进行有效联系尤为重要。

6.1.3　服务提要

一旦作出提供一项服务的决定，就应把市场研究和分析的结果以及已经批准的供方的义务都纳入服务提要中。提要规定顾客的需要和有关的服务组织的能力，作为一组要求和说明以构成服务设计工作的基础。

6.1.4　服务管理

在开发一项服务之前，管理者应制定服务开办的策划、组织和实施的程序，以及适当时最后撤销的程序。

管理职责应包括：按照有助于服务开办的每一过程的计划时间表，确保一切必要的资源、设施和技术支持。

在这个策划中应包括这样的职责，它确保每一项服务要求和服务提供要求中包含明晰的安全方面的措施、潜在的责任以及使人员、顾客和环境的风险最小的适当方法。

6.1.5　宣传的质量

任何服务的宣传应反映服务的规范和注意顾客对所提供服务质量的感受。市场开发职责部门应认识到，由于对服务作了夸张的或不切实际的宣传而承担的责任风险及经济纠纷。

6.2　设计过程

6.2.1　概述

设计一项服务的过程包括把服务提要的内容（见 6.1.3）转化成服务及其提供和控制的规范，同时反映出服务组织的选择方案（例如目的、方针和成本）。

服务规范所提供的服务，而服务提供规范则规定用于提供服务的方法和手段。质量控制规范规定评价和控制服务及服务提供特征程序。

服务规范、服务提供规范和质量控制规范的设计在整个设计过程中是相互依赖和相互影响的。流程图是描绘全部活动、相互关系和相互依赖的有用方法。

质量控制原则应该用于设计过程本身。

6.2.2 设计职责

管理者应确定服务设计的职责，并确保所有对设计起作用的人员都意识到他们对达到服务质量的职责。在这一阶段服务缺陷的预防比在服务提供中纠正服务缺陷的费用要少。

设计职责应包括：

——服务规范（见6.2.3）、服务提供规范（见6.2.4）和质量控制规范（见6.2.5）的策划、编制、批准、保持和控制；

——为服务提供过程（见6.2.4.3）规定需采购的产品和服务；

——对服务设计的每一阶段执行设计评审（见6.2.6）；

——确认服务提供过程是否满足服务提要的要求（见6.2.7）；

——需要时，根据反馈的或其他外部意见，对服务规范、服务提供规范和质量控制规范进行修正（见6.2.8）。

在设计服务规范、服务提供规范以及质量控制规范时，重要的是：

——针对服务需求变化的计划；

——进行分析，以预测可能的系统性和偶然性的事故以及超出供方控制范围的服务事故的影响；

——制定服务中意外事件的应急计划。

6.2.3 服务规范

服务规范应包括对所提供服务的完整而精确的阐述，包括：

——需经顾客评价的服务特性的清晰描述（见3.4）；

——每一项服务特性的验收标准。

6.2.4 服务提供规范

6.2.4.1 概述

服务提供规范应包括描述服务提供过程所用方法的服务提供程序，包括：

——对直接影响服务业绩的服务提供特性清晰的阐述（见4.1）

——每一项服务提供特性的验收标准；

——设备、设施的类型和数量的详细资源要求必须是为实现服务规范所需的；

——所需人员的数量和技能；

——对提供产品和服务的分供方的可信赖程度。

服务提供规范应考虑服务组织的目的、方针和能力，以及诸如卫生、安全、环境或其他法律方面的要求。

6.2.4.2 服务提供程序

服务提供过程的设计可这样有效地完成：将过程再划分成以程序为支柱的各个工作阶段，这些程序描述了包含在每个阶段中的活动。应特别注意各个工作阶段间的接口。例如，服务方面的工作阶段包括：

——向顾客提供服务方面的信息；

——接受定单；

——为服务和服务提供制定各种规定；

——服务费用的清单和结算。

服务提供过程的详细流程图能有助于这种划分。

注 15：各工作阶段的内容、顺序和完整性依照服务的类型而不同。

6.2.4.3 采购的质量

所采购的产品和服务对于服务组织所提供服务的质量、成本、效率和安全性可能都是关键的。产品和服务的采购与其他内部活动一样，应给予同等的策划、控制和验证。服务组织应与分供方建立起包括反馈在内的工作关系，这有助于持续的质量改进，避免质量争端或使之迅速解决。

采购要求至少应包括：

——采购单，不论出于说明书或是规范；

——选择合格的分供方；

——质量要求和质量保证要求的协议；

——质量保证和验证方法的协议；

——对解决质量争端的规定；

——购进产品和服务的控制；

——购进产品和服务的质量记录。

在分供方选择中，服务组织应考虑：

——对分供方能力和/或质量保证所需的质量体系要素的现场估计和评价；

——对分供方样品的评价；

——所选定的分供方和同类分供方过去的历史；

——同类分供方的测试结果；

——其他用户的经验。

注：16. 当采购产品或服务时，建议适当采用 GB/T 19001 - ISO 9001、GB/T 19002 - ISO 9002 或 GB/T 19003 - ISO 9003。

6.2.4.4 供方为服务和服务提供向顾客提供的设备。

服务组织应确保提供给顾客使用的设备适用于其目的，需要时按要求提供文字说明书。

6.2.4.5 服务的标识和可追溯性

服务组织应适时地标识和记录构成其所提供服务组成部分的任何产品或服务的来源，包括对服务提供全过程验证和其他服务活动人员的责任，以确保一旦发生不合格、顾客的投诉和索赔时的可追溯性。

6.2.4.6 顾客财产的搬运、贮存、包装、交付和保护

在服务提供期间，服务组织应对其负责的或接触到的顾客财产的搬运、贮存、包装、交付和保护实施有效的控制。

6.2.5 质量控制规范

质量控制设计为服务过程（市场开发、设计和服务提供）的一个组成部分。所制定的质量控制规范应能有效地控制每一服务过程，以确保服务始终满足服务规范和顾客需要。

质量控制设计包括：

——识别每个过程中那些对规定的服务有重要影响的关键活动；

——对关键活动进行分析，选出一些保证服务质量的特性加以测量和控制；

——对所选出的特性规定评价的方法；

——建立在规定界限内影响或控制特性的手段。

以下餐馆服务实例说明质量控制原则在提供过程中的应用：

a）在餐馆服务中，应把膳食的配制及其对提供时间的及时性的影响视为关键活动；

b）需要测量的活动特性可以是准备膳食配制的时间；

c）评价特性方法可以是膳食制作和服务时间的抽样检查；

d）员工和物资的有效配置可以确保时间这一服务特性保持在规定界限内。

6.2.6　设计评审

在服务设计的每一阶段终结时，应按服务提要对设计结果作出正式的评审，并形成文件。

在设计工作每一阶段终结时，应进行评审，使之与下列要求一致，并满足：

——服务规范中有关顾客需要和满意的项目；

——服务提供规范中有关服务要求的项目；

——质量控制规范中有关服务过程控制的项目。

参加每个设计评审的应包括与被评审阶段服务质量有影响的所有职能部门的代表。设计评审中应识别和预见存在问题的区域和不足，并采取措施以确保：

——整个的服务规范和服务提供规范满足顾客要求；

——质量控制规范足以为所提供的服务质量标准提供准确的信息。

6.2.7　服务规范、服务提供规范及质量控制规范的确认

新的和改进的服务及其服务提供的过程应进行确认，以确保它们得到充分的开发，在预见的和不利条件下的服务都能满足顾客需要。在服务实施前，确认应加以规定和计划，并完成之。确认结果应形成文件。

在首次服务提供前，应评审以下方面，以确认：

——服务与顾客需要的一致性；

——服务提供过程是完整的；

——可获得满足服务要求的资源，特别是材料和人员；

——满足实际适用的法规、标准、图纸和规范；

——顾客在服务使用中的信息是有用的。

应定期进行重新确认，以确保服务持续地满足顾客的需要和符合服务规范，并在服务准备和控制中识别改进的可能性。

重新确认应是有计划和形成文件的活动，它应包括实际现场经验的考虑，服务和过程修正的影响，人员变化的影响，足够的程序、说明

书、指南和提出的修正。

6.2.8 设计更改控制

服务规范、服务提供规范和质量控制规范是服务工作的基本文件，没有适当的原因和考虑不应更改。

在初始规范批准和实施后，设计更改控制的目标是对要求和程序的更改加以记录和管理，这种控制应确保：

——对更改的必要性进行识别、验证和提出，以对服务中受影响的部分进行分析和重新设计；

——规范的更改是有计划的、形成文件的、经批准的、经实施的和有记录的；

——受更改影响的所有职能部门的代表参与有关更改的决定和更改的批准；

——对更改效果进行评价，以保证产生预期结果，并且不降低服务质量的等级；

——当设计更改会影响服务的特性和功能时，应预先通知顾客。

6.3 服务提供过程

6.3.1 概述

管理者应将包括供方评价和顾客评价在内的各项具体职责配给实施服务提供过程的全体人员。

提供给顾客的服务应：

——遵守已规定的服务提供规范；

——对是否符合服务规范进行监督；

——出现偏差时，对过程进行调整。

6.3.2 服务质量的供方评定

质量控制应成为服务提供过程工作的一部分，包括：

——测量和验证关键的过程活动，以避免出现不符需要的倾向和顾客不满意；

——服务提供过程人员的自检是作为过程测量的一个部分；

——在与顾客接触时作出的最终供方评定，以提出供方对所提供的服务质量的展望。

6.3.3　服务质量的顾客评定

顾客的评定是对服务质量的基本的测量。顾客的反映可能是及时的，也可能是滞后的或回顾性的。在顾客对所提供的服务的评定中通常主观评定是唯一的因素。顾客很少自愿地向服务组织提出对服务质量的评定。不满的顾客总是在没有给出允许采用纠正措施的意见时，就停止使用或不购买这项服务。依靠顾客意见作为顾客满意的测量，可能导致错误的结论。

注：17. 使顾客满意应与服务组织的专业标准和道德标准相一致。

服务组织应对顾客满意方面实施持续的评定和测量，这些评定应寻求正面和反面的反应，以及它们在未来经营中可能的影响。

对顾客满意的评定应集中在服务提要、规范和服务提供过程满足顾客需要的范围内。服务组织经常以为它提供了良好服务，但顾客可能并不认可，这表明了规范、过程和测量中的不足。

应当将顾客的评定与供方自身的感受和对所提供服务的评定进行比较，从而评价两种质量测量的相容性，以及为服务质量改进而采取相应措施的必要性。

6.3.4　服务状况

应记录服务提供过程中各个阶段工作的状况，以识别服务规范和顾客满意的成绩。

6.3.5　不合格服务的纠正措施

6.3.5.1　职责

不合格服务的识别和报告是服务组织内每个人的义务和责任。每个人应努力在顾客受影响之前去识别潜在的不合格服务。在质量体系中应规定纠正措施的职责和权限。

6.3.5.2　不合格的识别和纠正措施

发现不合格时，应采取措施记录、分析和纠正不合格。纠正措施通常分两步进行：首先，立即采取积极的措施以满足顾客的需要；其次是对不合格的根本原因进行评价，以确定采取必要的、长期的纠正措施，防止问题的再发生。

长期的纠正措施应适应问题的大小和影响。应监控纠正措施的实施，以确保其有效性。

6.3.6　测量系统的控制

应制定程序以监控和保持用于服务测量的系统。这种控制包括人员技能、测量程序和用于测量和试验的任何分析模型或软件。所有的测量和试验，包括顾客满意的调查和调查表，均需作真实性和可靠性检验。对用于提供或评定服务的所有测试设备的使用、校准和维护保养均应加以控制，以提供基于测量数据的决策或措施的信任。当精确度和/或偏差要求达不到时，应将测量误差与要求进行比较，并采取适当的措施。

注：18. 测量设备质量保证要求的指南见 GB/T 19022.1－ISO 10012－1。

6.4　服务业绩的分析和改进

6.4.1　概述

应实施服务过程作业的连续评价，以识别和积极寻求服务质量改进的机会。为执行这样的评价，管理者应建立和保持一个信息系统，以收集和传递来自所有有关方面的数据。管理者应分配信息系统和服务质量改进的职责。

6.4.2　数据的收集和分析

用以下手段从服务动作的测量中得到的数据是有用的：

——供方评定（包括质量控制）；

——顾客评定（包括顾客反映、顾客投诉及要求的反馈信息）；

——质量审核。

对这些数据的分析将用于测量服务要求的完成和寻求改进服务质量的机会，以及所提供服务的效果和效率。

为了使其有效和有效率，数据的收集和分析必须是有目的的、正规的和有计划的作业，不要随意地或无计划地进行。

对系统误差的识别，其原因和预防应是数据分析的基本目的。误差的根本原因通常是不明显的，但应该是可以追踪的。包括潜在的人为误差，这些误差很少以随机方式引发，更经常的是潜伏的原因。属于人员或顾客方面经常性的误差，实际上是由于复杂作业或不正确的程序、环境、工作条件、培训、说明书或资源等原因所引起的服务作业缺陷所造成的。

6.4.3　统计方法

现代统计方法在许多方面能有助于数据的收集和运用，不论是在获得对顾客需要的更好理解方面，还是在过程控制、能力研究、预测方面，或者在质量测量方面，均有助于决策。

6.4.4　服务质量改进

应对持续改进服务质量和整个服务动作的效果和效率制定计划，包括努力识别：

——如果加以改进，对顾客和服务组织都有很大受益的特性；

——可能影响所提供服务等级的任何变化着的市场需要；

——由于无效的或不充分的质量体系控制而导致与规定的服务质量的任何偏离；

——在保持和改进所提供的服务质量的同时，降低成本的可能性(这就需要系统的方法以估算定量成本和效益)。

服务质量改进活动应兼顾短期和长期改进两方面的需要，包括：

——识别需收集的有关数据；

——数据分析，优先考虑那些对服务质量产生最不利影响的活动；

——把分析结果反馈给动作的管理者，并及时提出服务改进建议；

——定期地向高层管理者报告，对长期质量改进建议进行管理评审(见5.2.5)。

服务组织中不同部门人员的共同努力，可以提出直接指导改进质量和降低成本的富有成效的意见。管理者应鼓励各级人员为质量改进计划作出贡献，并对他们的努力和参与给予表彰。

附录A

可运用本标准的例子

接待服务

餐馆，饭店，旅行社，娱乐场所，广播，电视，度假村。

交通与通信

机场与空运，公路、铁路和海运，电信，邮政，数据通信。

健康服务

药剂师/医生，医院，救护队，医疗实验室，牙医，眼镜商。

维修

电器，机械，车辆，热力系统，空调，建筑，计算机。

公用事业

清洁工作，废物处理，供水，场地维护，供电，煤气和能源供应，消防，治安，公共服务。

贸易

批发，零售，仓储，配送，营销，包装。

金融

银行，保险，津贴，财产服务，会计。

专业

建筑设计（建筑师），勘探，法律，执法，安全，工程，项目管理，质量管理，咨询，培训和教育。

行政管理

人事，计算机处理，办公服务。

技术

咨询，摄影，试验室。

采购

签定合同，库存管理和分发。

科学

探索，开发，研究，决策支援。

注：制造性公司在其市场销售系统和售后活动中也提供内部的服务。

附录B（略）

附录C（略）

主要参考书

1．刘伟．现代饭店前厅部服务与管理，广东旅游出版社，1998

2．【美】Georgina Tucker 等．旅游饭店客房管理，浙江摄影出版社，1992

3．国家旅游局人教司编．饭店客房部的运行与管理，旅游教育出版社，1991

4．余炳炎．现代饭店房务管理，上海人民出版社，1998.11

5．王更力等．客房实务，中山大学出版社，1996.6

后　记

早在2年前，当我将刚刚完成的《现代饭店前厅部服务与管理》的书稿交给广东旅游出版社时，出版社的胡开祥副总编看完书稿后相当满意，当即约我再写一本《现代饭店客房服务与管理》的书。我答应了，可当他拿出合同要与我签时，我却迟疑了，并最终没有签，因为我怕压力，怕我不能按时完成而愧对朋友，因为我知道自己的时间无法保证，我只能表示：我一定会写，尽量写好，尽快完成！果不其然，从澳大利亚回来以后，我又与西北大学的朱玉槐教授一起合著了一本《旅游学》（已由广东旅游出版社出版），之后，又与北京田园度假村总经理田玉堂先生以及南开大学旅游系主任王健教授等专家、教授写了一本《21世纪瑞海姆（RGHCM）国际旅游度假村经营模式》（国内第一本有关“度假村”经营管理的著作，已由中国旅游出版社出版），结果，这本客房管理的书便被一拖再拖，原计划利用1999年寒假完成，没想到寒假刚开始，又被广州市旅游局请去做《广州市旅游业十·五发展规划》，结果，客房管理的写作计划又一次被推迟……

现在，这本书总算与读者见面了，在此，我首先向广东旅游出版社，特别是胡开祥副总编表示深深的歉意，感谢他们的耐心，同时也希望得到他们的谅解。其实，推迟出版也并非都是坏事，因为在这两年时间内，我应邀去国内很多大酒店、度假村培训，并与各级客房管理人员交换意见，使我有机会对现代化酒店客房管理有了更深入的了解和研究，这些成果已经体现在这本著作当中，使得本书更加丰满、成熟和实用。仅仅想到这一点，才使我稍许心安。

本书是《现代饭店前厅部服务与管理》一书的姊妹篇。《现代饭店前厅部服务与管理》一书出版后，受到广大读者的欢迎和厚爱。一年之内，连印三次，印数已达27000余册。这是我所始料不及的，国内很多名牌旅游院校已纷纷将其选用作研究生和本科生教材。作为《现代饭店前厅部服务与管理》一书的姊妹篇，《现代饭店客房部服务与管理》一书与前者既相互联系，又相对独立。考虑到很多读者朋友只从事酒店客房服务与管理工作，因而，可能没有购买《现代饭店前厅部服务与管理》一书，因此，在前一本书中论述的个别内容，在《现代饭店客房部服务与管理》一书中也有所顾及。这一点请读者谅解。

《现代饭店客房部服务与管理》继续保持理论联系实际的写作特色，力争以鲜活的案例，通俗易懂、轻松活泼的语言，论述酒店管理的理论问题。同时，在客房服务与管理中，突出管理的内容，以期提高该书的档次。

本书适合于用作旅游酒店管理专业大、中专教材，同时也可作为酒店客房部服务和管理人员的培训和自学用书。

但愿本书的出版能够为提高我国酒店管理水平做出贡献，也希望广大读者朋友们能对本书多提宝贵意见。

最后，我愿借此机会向关心和支持我写作此书的广州市财贸管理干部学院的金玉阶院长等各位领导和同事们表示感谢，向关心和出版此书的广东旅游出版社的胡开祥副总编及有关编辑人员表示感谢。最后，我还要感谢我的妻子刘志玲同志，由于编写此书及其它著作，我对家庭及爱子的学习关心甚少，是她承担起了大部分家务和对儿子的教育工作，没有她的支持，这本书也不可能与读者见面。

刘　伟
2000年6月26日
于广州广园新村